# La serie del Santo Hacedor

Meditaciones diarias de Adviento extraídas de las obras de San Alfonso

Copyright © 2023 Sensus Fidelium Press

Todos los derechos reservados.

Publicado originalmente por R. Washbourne, Londres y M. H. Gill & Son, Dublín, Irlanda. La edición de Sensus Fidelium Press ha sido reimpresa, con ortografía y lenguaje actualizados. Ninguna parte

Ninguna parte de este libro puede ser reproducida en forma alguna sin permiso escrito del editor.

ISBN: 978-1-962639-19-4

Para más información, visite sensusfideliumpress.com

## Oraciones diarias

### Ofrenda Matutina

Oh JESÚS, por el Inmaculado Corazón de María, Te ofrezco mis oraciones, trabajos, alegrías y sufrimientos de este día por todas las intenciones de Tu Sagrado Corazón, en unión con el Santo Sacrificio de la Misa en todo el mundo, en reparación por mis pecados, por las intenciones de todos nuestros Asociados y en particular por la intención del Apostolado de la Oración.

### Acto de Fe

OMY Dios, creo firmemente que Tú eres un solo Dios en Tres Divinas Personas, Padre, Hijo y Espíritu Santo. Creo que Tu Divino Hijo se hizo hombre y murió por nuestros pecados, y que vendrá a juzgar a vivos y muertos. Creo éstas y todas las verdades que enseña la Santa Iglesia Católica, porque Tú las has revelado, que no puedes engañar ni ser engañado.

### Acto de esperanza

Oh Dios mío, confiando en tu omnipotencia y en tu infinita misericordia y promesas, espero obtener el perdón de mis pecados, el auxilio de tu gracia y la vida eterna, por los méritos de Jesucristo, mi Señor y Redentor.

### Acto de Caridad

OMY Dios, Te amo sobre todas las cosas, con todo mi corazón y toda mi alma, porque Tú eres todo bueno y digno de todo amor. Amo a mi prójimo como a mí mismo por amor a Ti. Perdono a todos los que me han ofendido y pido perdón a todos los que yo he ofendido.

# Contents

1. Primer domingo de Adviento . . . 1
2. Lunes--Primera semana de Adviento . . . 6
3. Martes - Primera semana de Adviento . . . 12
4. Miércoles - Primera semana de Adviento . . . 17
5. Jueves--Primera semana de Adviento . . . 23
6. Viernes--Primera semana de Adviento . . . 30
7. Sábado--Primera semana de Adviento . . . 37
8. Segundo domingo de Adviento . . . 43
9. Lunes--Segunda semana de Adviento . . . 49
10. Fiesta de la Inmaculada Concepción (8 de diciembre) . . . 56
11. Martes - Segunda semana de Adviento . . . 65
12. Miércoles - Segunda semana de Adviento . . . 72
13. Jueves--Segunda semana de Adviento . . . 78
14. Viernes--Segunda semana de Adviento . . . 83
15. Sábado--Segunda semana de Adviento . . . 89
16. Tercer domingo de Adviento . . . 95
17. Lunes - Tercera semana de Adviento . . . 103
18. Martes - Tercera semana de Adviento . . . 110
19. Miércoles - Tercera semana de Adviento . . . 116
20. Jueves - Tercera semana de Adviento . . . 122
21. Viernes - Tercera semana de Adviento . . . 129

22. Sábado - Tercera semana de Adviento            135
23. Cuarto domingo de Adviento                      141
24. Lunes - Cuarta semana de Adviento               148
25. Martes - Cuarta semana de Adviento              155
26. Miércoles-cuarta semana de Adviento             161
27. Jueves - Cuarta semana de Adviento              167
28. Viernes - Cuarta semana de Adviento             173

# Primer domingo de Adviento

## Meditación matutina

### EL DÍA DEL JUICIO FINAL

Aquel día es día de ira... día de calamidad y de miseria. -- Sofonías i. 15.

En el Último Día se verificará la predicción de San Juan: Y dirán a los montes y a las peñas: Caed sobre nosotros y escondednos de la faz del que está sentado en el trono y de la ira del Cordero. (Apocalipsis. vi., 16).

Envía, Señor, al Cordero, al Soberano de la tierra, que sacrificándose satisfará tu justicia por nosotros, y así reinará en los corazones de los hombres. Oh Cordero de Dios, perdóname antes de que llegue el día en que me juzgues.

### I.

El último día es llamado en la Escritura día de ira y de miseria, y así será para todos aquellos infelices seres que hayan muerto en pecado mortal, porque en ese día sus crímenes más secretos serán manifestados al mundo entero, y ellos mismos separados de la compañía de los santos, y condenados a la prisión eterna del infierno, donde sufrirán todas las agonías de morir siempre, pero permaneciendo siempre vivos. San Jerónimo, en la Cueva de Belén, dedicado a la oración y a la penitencia continuas, temblaba ante la sola idea del Juicio General. El Venerable Padre Juvenal Ancina, oyendo cantar aquella Secuencia para los Difuntos, Dies ire, dies illa, quedó tan impresionado por la anticipación del Juicio, que abandonó el mundo y abrazó la vida religiosa.

¡Oh Jesús! ¿Qué será de mí ese día? ¿Me pondrás a tu derecha con los elegidos, o a tu izquierda con los réprobos? Sé que he merecido ser colocado a tu izquierda, pero sé también que Tú me perdonarás si me arrepiento de mis pecados; por tanto, me arrepiento de ellos de todo corazón, y estoy resuelto a morir antes que ofenderte más.

### II.

Así como éste será un día de calamidad y terror para los réprobos, también será un día de alegría y triunfo para los Elegidos; porque entonces, a la vista de toda la humanidad, las benditas almas de los Elegidos serán proclamadas reinas del Paraíso y esposas del Cordero Inmaculado.

¡Oh Jesús! Tu preciosa Sangre es mi esperanza. No recuerdes las ofensas que he cometido contra Ti e inflama toda mi alma con Tu amor. Te amo, mi soberano Bien, y confío en que en aquel día estaré asociada con aquellas almas amorosas que Te alabarán y amarán por toda la eternidad.

Elige, alma mía; elige ahora o una corona eterna en ese reino bendito, donde Dios será visto y amado cara a cara en compañía de los Santos, de los Ángeles y de María, la Madre de Jesús; o la prisión del infierno, donde deberás llorar y lamentarte eternamente, abandonada por Dios y por todos.

"¡Oh Cordero de Dios que quitas los pecados del mundo, ten piedad de nosotros!". Oh Cordero divino, que, para librarnos de las penas del infierno, te complaciste en sacrificar Tu vida divina con una muerte amarga en la Cruz, ten compasión de nosotros; pero más particularmente de mí, que Te he ofendido más que los demás. Me arrepiento por encima de todo mal de haberte deshonrado con mis pecados, pero espero en ese día honrarte ante los hombres y los ángeles, proclamando tus misericordias hacia mí. Oh Jesús, ayúdame a amarte, sólo a Ti te deseo. Oh María, santa Reina, protégeme en ese día.

## Lectura espiritual

### LAS NACIONES EN EL VALLE DE JOSAFAT

San Jerónimo pasaba sus días en la Cueva de Belén en oración y penitencia, y temblaba al pensar en la venida de Jesús en el Último Día para juzgar al mundo.

Actualmente Dios no es conocido y, por lo tanto, es tan despreciado por los pecadores como si no pudiera vengar, cuando le place, las injurias que se le hacen. Los impíos miran al Todopoderoso como si no pudiera hacer nada. (Job xxii., 17). Pero el Señor ha fijado un día, llamado en las Escrituras, el día del Señor, Dies Domini, en el que el Juez Eterno dará a conocer Su poder y majestad. El Señor, dice el Salmista, será conocido cuando ejerza el juicio. (Salmo ix., 17). Sobre este texto escribe San Bernardo: "El Señor, que ahora es desconocido mientras busca misericordia, será conocido cuando ejecute la justicia." El Profeta Sofonías llama al Día del Señor un día de ira -- un día de tribulación y angustia, un día de calamidad y miseria. (Sophonias i., 15).

Este día comenzará con fuego de los cielos que quemará la tierra, todos los hombres que entonces vivían, y todas las cosas sobre la tierra. Y la tierra y las obras que hay en ella serán quemadas. (2 Pedro iii., 10). Todo se convertirá en un montón de cenizas.

Después de la muerte de todos los hombres, sonará la trompeta, y los muertos resucitarán. (1 Corintios xv., 52). San Jerónimo decía: "Cada vez que pienso en el día del Juicio, tiemblo. Ya sea que coma o beba, o haga cualquier otra cosa, esa terrible trompeta parece sonar en mis oídos: 'Levantaos, muertos, y venid a juicio'"; y San Agustín declaró, que nada desterraba de él los pensamientos terrenales tan eficazmente como el temor del Juicio.

Al sonido de la trompeta, las almas de los bienaventurados descenderán del cielo para unirse a los cuerpos con que sirvieron a Dios en la tierra; y las infelices almas de los condenados subirán del infierno para volver a tomar posesión de los mismos cuerpos con que ofendieron a Dios. ¡Cuán diferente será el aspecto de los primeros, comparado con el de los segundos! Los condenados aparecerán deformes y negros, como tantas ramas de fuego del infierno; pero los justos brillarán como el sol. (Mateo. xiii., 43). ¡Cuán grande será entonces la felicidad de los que han mortificado su cuerpo con obras de penitencia! Podemos estimar su felicidad por las palabras dirigidas por San Pedro de Alcántara, después de muerto, a Santa Teresa: "¡Oh feliz penitencia! que me mereció tanta gloria".

Después de la Resurrección serán llamados por los Ángeles para aparecer en el Valle de Josafat. Naciones, naciones en el valle de la destrucción, porque el día del Señor está cerca. (Joel, iii.,14). Entonces vendrán los Ángeles y separarán a los réprobos de los Elegidos, colocando a éstos a la derecha y a aquéllos a la izquierda. Los Ángeles saldrán y separarán a los impíos de entre los justos. (Mateo. xiii. 40). ¡Cuán grande será entonces la confusión que sufrirán los infelices condenados! Este solo castigo, dice San Crisóstomo, bastaría para constituir un infierno para los impíos. El hermano será separado del hermano, el marido de la mujer, el hijo del padre.

Pero he aquí que los cielos se abren: los ángeles vienen a asistir al Juicio General, llevando, como dice Santo Tomás, el Estandarte de la Cruz y los demás instrumentos de la Pasión del Redentor. Lo mismo puede inferirse del capítulo 24 de San Mateo: Y entonces aparecerá la señal del Hijo del Hombre en el cielo; y entonces lamentarán todas las tribus de la tierra. (xxiv. 30). Los pecadores llorarán a la vista de la Cruz; porque, como dice San Crisóstomo, los clavos se quejarán de ellos -- las Llagas y la Cruz de Jesucristo hablarán contra ellos.

María Santísima, la Reina de los Santos y de los Ángeles, vendrá a asistir al Juicio Final; y por último, el Juez Eterno aparecerá en las nubes, lleno de esplendor y majestad. Y verán al Hijo del hombre que vendrá en las nubes del cielo con mucho poder y majestad. (Ib). ¡Oh, cuán grande será la agonía de los réprobos a la vista del Juez! Ante su presencia, dice el profeta Joel, el pueblo sufrirá penosos dolores. (Joel, ii). Según San Jerónimo, la presencia de Jesucristo causará a los réprobos más dolor que el mismo infierno. "Sería", dice, "más fácil para los condenados soportar los tormentos del infierno que la presencia del Señor". Por eso, en aquel día, los impíos, según San Juan, invocarán a los montes para que caigan sobre ellos y los oculten de la vista del Juez. Y dirán a los montes y a las rocas: Caed sobre nosotros y escondednos de la faz del que está sentado en el trono, y de la ira del Cordero. (Apocalipsis vi., 16).

Meditación vespertina

## LA BONDAD DE DIOS EN LA OBRA DE LA REDENCIÓN

### I.

Y se encarnó por el Espíritu Santo... y se hizo hombre. -- Credo Niceno.

Considera que Dios, habiendo creado al primer hombre para que le sirviese y amase en esta vida, y para que después fuese llevado por El a reinar eternamente con El en el Paraíso, le enriqueció para este fin con muchas luces y gracias. Pero el hombre ingrato se rebeló contra Dios, negándole la obediencia que le debía tanto en justicia como en gratitud; y así, quedó infelizmente como rebelde, privado, con toda su posteridad, de la gracia divina, y excluido para siempre del Paraíso. He aquí, pues, que como consecuencia de esta ruina causada por el pecado, toda la humanidad se perdió. Todos estaban espiritualmente ciegos, viviendo en medio de las tinieblas y de la sombra de muerte.

Pero Dios, viendo a los hombres reducidos a esta condición tan miserable, se compadeció de ellos y resolvió salvarlos. ¿Y cómo los salvó? No envió un ángel ni un serafín, sino que, para mostrar al mundo el inmenso amor que sentía por esos gusanos ingratos, envió a su propio Hijo en semejanza de carne de pecado. (Romanos viii., 3). Sí, envió a su propio Hijo para que se hiciera hombre y se revistiera de la misma carne que la de los hombres pecadores, a fin de que, con sus sufrimientos y muerte, satisficiera la justicia divina por sus crímenes, y así los librara de la muerte eterna, y reconciliándolos con su divino Padre, les obtuviera la gracia divina y los hiciera dignos de entrar en el reino eterno de los cielos.

Pero ¿cómo es, Jesús mío, que después de haber reparado esta ruina del pecado con tu muerte, tantas veces la he renovado voluntariamente por las muchas ofensas que te he hecho? Tú me salvaste a tan alto precio, y yo tantas veces he preferido perderme perdiéndote a Ti, ¡oh Bien infinito! Pero Tus palabras me dan confianza, pues has dicho que cuando el pecador que te ha vuelto la espalda se convierte después a Ti, no te niegas a abrazarlo: Volveos a mí y yo me volveré a vosotros. (Zacarías i., 3). Y Tú también has dicho: Si alguno... me abre la puerta, entraré en él. (Apocalipsis iii., 20). He aquí, Señor, que yo soy uno de estos rebeldes, un traidor ingrato, que muchas veces te he dado la espalda y te he alejado de mi alma; pero ahora me arrepiento de todo corazón de haberte maltratado así y de haber despreciado tu gracia; me arrepiento de ello y te amo sobre todas las cosas. He aquí, la puerta de mi corazón está ahora abierta, entra Tú, pero entra para no salir nunca más. Bien sé que nunca me dejarás, si no vuelvo a alejarte; pero éste es mi temor, y ésta es la gracia que te pido, y que espero pedirte siempre: déjame morir antes que ser culpable de esta nueva y mayor ingratitud.

## II.

Detente aquí a considerar, por una parte, la inmensa ruina que el pecado acarrea a las almas, pues las priva de la amistad de Dios y del Paraíso, y las condena a una eternidad de tormentos. Y considera, por otra parte, el infinito amor que Dios mostró en esta gran obra de la Encarnación del Verbo, haciendo que este su Hijo unigénito viniera a sacrificar su vida divina a manos de verdugos, en un mar de dolor e infamia, para obtenernos el perdón y la salvación eterna. Oh, cuando contemplamos este gran misterio y este exceso de amor divino, cada uno de nosotros no debe hacer otra cosa que exclamar: ¡Oh bondad infinita! ¡Oh misericordia infinita! ¡Oh amor infinito! ¡Que un Dios se haga Hombre y muera por mí!

Queridísimo Redentor, no merezco amarte, después de todas las ofensas que te he hecho; pero te pido por tus méritos el don de tu santo amor. Hazme, pues, conocer el gran bien que eres, el amor que me has tenido y cuanto has hecho para obligarme a amarte. Ah, Dios mío y Salvador mío, que no viva más ingrato a Tu gran bondad. Jesús mío, nunca más te dejaré; ya te he ofendido bastante. Es justo que pase los años que me quedan de vida amándote y complaciéndote. Jesús mío, Jesús mío, ayúdame; ayuda a un pecador que desea amarte. Oh María, Madre mía, tú tienes todo el poder con Jesús, pues eres su Madre. Dile que me perdone, dile que me encadene con su santo amor. Tú eres mi esperanza, en ti confío.

# Lunes--Primera semana de Adviento

### Meditación matutina

DIOS DESHONRADO POR EL PECADO

Antes de la venida de nuestro Redentor, toda la raza infeliz de la humanidad gemía en la miseria sobre esta tierra: todos eran hijos de la ira, ni había quien pudiera apaciguar a Dios, justamente indignado por sus pecados. Oh Dios de Misericordia, para que Tu Divina Sabiduría no pudiera reprocharnos nuestras ofensas contra Ti, te has escondido bajo la forma de un niño. Has ocultado Tu Justicia bajo el más profundo abajamiento para que no pudiera condenarnos.

### I.

Considera cómo el pecado deshonra a Dios. Por la transgresión de la ley deshonras a Dios (Romanos ii., 23), dice San Pablo. Cuando el pecador delibera sobre si debe dar o negar su consentimiento al pecado, toma la balanza en sus manos para decidir cuál es de mayor valor: el favor de Dios o alguna pasión, algún interés o placer mundano. Cuando cede a la tentación, ¿qué hace? Decide que alguna gratificación miserable es más deseable que el favor de Dios. Así es como deshonra a Dios, declarando, con su consentimiento, que un placer miserable es preferible a la amistad divina. Así, pues, oh Dios, te he deshonrado tantas veces, estimándote menos que mis miserables pasiones.

De esto se queja el Todopoderoso por el Profeta Ezequiel, cuando dice: Me violaron entre mi pueblo por un puñado de cebada y un pedazo de pan. (Ezequiel. xiii., 19). Si el pecador cambiase a Dios por un tesoro de joyas, o por un reino, haría ciertamente un gran mal, porque Dios es de infinito más valor que todos los tesoros y reinos de la tierra. Pero por qué lo cambian tantos. Por un vapor, por un poco de suciedad, por un placer envenenado, que apenas se prueba se huye. Oh Dios, ¡cómo he podido tener el corazón, por cosas tan viles, para despreciarte tantas veces a Ti, que me has mostrado tanto amor!

Pero he aquí, Redentor mío, cómo te amo ahora sobre todas las cosas; y porque te amo, siento más pesar por haberte perdido a Ti, mi Dios, que si hubiera perdido todos mis otros bienes, e incluso mi vida. Ten piedad de mí, y perdóname, nunca más incurriré en Tu desagrado. Haz que prefiera morir antes que ofenderte más.

## II.

Señor, ¿quién como tú? (Sal. xxxiv., 10).

¿Qué cosa buena, oh Dios, puede ser comparable a Ti, bondad infinita? ¿Cómo he podido volverte la espalda para entregarme a las vilezas que me ofrecía el pecado? Me has abandonado, dice el Señor, has retrocedido. (Jeremías xv., 6). Dios se queja y dice: Alma ingrata, me has abandonado. Nunca te habría abandonado si no me hubieras dado antes la espalda. Has retrocedido. Oh Dios, ¡con qué consternación llenarán estas palabras el alma del pecador cuando se presente para ser juzgado ante el tribunal divino! Oh Jesús, tu preciosa sangre es mi esperanza. Tú has prometido escuchar a quien Te ruega. No Te pido los bienes de este mundo; Te pido el perdón de los pecados que he cometido contra Ti, y de los que estoy arrepentido por encima de cualquier otro mal. Te pido la perseverancia en tu gracia hasta el fin de mi vida. Te pido el don de tu santo amor; mi alma está enamorada de tu bondad: escúchame, Señor. Concédeme que te ame aquí y en el más allá, y en todo lo demás haz de mí lo que te plazca. Señor mío y único Bien mío, no permitas que me separe más de Ti. María, Madre de Dios, escúchame tú también y haz que yo pertenezca siempre a Dios y que Dios sea mi herencia para siempre.

## Lectura espiritual

### EL JUICIO Y LA SENTENCIA

El juicio se sentó y se abrieron los libros. (Daniel vii., 10). Se abren los libros de la conciencia y comienza el Juicio. El Apóstol dice que el Señor sacará a la luz las cosas ocultas de las tinieblas. (1 Corintios iv., 5). Y, por boca de su Profeta, Jesucristo ha dicho: Registraré Jerusalén con lámparas. (Sofonio i., 12). La luz de la lámpara revela todo lo que está oculto.

"Un juicio", dice San Crisóstomo, "terrible para los pecadores, pero deseable y dulce para los justos". El Juicio Final llenará de terror a los pecadores, pero será fuente de alegría y dulzura para los elegidos; porque entonces Dios alabará a cada uno según sus obras. El Apóstol nos dice que ese día los justos serán elevados por encima de las nubes para unirse a los Ángeles y aumentar el número de los que rinden homenaje al Señor. Seremos arrebatados con ellos en las nubes al encuentro de Cristo, en el aire. (1 Tesalonicenses iv., 16).

Los mundanos consideran ahora como necios a los santos que llevaron una vida mortificada y humilde; pero entonces confesarán su propia necedad, y dirán: Nosotros los necios considerábamos su vida locura, y su fin sin honor. He aquí cómo son contados entre los hijos de Dios, y su suerte es entre los santos. (Sabiduría v., 4). En este mundo, los ricos y los nobles son llamados felices; pero la verdadera felicidad consiste en una vida de santidad. Alegraos, almas que vivís en tribulación; vuestra tristeza se convertirá en gozo. (Juan xvi., 20). En el valle de Josafat os sentaréis en tronos de gloria.

Pero los réprobos, como machos cabríos destinados al matadero, serán colocados a la izquierda para esperar su última condenación. En el Día del Juicio no hay esperanza de misericordia para los pobres pecadores. El mayor castigo del pecado para los que viven enemistados con Dios es perder el temor y el recuerdo del juicio divino. Continúa, continúa, dice el Apóstol, viviendo obstinadamente en el pecado; pero en proporción a tu obstinación, habrás acumulado para el Día del Juicio un tesoro de la ira de Dios. Pero según tu dureza y tu corazón impenitente, atesoras para ti mismo ira para el día de la ira. (Romanos ii., 5).

Entonces los pecadores no podrán ocultarse, sino que, con insufrible dolor, se verán obligados a comparecer en el juicio. "Esconderse", dice San Anselmo, "será imposible; aparecer será intolerable". Los demonios desempeñarán su oficio de acusadores y, como dice San Agustín, dirán al Juez: Dios justísimo, declarad nuestro al que no quiso ser vuestro. Los testigos contra los impíos serán: primero, su propia conciencia -- Su conciencia dando testimonio de ellos (Ib. ii., 15); segundo, las mismas paredes de la casa en que pecaron gritarán contra ellos -- La piedra gritará desde la pared (Habacuc. ii., 11); tercero, el Juez mismo dirá -- Yo soy el juez y el testigo (Jeremías. xxix., 23). De ahí que, según San Agustín, "El que ahora es testigo de tu vida será el juez de tu causa". A los cristianos en particular les dirá: Ay de ti, Corozaina, ay de ti, Betsaida, porque si en Tiro y en Sidón se hubieran hecho los milagros que se han hecho en vosotros, hace tiempo que habrían hecho penitencia en cilicio y ceniza". (Mateo. xi., 21). Cristianos, dirá Él, si las gracias que os he concedido se hubieran dado a los turcos o a los paganos, ellos habrían hecho penitencia por sus pecados; pero vosotros sólo habéis dejado de pecar con vuestra muerte. Entonces manifestará a todos los hombres sus crímenes más ocultos. Descubriré tu vergüenza en tu cara. (Nahum. iii., 5). Expondrá a la vista todas sus impurezas, injusticias y crueldades secretas. Pondré contra ti todas tus abominaciones (Ezequiel, vii., 3). Cada uno de los condenados llevará sus pecados escritos en la frente.

¿Qué excusas podrán salvar a los impíos en ese día? No podrán ofrecer ninguna excusa. Toda iniquidad detendrá su boca. (Salmo. cvi., 42). Sus mismos pecados cerrarán la boca de los réprobos, de modo que no tendrán valor para excusarse. Pronunciarán su propia condena.

La sentencia del Juez

Jesucristo, entonces, se dirigirá primero a los Elegidos, y con semblante sereno dirá: Venid, benditos de mi Padre, poseed el reino preparado para vosotros desde la fundación del mundo. (Mt. xxv., 34). Luego bendecirá todas las lágrimas derramadas por el dolor de sus pecados, y todas sus buenas obras, sus oraciones, mortificaciones y comuniones; sobre todo, bendecirá por ellos los dolores de su Pasión y la Sangre derramada por su salvación. Y, después de estas bendiciones, los Elegidos, cantando aleluyas, entrarán en el Paraíso para alabar y amar a Dios por toda la eternidad.

El Juez se dirigirá entonces a los réprobos y pronunciará su condena con estas palabras: Apartaos de mí, malditos, al fuego eterno. (Ib. 41). Entonces serán malditos para siempre, separados de Dios y enviados a arder eternamente en el fuego del infierno. E irán éstos al castigo eterno, pero los justos a la vida eterna. (Ib. 46).

Después de esta Sentencia, los impíos, según San Efrén, se verán obligados a despedirse para siempre de sus parientes, del Paraíso, de los Santos y de María la divina Madre. "¡Adiós, justos! ¡Adiós, oh Cruz! ¡Adiós, oh Paraíso! Adiós, padres y hermanos: ¡no volveremos a veros! Adiós, María, Madre de Dios". Entonces se abrirá una gran fosa en medio del valle: los infelices condenados serán arrojados a ella y verán cerradas esas puertas que nunca más se abrirán. Oh maldito pecado, a qué miserable fin conducirás un día a tantas almas redimidas por la Sangre de Jesucristo. Oh almas infelices! para las que está preparado un fin tan melancólico. Pero tengamos confianza, pues Jesucristo es ahora Padre y no Juez. Está dispuesto a perdonar a todos los que se arrepientan. Por nosotros, los hombres, y por nuestra salvación, bajó del cielo y se hizo hombre.

## Meditación vespertina

JESÚS CARGADO CON LOS PECADOS DE TODO EL MUNDO.

I.

Él cargará con las iniquidades de ellos. (Isías, liii., 11).

Considera que el Verbo Divino, al hacerse Hombre, eligió no sólo tomar la forma de un pecador, sino también cargar con todos los pecados de los hombres y satisfacer por ellos como si fueran Suyos: Él cargará con las iniquidades de ellos. Cornelius a Lapide añade: "como si Él mismo las hubiera cometido". Reflexionemos aquí qué opresión y angustia debió sentir el Corazón del Niño Jesús, que ya se había cargado con los pecados de todo el mundo, al comprobar que la Justicia Divina insistía en que Él satisficiera plenamente por ellos.

Bien conocía Nuestro Señor la malicia de todo pecado, porque, por la luz divina que le acompañaba, conocía inconmensurablemente más que todos los hombres y ángeles la infinita bondad de su Padre, y cuán infinitamente merecedor es de ser reverenciado y amado. Y entonces vio dispuestas delante de Él un sinnúmero de transgresiones que cometerían los hombres y por las cuales habría de sufrir y morir.

Mi amado Jesús, yo, que te he ofendido, no soy digno de tus favores, pero por el mérito de aquel dolor que sufriste, y que ofreciste a Dios a la vista de mis pecados, y para satisfacer por ellos la justicia divina, dame parte en aquella luz con que viste su malicia, y en aquel odio con que entonces los abominaste. ¡Oh Señor! Tú, en efecto, has muerto para salvarme; pero tu muerte no me salvará si yo, por mi parte, no aborrezco todo mal, y tengo verdadero dolor por los pecados que he cometido contra Ti. Pero incluso este dolor me lo debes dar Tú. Tú la das a quien te la pide. Te lo pido por los méritos de todos los sufrimientos que soportaste en esta tierra; dame dolor por mis pecados, pero un dolor que corresponda a mis transgresiones.

## II.

Una vez mostró el Señor a Santa Catalina de Siena la atrocidad de un solo pecado venial; y tal fue el espanto y dolor de la Santa, que cayó al suelo sin sentido. Cuáles debieron ser, pues, los sufrimientos del Niño Jesús cuando, al entrar en el mundo, vio ante sí el inmenso conjunto de todos los crímenes de los hombres por los que había de satisfacer.

Y entonces conoció en particular cada pecado de cada uno de nosotros: "Tuvo en cuenta cada pecado particular", dice San Bernardino de Siena. Y el Cardenal Hugo dice que los verdugos "le causaron dolor exterior al crucificarlo, pero nosotros dolor interior al pecar contra Él". Quiere decir que cada uno de nuestros pecados afligió el alma de Jesucristo más de lo que la crucifixión y la muerte afligieron su cuerpo. Tal es la hermosa recompensa que han rendido a nuestro divino Salvador por su amor todos los que se acuerdan de haberle ofendido con el pecado mortal.

¡Oh Dios Eterno, Bien supremo e infinito! Yo, miserable gusano, he osado perderte el respeto y despreciar Tu gracia; detesto por encima de todo mal y aborrezco la injusticia que he cometido contra Ti; me arrepiento de todo de todo corazón, no tanto por el infierno, que he merecido, cuanto porque he ofendido Tu infinita Bondad. Espero de Ti el perdón por los méritos de Jesucristo; y espero también obtener, junto con Tu perdón, la gracia de amarte. Te amo, oh Dios, que eres digno de infinito amor, y te repetiré siempre: ¡Te amo, Te amo, Te amo! Y como te dijo tu amada Santa Catalina de Génova, cuando estaba en espíritu a los pies de tu imagen crucificada, así te diré yo también ahora que estoy a tus pies: "¡Señor mío, no más pecados, no más pecados!" No, porque Tú en verdad no mereces ser ofendido, oh Jesús mío, sino que sólo mereces ser amado. Bendito Redentor mío, ayúdame. Madre mía María, ayúdame, te lo ruego; sólo te pido que me consigas que pueda amar a Dios durante el tiempo que me queda de vida.

# Martes - Primera semana de Adviento

### Meditación matutina

EL GRAN ASUNTO DE LA SALVACIÓN

Considera que nuestro asunto más importante es el de nuestra salvación eterna. De nuestra eternidad depende nuestra felicidad o miseria para siempre. Si viviremos para siempre felices o para siempre miserables.

Ante el hombre está la vida y la muerte... lo que él elija le será dado. (Eclesiástico. xv., 18).

Hagamos ahora una elección que no tengamos que lamentar en la eternidad.

### I.

El asunto de nuestra salvación eterna es el más importante de todos. Pero ¿cómo es que los hombres ponen toda su diligencia en tener éxito en los asuntos de este mundo, no dejan ningún medio sin intentar para obtener una situación deseable, para ganar un pleito, o para lograr un matrimonio; no rechazan ningún consejo, no descuidan ninguna medida para asegurar su objeto; ni comen ni duermen, y sin embargo no hacen nada para ganar la salvación eterna -- nada para ganarla, pero todo para perderla, como si el Infierno, el Cielo, y la Eternidad no fueran Artículos de Fe, sino sólo fábulas y mentiras?

Oh Dios, ayúdame con tu luz divina; no permitas que me siga cegando como hasta ahora.

Si ocurre un accidente en una casa, ¿qué no se hace inmediatamente para repararla? Si se pierde una joya, ¿qué no se hace para recuperarla? Se pierde el alma, se pierde la gracia de Dios, ¡y los hombres duermen y ríen! Atendemos con sumo cuidado a nuestro bienestar temporal, y descuidamos casi por completo nuestra salvación eterna. Llamamos felices a los que han renunciado a todas las cosas por Dios; ¿por qué, pues, estamos tan apegados a las cosas terrenas?

¡Oh Jesús! Tú has deseado tanto mi salvación como para derramar tu sangre y dar tu vida para conseguirla, y yo he sido tan indiferente a la conservación de tu gracia como para renunciar a ella y perderla por nada. Lamento, oh Señor, haberte deshonrado así. Renunciaré a todas las cosas para atender sólo a Tu amor, Dios mío, que eres el más digno de todo amor.

II.

El Hijo de Dios da su vida para salvar nuestras almas; el demonio es diligentísimo en su empeño de llevarlas a la ruina eterna: ¿y qué cuidado tenemos nosotros de ellas? San Felipe Neri condena al colmo de la insensatez al hombre que no se preocupa de la salvación de su alma. Despertemos nuestra fe: es cierto que, después de esta corta vida, nos espera otra, que será eternamente feliz o eternamente miserable. Dios nos ha dado a elegir lo que queramos. Ante el hombre está la vida y la muerte... lo que él elija le será dado. Hagamos ahora una elección de la que no tengamos que arrepentirnos por toda la eternidad.

Oh Dios, hazme consciente del gran mal que te he hecho al ofenderte y renunciar a Ti por amor a las criaturas. Me arrepiento de todo corazón de haberte despreciado, mi soberano Bien; no me rechaces ahora que vuelvo a Ti. Te amo sobre todas las cosas, y en el futuro renunciaré a todo antes que perder tu gracia. Por el amor que me has demostrado muriendo por mí, socórreme con tu ayuda y no me abandones. Oh María, Madre de Dios, sé mi abogada.

### Lectura espiritual

ORACIÓN MENTAL

I. SU IMPORTANCIA

En primer lugar, la Oración Mental es necesaria para que tengamos luz en el camino que recorremos hacia la eternidad. Las Verdades Eternas son cosas espirituales que no se ven con los ojos del cuerpo, sino sólo en la mente por la consideración. El que no medita no las ve; por lo tanto, camina con dificultad por el camino de la Salvación. Y además, el que no medita no conoce sus defectos, y por eso, dice San Bernardo, no los detesta. Así también, no ve el peligro para la Salvación en que se encuentra, y por eso no piensa en evitarlo. Dios nos ilumina en la Meditación. Venid a él y sed iluminados. (Sal. xxxiii., 6). En la Meditación Dios nos habla y nos hace saber lo que hemos de evitar y lo que hemos de hacer. La llevaré a la soledad y hablaré a su corazón. (Oseas, ii., 14). San Bernardo dice que la Meditación regula nuestros afectos, dirige nuestras acciones y corrige nuestros defectos.

En segundo lugar, sin la Oración Mental no tenemos fuerza para resistir la tentación y practicar la virtud. Santa Teresa decía que cuando un hombre abandona la Oración Mental, el demonio no tiene necesidad de llevarlo al infierno, pues se arroja en él por su propia voluntad. Y la razón es, que sin Meditación no hay oración. Dios está muy dispuesto a darnos sus gracias; pero San Gregorio dice que antes de darlas desea que se las pidamos y, por decirlo así, que le obliguemos a darlas por medio de nuestras oraciones. Pero sin Meditación no hay luz: andamos en tinieblas, y andando en tinieblas, no vemos el peligro que corremos, no nos valemos de los medios para evitarlo, ni rogamos a Dios que nos ayude, y así nos perdemos. El cardenal Belarmino declaró que es moralmente imposible que un cristiano que no medita persevere en la gracia de Dios: mientras que el que hace su Meditación todos los días difícilmente puede caer en pecado -- y si desgraciadamente cayera ocasionalmente, continuando su oración volverá inmediatamente a Dios. Fue dicho por un siervo de Dios que "la Oración Mental y el pecado mortal no pueden existir juntos".

Y además, la Meditación es el horno bendito en el que las almas se inflaman con el amor divino. En mi meditación, dice el Salmista, arderá un fuego (Sal. xxviii., 4). Santa Catalina de Bolonia decía: "La meditación es ese lazo que une el alma a Dios". En la Meditación el alma, retirándose a conversar a solas con Dios, se eleva por encima de sí misma. Se sentará en soledad y callará (Lamentaciones. ii., 28), dice el profeta Jeremías. Cuando el alma se sienta a solas, es decir, permanece sola en Meditación para considerar cuán digno es Dios de amor, y cuán grande es el amor que Él le tiene, entonces saboreará la dulzura de Dios y llenará su mente de pensamientos santos. Allí se desprenderá de los afectos terrenales; allí concebirá grandes deseos de santificarse, y finalmente resolverá entregarse enteramente a Dios. ¿Y dónde han tomado los Santos esas resoluciones generosas que los han elevado a un grado sublime de perfección, sino en la Oración Mental? San Luis Gonzaga solía decir que nadie alcanzará jamás un alto grado de perfección si no es dado a mucha Oración Mental.

Dediquémonos, pues, a ella, y no la descuidemos por ningún cansancio que podamos experimentar: el cansancio que suframos por Dios será abundantemente recompensado por Él.

Resolved, pues, hacer todos los días, por la mañana o por la tarde -pero mejor por la mañana-, media hora de Meditación. En la "Lectura Espiritual" de mañana verás brevemente explicado un método fácil de hacer esta Oración. Por lo demás, basta que durante ese tiempo te recojas leyendo algún libro de Meditación --sea éste u otro de los muchos que hay-- y de vez en cuando excites algún buen afecto o alguna aspiración como se explicará en el Método. Sobre todo te ruego que no dejes nunca la Oración Mental, que debes practicar al menos una vez al día, aunque te encuentres en gran aridez y sientas gran cansancio al realizarla. Si no la abandonas, ciertamente te salvarás.

## Meditación Vespertina

### EL AMOR DE DIOS A LOS HOMBRES

I.

Tanto amó Dios al mundo que le entregó a su Hijo unigénito. (San Juan iii., 16).

Considera que el Padre Eterno, al darnos a su Hijo por Redentor, víctima y precio de nuestro rescate, no podía darnos motivos más fuertes para la esperanza y el amor, para inspirarnos confianza y obligarnos a amarle. "Al darnos a su Hijo", dice San Agustín, "no podía darnos nada más". Desea que nos sirvamos de este inmenso Don para ganar para nosotros la Salvación eterna, y toda gracia que queramos; porque en Jesús, encontramos todo lo que podemos desear; encontramos luz, fuerza, paz, confianza, amor, y gloria eterna; porque Jesucristo es un Don que contiene todos los dones que podemos buscar o desear. ¿Cómo no nos ha dado también con Él todas las cosas? (Romanos. vii., 32). Habiéndonos dado Dios a su amado Hijo unigénito, que es la fuente y el tesoro de todo bien, ¿quién podría temer que nos negara cualquier favor que le pidiéramos?

Oh Dios eterno, ¿quién podría habernos dado este tesoro de valor infinito, sino Tú, que eres un Dios de amor infinito? Oh Creador mío, ¿qué más podrías haber hecho para darnos confianza en tu misericordia y para obligarnos a amarte? Oh Señor, te he pagado con ingratitud; pero Tú has dicho: A los que aman a Dios, todas las cosas les ayudan a bien (Rom. viii., 28). Por lo tanto, a pesar del gran número y la enormidad de mis pecados, no desesperaré de tu bondad; más bien deja que mis transgresiones sirvan para humillarme más cada vez que me encuentro con algún insulto; insultos y humillaciones merece en verdad quien ha tenido la temeridad de ofender a tu divina Majestad. Deseo que mis pecados sirvan para reconciliarme más con las cruces que Tú me envíes, para que sea más diligente en servirte y honrarte a fin de compensar las injurias que he cometido contra Ti. Oh Dios mío, me acordaré siempre de los disgustos que te he causado para exaltar más tu misericordia y encenderme de amor hacia Ti.

II.

Cristo Jesús nos es hecho por Dios sabiduría, justicia, santificación y redención. (1 Corintios. i., 30). Dios nos ha dado a Jesús para que sea para nosotros, criaturas ignorantes y ciegas, luz y sabiduría, con las que caminar por el camino de la salvación; para que sea para nosotros, merecedores del infierno, justicia, que nos permita aspirar al Paraíso; para que sea para nosotros, pecadores, santificación, que nos obtenga la santidad; para que, finalmente, sea para nosotros, esclavos del diablo, rescate, que nos compre la libertad de los hijos de Dios. En resumen, el Apóstol dice que con Jesucristo hemos sido enriquecidos con toda buena dádiva y toda gracia, si la pedimos por sus méritos: En todo habéis sido enriquecidos en él... de modo que nada os falta en ninguna gracia. (1 Corintios. i., 5).

Y este don que Dios nos ha hecho de su Hijo es un don para cada uno de nosotros; porque lo ha dado enteramente a cada uno de nosotros, como si lo hubiera dado a cada uno solo, para que cada uno de nosotros pueda decir: Jesús es todo mío; su cuerpo es mío; su sangre es mía; su vida es mía; sus dolores, su muerte, sus méritos, son todos míos. Por eso decía San Pablo: Me amó y se entregó por mí. (Gal. ii., 20). Y todos pueden decir lo mismo: "Mi Redentor me ha amado; y por el amor que me tuvo se me entregó enteramente".

Dios mío, Dios mío, ¡cómo podré dejar de amarte y separarme de nuevo de Tu amor! Me arrepiento y me arrepentiré siempre de los ultrajes que he cometido contra Ti; dependo de Ti para que me ayudes. Oh Dios mío, por tu gloria, concédeme que, así como te he ofendido mucho, te ame también mucho.

Oh María, mi Reina, ayúdame. Tú conoces mi debilidad. Haz que recurra a ti cada vez que el demonio intente separarme de Dios. Madre mía, esperanza mía, ayúdame. Amén.

# Miércoles - Primera semana de Adviento

## Meditación matutina

EL GRAN PENSAMIENTO DE LA ETERNIDAD

El hombre entrará en la casa de su eternidad. (Eclesiastés. xii, 5).

El que se construye una casa se esmera en hacerla cómoda, aireada y bonita, y dice: "Trabajo y me doy mucho trabajo en esta casa, porque tendré que vivir en ella toda mi vida." Y, sin embargo, ¡qué poco se piensa en la Casa de la Eternidad!

I.

Así designaba San Agustín el pensamiento de la eternidad: "El Gran Pensamiento" -- Magna Cogitatio. Fue este pensamiento el que indujo a tantos solitarios a retirarse a los desiertos; a tantos religiosos, incluso reyes y reinas, a encerrarse en claustros; y a tantos mártires a sacrificar sus vidas en medio de los tormentos, para adquirir una eternidad feliz en el Cielo, y evitar una eternidad miserable en el infierno. El bienaventurado Juan de Ávila convirtió a cierta señora con estas dos palabras: "Reflexiona", le dijo, "sobre estas dos palabras: Siempre y Nunca". Cierto monje bajó a una tumba para meditar continuamente en la Eternidad, y repetía constantemente: "¡Oh Eternidad! Eternidad!"

¡Cuántas veces, Dios mío, he merecido la eternidad del infierno! ¡Oh, si nunca te hubiera ofendido! Concédeme el dolor de mis pecados; ten compasión de mí.

El mismo Beato Juan de Ávila dice que quien cree en la eternidad y no llega a ser santo, debe ser confinado como un trastornado. Cuando lleguemos a la eternidad no se tratará de que residamos en una casa más o menos cómoda, o más o menos ventilada: se tratará de que habitemos en un palacio rebosante de delicias, o en un abismo de tormentos sin fin. ¿Y por cuánto tiempo? No por cuarenta o cincuenta años, sino para siempre, mientras Dios sea Dios. A los santos, para obtener la salvación, les parecía poco entregar toda su vida a la oración, a la penitencia y a la práctica de las buenas obras. ¿Y qué hacemos nosotros con el mismo fin?

Dios mío, ya han pasado muchos años de mi vida, ya se acerca la muerte, y ¿qué he hecho hasta ahora por Ti? Dame luz y fuerza para dedicar el resto de mis días a Tu servicio. Demasiado, ¡ay! te he ofendido; en adelante deseo amarte.

II.

Con temor y temblor trabaja en tu salvación (Filipenses. ii, 12).

Para obtener la salvación debemos temblar ante la idea de estar perdidos, y temblar no tanto ante la idea del infierno como del pecado, que es el único que puede enviarnos allí. El que teme el pecado evita las ocasiones peligrosas, se encomienda con frecuencia a Dios y recurre a los medios para mantenerse en estado de gracia. Quien actúa así se salvará; pero para quien no vive así es moralmente imposible salvarse. Atendamos a aquel dicho de San Bernardo: "No podemos estar demasiado seguros donde está en juego la Eternidad."

Tu Sangre, oh Jesús, Redentor mío, es mi seguridad. Ya me habría perdido a causa de mis pecados, si Tú no me hubieras ofrecido Tu perdón, a condición de mi arrepentimiento por haberte ofendido. Me arrepiento, pues, de todo corazón, de haberte ofendido a Ti, que eres Bondad infinita. Te amo, oh soberano Bien, por encima de cualquier otro bien. Sé que Tú quieres mi salvación y me esforzaré por conseguirla amándote siempre. Oh María, Madre de Dios, ruega a Jesús por mí.

**Lectura espiritual**

ORACIÓN MENTAL
II. SU FIN Y OBJETO

Para practicar bien la Oración Mental, o Meditación, y hacerla verdaderamente provechosa al alma, debemos determinar claramente los fines para los que la hacemos.

1. Debemos meditar para unirnos más completamente a Dios. No son tanto los buenos pensamientos de la inteligencia, cuanto los buenos actos de la voluntad, o los santos deseos, los que nos unen a Dios; y tales son los actos que realizamos en la Meditación, actos de humildad, de confianza, de abnegación, de resignación, y especialmente de amor y de arrepentimiento de nuestros pecados. "Actos de amor", dice Santa Teresa, "son los que mantienen el alma inflamada de santo amor".

2. Debemos meditar para obtener de Dios, por medio de la oración, las gracias necesarias que nos permitan avanzar en el camino de la salvación, evitar el pecado y tomar

los medios que nos conduzcan a la perfección. El mejor fruto, pues, que proviene de la Meditación es el ejercicio de la oración. Dios todopoderoso, de ordinario, no da gracia a nadie sino a los que oran. San Gregorio escribe: "Dios desea ser suplicado, desea ser constreñido, desea ser, por decirlo así, conquistado por la importunidad". A veces, para obtener gracias de especial valor, no basta con rezar; hay que rezar con urgencia y, por así decir, obligar a Dios, con nuestras oraciones, a que las conceda. Siempre es verdad que el Señor está dispuesto a escucharnos; pero en el momento de la Meditación, cuando estamos más verdaderamente en conversación con Dios, Él es más pródigo en prestarnos su ayuda.

Sobre todo, debemos aplicarnos a la Meditación, para obtener la perseverancia y el santo amor de Dios. La perseverancia final no es una sola gracia, sino una cadena de gracias, a la que debe corresponder la cadena de nuestras oraciones; si dejamos de orar, Dios dejará de prestarnos su ayuda, y pereceremos. Quien no practica la Meditación encontrará la mayor dificultad para perseverar en gracia hasta la muerte. Palafox, en sus Notas sobre las Cartas de Santa Teresa escribe así: "¿Cómo nos dará el Señor la perseverancia si no la pedimos? ¿Y cómo la pediremos sin Meditación? Sin Meditación no hay comunión con Dios".

Así pues, debemos ser urgentes en la oración para obtener de Dios su santo amor. San Francisco de Sales decía que todas las virtudes vienen en unión con el santo amor. Todas las cosas buenas me vinieron juntamente con ella (Sabiduría vii, 7). Sea, pues, continua nuestra oración por la perseverancia y el amor; y, para orar con mayor confianza, tengamos siempre presente la promesa que nos hizo Jesucristo, de que cuanto pidamos a Dios por los méritos de su Hijo, Él nos lo dará. Oremos, pues, y oremos siempre, si queremos que Dios nos haga abundar en toda bendición. Oremos por nosotros mismos y, si tenemos celo por la gloria de Dios, oremos por los demás. Dios se complace en ser rogado por los infieles, los herejes y todos los pecadores. Que el pueblo se confiese a ti, oh Dios; que todo el pueblo se confiese a ti (Salmo lxvi, 6). Digamos: Haz que te conozcan, haz que te amen. Leemos en las Vidas de Santa Teresa y de Santa María Magdalena de Pazzi cómo Dios inspiró a estas santas mujeres la oración por los pecadores. Y a las oraciones por los pecadores añadamos también las oraciones por las Santas Almas del Purgatorio.

3. Debemos aplicarnos a la Meditación, no para obtener consuelos espirituales, sino principalmente para conocer cuál es la voluntad de Dios acerca de nosotros. Habla, Señor, dijo Samuel a Dios, que tu siervo oye. (1 Reyes iii, 9). Señor, hazme saber lo que Tú quieres, para que yo lo haga. Algunas personas continúan la Meditación si continúan los

consuelos; pero cuando éstos cesan, dejan la Meditación. Es verdad que Dios acostumbra consolar a sus almas amadas en el momento de la Meditación, y darles algún anticipo de las delicias que prepara en el Cielo para los que le aman. Son cosas que los amantes del mundo no comprenden; ellos, que no tienen más gusto que los deleites terrenales, desprecian los celestiales. Oh, si fueran sabios, ¡con cuánta seguridad dejarían tales placeres para recogerse y hablar a solas con Dios! La meditación no es más que una conversación entre el alma y Dios; el alma le vierte sus afectos, sus deseos, sus temores, sus peticiones; y Dios habla al corazón, haciéndole conocer su bondad, y el amor que le tiene, y lo que debe hacer para agradarle. La llevaré a la soledad y hablaré a su corazón. (Oseas, ii, 14).

Pero estos deleites no son constantes, y, en su mayor parte, las almas santas experimentan mucha sequedad de espíritu en la Meditación. "Con sequedades y tentaciones", dice Santa Teresa, "hace prueba el Señor a los que le aman". Y añade: "Aunque esta sequedad dure toda la vida, no deje el alma la Meditación; llegará el tiempo en que todo será bien recompensado". El tiempo de la sequedad es el tiempo de obtener las mayores recompensas; y cuando nos encontremos aparentemente sin fervor, sin buenos deseos y, por decirlo así, incapaces de hacer un acto bueno, humillémonos y resignémonos, pues esta misma Meditación será más fructífera que otras. Basta entonces decir, si no podemos decir nada más: "¡Oh Señor, ayúdame, ten piedad de mí, no me abandones!". Feliz aquel que no abandona la Meditación en la hora de la desolación. Dios le hará abundar en gracias.

## Meditación vespertina

LA PALABRA SE HIZO HOMBRE EN LA PLENITUD DE LOS TIEMPOS.

### I.

Cuando llegó la plenitud de los tiempos, Dios envió a su Hijo. (Gálatas iv, 4).

Considera que Dios dejó pasar cuatro mil años, después de la transgresión de Adán, antes de enviar a su Hijo a la tierra para redimir al mundo. Y mientras tanto, ¡oh, qué tinieblas fatales reinaron sobre la tierra! El verdadero Dios no era conocido ni adorado, excepto en un pequeño rincón del mundo. La idolatría reinaba por doquier, de modo que los demonios, las piedras y las bestias eran adorados como dioses.

Pero admiremos en esto la Sabiduría Divina: Aplazó la venida del Redentor para que su advenimiento fuera más grato al hombre, a fin de que se conociera mejor la malicia del pecado, así como la necesidad de un remedio y la gracia del Salvador. Si Jesucristo hubiera venido al mundo inmediatamente después de la caída de Adán, la grandeza de este favor no habría sido sino ligeramente apreciada. Agradezcamos, pues, la bondad de Dios por habernos enviado al mundo después de realizada la gran obra de la Redención. He aquí que ha llegado el tiempo feliz que fue llamado la plenitud de los tiempos: Cuando llegó el cumplimiento del tiempo, Dios envió a su Hijo... para que redimiera a los que estaban bajo la ley. (Gálatas. iv, 4).

Oh Verbo Divino, hecho Hombre por mí, aunque Te contemplo así humillado y convertido en un pequeño Infante en el vientre de María, sin embargo Te confieso y Te reconozco por mi Señor y Rey, pero un Rey de Amor. Queridísimo Salvador mío, ya que has bajado a la tierra y te has revestido de nuestra miserable carne para reinar sobre nuestros corazones, te suplico que vengas y establezcas tu reinado también en mi corazón, que antes, por desgracia, estaba gobernado por tus enemigos, pero que ahora, espero, es tuyo, como deseo que sea siempre tuyo, y que desde hoy seas su único Señor: Gobierna en medio de tus enemigos. (Salmo. cix, 2). Otros reyes reinan por la fuerza de las armas, pero Tú vienes a reinar por el poder de tu amor; y por eso no vienes con pompa regia, ni vestido de púrpura y oro, ni adornado con cetro y corona, ni rodeado de ejércitos de soldados. Viniste al mundo para nacer en un establo, pobre, abandonado, colocado en un pesebre sobre un poco de paja, porque así comenzarías a reinar en nuestros corazones.

## II.

Se llama plenitud, por la plenitud de gracia que el Hijo de Dios vino a comunicar a los hombres por la Redención del mundo. He aquí al Ángel que es enviado como embajador a la ciudad de Nazaret para anunciar a la Virgen María la venida del Verbo, que desea encarnarse en su seno. El Ángel la saluda, la llama llena de gracia y bendita entre las mujeres. (Lucas, i, 28). La humilde Virgen, elegida para ser la Madre del Hijo de Dios, se turba ante estas alabanzas a causa de su gran humildad: pero el Ángel la anima, y le dice que ha encontrado la gracia de Dios; es decir, aquella gracia que trajo la paz entre Dios y el hombre, y la reparación de la ruina causada por el pecado. Luego le dice que debe dar a su Hijo el Nombre de Salvador: Llamarás su nombre Jesús (Ib. 31), y que su Hijo es el mismo Hijo de Dios, que ha de redimir al mundo y reinar así sobre los corazones de los hombres. He aquí que, por fin, María consiente en ser la Madre de tal Hijo: Hágase en mí según tu palabra. (Ib. 38). Y el Verbo Eterno toma carne y se hace Hombre: Y el Verbo se hizo carne. (Jn. i, 14).

Demos gracias a este Hijo, y demos gracias también a su Madre, que, al consentir en ser Madre de tal Hijo, consintió también en ser Madre de nuestra salvación, y Madre de dolores, aceptando en aquel momento el martirio de dolor que le costaría ser Madre de un Hijo que había de venir al mundo a sufrir y morir por el hombre.

Ah, mi Rey Infante, ¿cómo he podido rebelarme tantas veces contra Ti, y vivir tanto tiempo enemigo tuyo, privado de tu gracia, cuando, para obligarme a amarte, te has despojado de tu divina majestad, y te has humillado hasta aparecer, primero, como Niño en una cueva; después, como siervo en una tienda, y como criminal en la Cruz? ¡Oh, feliz de mí, si ahora que he sido liberado, como espero, de la esclavitud de Satanás, me permito para siempre ser gobernado por Ti y por Tu amor! Oh Jesús, Rey mío, que eres tan amable y tan amoroso con nuestras almas, toma posesión, te lo ruego, de la mía; te la entrego enteramente; acéptala, para que te sirva eternamente, pero sírvete sólo por amor. Tu majestad merece ser temida, pero tu bondad merece aún más ser amada. Tú eres mi Rey, y serás siempre el único objeto de mi amor; y el único temor que tengo es el temor de desagradarte. Eso es lo que espero. Ayúdame con tu gracia. ¡Oh María, mi querida Señora! A Ti te corresponde conseguirme que sea fiel a este Rey amado de mi alma.

# Jueves--Primera semana de Adviento

### Meditación matutina

RETRATO DE UN HOMBRE QUE HA ENTRADO HACE POCO EN LA CASA DE SU ETERNIDAD.

Debajo de ti se esparcirá la polilla, y gusanos serán tu cubierta. (Isaías. xiv, 11).

En el momento en que el alma abandone el cuerpo, irá a la eternidad y el cuerpo volverá al polvo. La misma suerte espera a todos, nobles y campesinos, príncipes y vasallos. Les quitarás el aliento y volverán al polvo. (Salmo. ciii, 29).

Dios mío, no resistiré más a tus llamadas.

### I.

Considera que eres polvo y que volverás al polvo. Llegará un día en que morirás y te pudrirás en una tumba donde los gusanos serán tu cubierta.

Imagina que contemplas a una persona que acaba de morir. Mira ese cuerpo tendido en el lecho, la cabeza caída sobre el pecho, los cabellos desordenados y todavía bañados en el sudor de la muerte, los ojos hundidos, las mejillas hundidas, el rostro del color de la ceniza, los labios y la lengua como el hierro, el cuerpo frío y pesado. Los espectadores palidecen y tiemblan. ¡Cuántos, al ver a un pariente o amigo fallecido, han cambiado de vida y se han retirado del mundo!

El horror será aún mayor cuando el cuerpo comience a putrefactarse. No han transcurrido veinticuatro horas desde la muerte de aquel joven, y su cuerpo despide ya un olor desagradable. Hay que abrir las ventanas y, para evitar la propagación de la enfermedad a toda la familia, pronto habrá que trasladarlo a la iglesia y enterrarlo en la tierra. "Si ha sido uno de los ricos y nobles del mundo, su cuerpo despedirá un hedor más intolerable", dice San Ambrosio.

He aquí el fin de ese hombre orgulloso, lascivo y voluptuoso. Antes de su muerte, deseado y buscado en las conversaciones, ¡y ahora convertido en objeto de horror y repugnancia para todos los que lo contemplan! Sus parientes se apresuran a sacarlo de la casa. Contratan hombres para que lo encierren en un ataúd, lo lleven al cementerio y lo arrojen a la tumba.

Oh Jesús, Redentor mío, Te doy gracias por no haberme quitado de la vida cuando era Tu enemigo. ¡Cuántos años he merecido estar en el infierno! Si hubiera muerto tal día o tal noche, ¿cuál sería mi suerte por toda la eternidad? Señor, te doy gracias. Acepto mi muerte en satisfacción de mis pecados y la acepto en la forma que Tú quieras enviarla. Pero ya que me has soportado hasta ahora, espérame un poco más. Suéltame, pues, para que pueda lamentar un poco mi pena. (Job x, 20). Dame tiempo para lamentar mis ofensas antes de que me juzgues. No resistiré más a tus llamadas. Quién sabe si las palabras que acabo de leer serán para mí la última llamada. Contempla al traidor penitente que recurre a Ti. Un corazón contrito y humillado, oh Dios, no despreciarás. (Salmo I, 19).

## II.

Considera que así como has actuado con ocasión de la muerte de amigos y parientes, así actuarán otros con ocasión de tu muerte. Durante la vida, la fama de su ingenio, de su cortesía, de la elegancia de sus modales y de su facha, se extendió por todas partes, pero después de la muerte el muerto es pronto olvidado. Al conocer la noticia de su muerte, algunos dicen: "Era un honor para su familia"; "Ha mantenido bien a sus hijos". Algunos lamentan su muerte porque les había hecho algún servicio en vida; otros se alegran de ella porque es una ventaja para ellos. Pero al poco tiempo, nadie habla de él. Al principio los parientes se afligen por poco tiempo, pero pronto se sienten poco dispuestos a oír su nombre por temor a renovar su dolor. En las visitas de pésame, todos se cuidan de no mencionar al difunto, y si a alguien se le ocurre hablar de él, los parientes exclaman: "¡Por Dios, no mencionéis su nombre!".

Ocupan las posesiones y los cargos del difunto, y se consuelan con la parte de los bienes que les corresponde. Pero los muertos ya no son recordados. Su memoria ha perecido con un ruido. (Sal. ix, 7). Así, dentro de poco tu muerte será más bien un motivo de alegría; y en la misma habitación en la que has exhalado tu alma, y en la que has sido juzgado por Jesucristo, otros bailarán y comerán, y jugarán y reirán como antes. ¿Y dónde estará entonces tu alma?

¡Oh Dios, no me alejes de Tu rostro! Por tu misericordia, no me rechaces. Tú has dicho: No echaré fuera al que venga a mí. (Juan. vi, 37). Es verdad que te he ultrajado más que otros porque he sido más favorecido con tus luces y gracias. Pero la Sangre que Tú has derramado por mí me da valor y perdón si me arrepiento. Soberano Bien mío, siento de todo corazón haberte ofendido. Perdóname y dame gracia para amarte en el futuro. Ya te he ofendido bastante. El resto de mi vida quiero pasarlo llorando sin cesar las ofensas que Te he hecho y amando con todo mi corazón a un Dios digno de infinito amor. Oh María, esperanza mía, ruega a Jesús por mí.

## Lectura espiritual

### ORACIÓN MENTAL
### III. SU LUGAR Y SU TIEMPO

Podemos meditar en cualquier lugar, en casa o fuera de ella, incluso paseando o trabajando. Cuántos hay que, no pudiendo hacer otra cosa, elevan su corazón a Dios y aplican su mente a la Oración Mental sin dejar para ello sus ocupaciones, su trabajo, o meditan incluso estando de viaje. El que busca a Dios lo encontrará siempre en todas partes y en todo momento.

La condición esencial de la conversación con Dios es la soledad del corazón, sin la cual la oración carecería de valor, y, como dice San Gregorio: "poco o nada nos aprovecharía estar con el cuerpo en un lugar solitario, mientras el corazón está lleno de pensamientos y afectos mundanos." Pero para gozar de la soledad del corazón, que consiste en estar desligado de los pensamientos y afectos mundanos, no son necesarios, desde luego, los desiertos y las cuevas. Aquellos que por necesidad se ven obligados a conversar con el mundo, siempre que sus corazones estén libres de los apegos mundanos, incluso en las calles públicas, en los lugares de veraneo y en las asambleas públicas, pueden poseer una soledad de corazón y continuar unidos a Dios. Todas las ocupaciones que emprendemos para cumplir la Divina Voluntad no tienen poder para perturbar la soledad del corazón. Santa Catalina de Siena encontró verdaderamente a Dios en medio de los trabajos domésticos en que la mantenían ocupada sus padres para apartarla de los ejercicios de devoción; pues en medio de estos asuntos conservaba un lugar de retiro en su corazón, que llamaba su celda, y allí no cesaba de conversar a solas con Dios.

Sin embargo, cuando podemos, debemos retirarnos a un lugar solitario para hacer nuestra Meditación. Nuestro Señor ha dicho: Cuando ores, entra en tu aposento y, cerrada la puerta, ora a tu Padre en secreto. San Bernardo dice que el silencio y la ausencia de todo ruido casi obligan al alma a pensar en los bienes del Cielo.

Pero el mejor lugar para hacer la Oración Mental es la iglesia; porque Jesucristo se complace especialmente en la Meditación que se hace ante el Santísimo Sacramento, ya que allí parece que Él concede luz y gracia más abundantemente a los que le visitan. Se ha dejado a Sí mismo en este Sacramento, no sólo para ser el alimento de las almas que le reciben en la Sagrada Comunión, sino también para ser encontrado siempre por todo el que le busca. Los peregrinos devotos van a la Santa Casa de Loreto, donde Jesucristo habitó durante su vida; y a Jerusalén, donde murió en la Cruz; pero ¡cuánto mayor debe ser nuestra devoción cuando lo encontramos ante nosotros en el Sagrario, en el que habita en persona este mismo Señor, que vivió en la tierra y murió por nosotros en el Calvario! No está permitido en el mundo que personas de todos los rangos hablen a solas con los reyes; pero con Jesucristo, el Rey de reyes, tanto nobles como plebeyos, ricos y pobres, pueden conversar a su voluntad, exponiéndole sus necesidades y buscando su gracia; y en el Tabernáculo Jesús da audiencia a todos, escucha a todos y consuela a todos.

## EL TIEMPO

Tenemos que considerar dos cosas, a saber:

(1) El momento del día más adecuado para la Oración Mental; y

(2) El tiempo que debe emplearse en hacerla.

(1) Según San Buenaventura, la mañana y la tarde son las dos partes del día que, ordinariamente hablando, son las más aptas para la Meditación. Pero, según San Gregorio de Nisa, la mañana es el momento más apropiado para la oración, porque, dice el Santo, cuando la oración precede a los negocios, el pecado no encuentra entrada en el alma. Y el Venerable Padre Carlos Carafa, Fundador de la Congregación de los Trabajadores Píos, solía decir que un acto ferviente de amor, hecho por la mañana durante la Meditación, es suficiente para mantener el alma en fervor durante todo el día. La oración, como ha escrito San Jerónimo, también es necesaria por la noche. Que el cuerpo no se vaya a descansar antes de que el alma se refresque con la Oración Mental, que es el alimento del alma. Pero siempre y en todo lugar, podemos orar; nos basta elevar la mente a Dios, y hacer buenos actos, pues en esto consiste la Oración Mental.

(2) En cuanto al tiempo que debe emplearse en la Oración Mental, la regla de los Santos era, dedicarle todas las horas que no fuesen necesarias para las ocupaciones de la vida humana. San Francisco de Borja empleaba en la Meditación ocho horas al día, porque sus Superiores no le permitían más tiempo; y cuando las ocho horas habían expirado, pedía encarecidamente permiso para permanecer un poco más en oración, diciendo: "¡Ah! dame otro cuartito de hora". San Felipe Neri acostumbraba a pasar toda la noche en oración.

San Antonio Abad permanecía toda la noche en oración; y cuando aparecía el sol, que era la hora asignada para terminar su oración, se quejaba de que hubiera salido demasiado pronto.

El Padre Baltasar Álvarez solía decir que un alma que ama a Dios, cuando no está en oración, es como una piedra fuera de su centro, en estado violento; porque en esta vida debemos, tanto como sea posible, imitar las vidas de los Santos en bienaventuranza, que están constantemente empleados en la contemplación de Dios.

Pero, ¿qué tiempo deben dedicar a la Oración Mental los Religiosos que buscan la perfección? El Padre Torres prescribió una hora de Meditación por la mañana, otra durante el día, y media hora de Meditación por la noche, cuando no deben ser impedidos por enfermedad o por cualquier deber de obediencia. Si esto os parece demasiado, os aconsejo que dediquéis al menos dos horas a la Oración Mental. Es cierto que media hora de Meditación no bastaría para alcanzar un alto grado de perfección; para los principiantes, sin embargo, sería suficiente.

A veces el Señor quiere que omitas la oración para realizar alguna obra de caridad fraterna; pero es necesario atender a lo que dice San Lorenzo Justiniano: "Cuando la caridad lo requiere, la esposa de Jesús va a servir al prójimo; pero durante ese tiempo, suspira continuamente por volver a conversar con su Esposo en la soledad de su celda". El Padre Vicente Carafa, General de la Compañía de Jesús, robaba todos los pequeños momentos de tiempo que podía, y los empleaba en la oración.

La oración mental es tediosa para los que están apegados al mundo, pero no para los que sólo aman a Dios. Ah! la conversación con Dios no es dolorosa ni tediosa para los que Le aman de verdad. Su conversación no tiene amargura, su compañía no produce tedio, sino gozo y alegría (Sab. viii, 16). "La oración mental", dice San Juan Clímaco, "no es otra cosa que una conversación familiar y unión con Dios". "En la oración", como dice San Crisóstomo, "el alma conversa con Dios, y Dios con el alma". No, la vida de las personas santas que aman la oración, y huyen de las diversiones terrenas, no es una vida de amargura. Si no me crees, Prueba, y verás que el Señor es dulce. Pruébalo, y verás cuán dulce es el Señor para los que dejan todas las cosas para conversar sólo con Él. Pero el fin que debemos proponernos al acudir a la Meditación debe ser, como se ha dicho varias veces, no el consuelo espiritual, sino aprender de Nuestro Señor lo que Él desea de nosotros, y despojarnos de todo amor propio. "Para prepararte a la oración", dice San Juan Clímaco, "despojate de tu propia voluntad". Para prepararnos bien a la Meditación, debemos renunciar a la voluntad propia, y decir a Dios: Habla, Señor, que tu siervo oye.

Señor, dime lo que quieres que haga; estoy dispuesto a hacerlo. Y es necesario decir esto con voluntad decidida, porque sin esta disposición el Señor no nos hablará.

## Meditación vespertina

### EL ABAJAMIENTO DE JESÚS
### I.

Tomando forma de siervo. (Filipenses. ii, 7).

El Verbo Eterno desciende a la tierra para salvar al hombre; ¿y de dónde desciende? Su salida es desde el fin del cielo. (Salmo. xviii, 7). Desciende del seno de Su Divino Padre, donde desde la eternidad fue engendrado en el resplandor de los Santos. ¿Y a dónde desciende? Desciende al seno de una Virgen, hija de Adán, que en comparación con el seno de Dios es objeto de horror; por eso canta la Iglesia: "No aborreciste el seno de la Virgen". Sí, porque el Verbo en el seno del Padre es Dios como el Padre -- es inmenso, omnipotente, benditísimo y supremo Señor, e igual en todo al Padre. Pero en el seno de María es criatura, pequeño, débil, afligido, siervo inferior al Padre, tomando forma de siervo. (Filipenses. ii, 7).

Se cuenta como un gran prodigio de humildad en San Alexis que, a pesar de ser hijo de un caballero romano, eligió vivir como siervo en casa de su padre. Pero, ¿cómo se puede comparar la humildad de este Santo con la humildad de Jesucristo? Entre el hijo y el siervo del padre de San Alexis había, es cierto, alguna diferencia; pero entre Dios y el siervo de Dios hay una diferencia infinita.

Mi amado Jesús, Tú eres el Soberano Señor del Cielo y de la tierra; pero por amor a mí Te has hecho siervo incluso de los verdugos que desgarraron Tu carne, traspasaron Tu cabeza, y finalmente Te dejaron clavado en la Cruz para morir de dolor. Te adoro como a mi Dios y Señor, y me avergüenzo de comparecer ante Ti, cuando recuerdo cuántas veces, en aras de algún miserable placer, he roto tus santos lazos, y te he dicho en tu cara que no te serviría. Ah, con razón me lo reprochas: Rompiste mis manos, y dijiste: No te serviré. (Jer. ii, 20). Pero aún así, oh Salvador mío, tus méritos y tu bondad, que no puede despreciar a un corazón que se arrepiente y se humilla, me dan valor para esperar el perdón: Al corazón contrito y humillado, oh Dios, no despreciarás. (Sal. 1, 19).

### II.

Además, este Hijo de Dios, habiéndose hecho siervo de su Padre, en obediencia a Él, se hizo también siervo de sus criaturas de María y José: Y les estaba sujeto. (Lucas ii, 51).

Además, se hizo incluso siervo de Pilato, que lo condenó a muerte, y Él le fue obediente y lo aceptó; se hizo siervo de los verdugos, que lo azotaron, lo coronaron de espinas y lo crucificaron; y a todos ellos obedeció humildemente y se entregó en sus manos.

¡Oh Dios! Y nosotros, después de esto, ¿nos negaremos a someternos al servicio de un Salvador tan amoroso, que, para salvarnos, se sometió a sí mismo a una esclavitud tan dolorosa y degradante? Y en vez de ser siervos de este Señor tan grande y tan amoroso, ¿nos contentaremos con seguir siendo esclavos del demonio, que no ama a sus siervos, sino que los odia y los trata como un tirano, haciéndolos miserables y desgraciados en este mundo y en el otro? Pero si hemos sido culpables de esta gran locura, ¿por qué no renunciamos pronto a esta infeliz servidumbre? Ánimo, pues, ya que hemos sido liberados por Jesucristo de la esclavitud del infierno; abracemos ahora y atemos en torno nuestro con amor esas dulces cadenas, que nos harán siervos y amantes de Jesucristo, y nos obtendrán en adelante la corona del reino eterno entre los bienaventurados del Paraíso.

Confieso, Jesús mío, que te he ofendido mucho; confieso que merezco mil infiernos por los pecados que he cometido contra ti; castígame como te parezca, pero no me prives de tu gracia y de tu amor. Me arrepiento sobre todo de haberte despreciado. Te amo con todo mi corazón. Me propongo desde hoy desear servirte y amarte sólo a Ti. Te ruego que me ates por tus méritos con las cadenas de tu santo amor, y no permitas que vuelva a romper esas benditas cadenas. Te amo sobre todas las cosas, oh mi Libertador, y preferiría ser tu siervo a ser el amo del mundo entero. ¿Y de qué le serviría todo el mundo a quien vive privado de Tu gracia? "Mi dulcísimo Jesús, no permitas que me separe de Ti". Esta gracia te pido, y pienso pedírtela siempre, y te ruego que me concedas hoy la gracia de repetir continuamente hasta el fin de mi vida la oración: Jesús mío, concédeme que nunca más me separe de Tu amor. Te pido también este favor, oh María, Madre mía, ayúdame por tu intercesión para que nunca más me separe de mi Dios.

# Viernes--Primera semana de Adviento

### Meditación matutina

LA VIDA INFELIZ DEL PECADOR
No hay paz para el impío, dice el Señor. (Isaías. xlviii. 22).
No, el mundo con todos sus bienes no puede contentar el corazón del hombre. No fue creado para ellos, sino sólo para Dios. Por eso sólo Dios puede contentar y hacer feliz al hombre y darle esa paz que el mundo no puede darle.

I.

En esta vida todos los hombres buscan la paz. El comerciante, el soldado, el hombre que se dedica a la abogacía, todos trabajan con la esperanza de hacer fortuna y de encontrar así la paz mediante el lucro mundano, mediante un puesto más elevado, mediante la conquista del pleito. Pero los pobres mundanos buscan en el mundo la paz que el mundo no puede dar. Sólo Dios puede dar la paz, como proclama la Santa Iglesia con las siguientes palabras: "Da a tus siervos la paz que el mundo no puede dar". No; el mundo, con todos sus bienes, no puede contentar el corazón del hombre; porque no fue creado para ellos, sino sólo para Dios: por eso sólo Dios puede hacerlo feliz y contento. Los animales brutos, que han sido creados para los deleites sensuales, encuentran la paz en los bienes terrenales: dale a un buey un haz de heno, y a un perro un trozo de carne, y estarán contentos, no desearán nada más. Pero el alma, que no ha sido creada para otro fin que para amar a Dios y vivir en unión con Él, nunca podrá encontrar paz ni felicidad en los goces sensuales; sólo Dios puede hacerla perfectamente feliz.

El Hijo de Dios dio el apelativo de necio al rico que, después de haber recogido una rica cosecha de sus campos, se dijo a sí mismo: Alma, tienes muchos bienes acumulados para muchos años; descansa, come, bebe y alégrate. (Lucas xii. 19). "¡Miserable insensato!", dice San Basilio, "¿tienes alma de cerdo, de bruto, que esperas hacerla feliz comiendo, bebiendo o con deleites sensuales?". Un hombre puede hincharse, pero no satisfacerse con los bienes de este mundo. Sobre las palabras del Evangelio: He aquí que lo hemos dejado todo (Mateo. xix. 27), San Bernardo escribe que vio diferentes clases de necios trabajando bajo diferentes especies de locura. Todos tenían una gran sed de felicidad: unos se saciaban con los bienes de la tierra, figura de los avaros; otros, con el viento, figura de los ambiciosos, que buscan honores vacíos; otros, sentados alrededor de un horno, tragaban las chispas que de él salían; éstos eran los apasionados y vengativos; otros, en fin, bebían aguas pútridas de un lago fétido; y éstos eran los voluptuosos e incultos. Por eso, dirigiéndose a ellos, el Santo exclama: "¡Oh necios! ¿No veis que estas cosas aumentan, en vez de disminuir, vuestra sed?".

Ah, Dios mío, ¿qué queda ahora de todas las ofensas que Te he ofrecido, sino dolores, amarguras y méritos para el infierno? No me apenan el dolor y el remordimiento que ahora siento; al contrario, me consuelan, porque son don de Tu gracia, y me hacen esperar que, puesto que Tú inspiras estos sentimientos, deseas perdonarme. Lo que me desagrada es el dolor que te he causado, Redentor mío, que tan tiernamente me has amado. Merecía, Señor mío, ser abandonado por Ti, pero en vez de abandonarme, veo que me ofreces el perdón y que eres el primero en pedir la reconciliación. Oh Jesús mío, quiero hacer las paces contigo y deseo tu gracia más que cualquier bien terrenal.

## II.

Los bienes del mundo no son más que bienes en apariencia, y por eso no pueden satisfacer el corazón del hombre. Habéis comido, dice el profeta Aggeo, pero no os habéis saciado. (Agg. i. 6). Por eso, cuanto más posee el avaro, más busca adquirir. "La posesión de grandes riquezas", dice San Agustín, "no cierra, sino que extiende, las fauces de la avaricia". Cuanto más se revuelca el hombre impuro en el fango de la impureza, tanto mayor es su repugnancia y, al mismo tiempo, su deseo de placeres tan bestiales; y ¿cómo pueden el estiércol y la inmundicia carnal contentar el corazón? Lo mismo le sucede al hombre ambicioso, que desea satisfacer sus deseos con humo; pues siempre atiende más a lo que quiere que a lo que posee. Después de haber adquirido muchos reinos, Alejandro Magno lloró, porque ya no tenía más reinos que conquistar. Si los bienes terrenales pudieran contentar el corazón humano, los ricos y los monarcas de la tierra gozarían de completa felicidad; pero la experiencia demuestra lo contrario. Salomón nos dice que no rehusó ninguna indulgencia a sus sentidos. Todo lo que mis ojos deseaban, no se lo negaba. (Ecles. ii. 10). Pero después de todos sus placeres sensuales, ¿qué dijo? Vanidad de vanidades, y todo es vanidad. (Ib. i. 2). -- Es decir, todo en este mundo es mera vanidad, pura mentira, pura locura.

Siento, oh bondad infinita, haberte ofendido; quisiera morir de pena por mis ofensas. Ah! por el amor que me profesaste al expirar en la Cruz, perdóname, recíbeme en tu Corazón y cambia mi corazón, para que en adelante pueda agradarte tanto como hasta ahora te he ofendido. Ahora renuncio, por Ti, a todos los placeres que el mundo puede darme, y resuelvo perder mi vida antes que perder Tu gracia. Dime qué debo hacer para complacerte; deseo hacerlo. ¿Qué placeres, qué honores, qué riquezas puedo buscar? Sólo deseo a Ti, mi Dios, mi alegría, mi gloria, mi tesoro, mi vida, mi amor, mi Todo. Dame la gracia de amarte y haz de mí lo que quieras. María, mi Madre y mi esperanza, tómame bajo tu protección y obtén para mí la gracia de pertenecer enteramente a Dios. Amén.

## **Lectura espiritual**

ORACIÓN MENTAL
IV. MÉTODO PARA HACERLA

La Oración Mental consta de tres partes:

1. La Preparación;

2. La Meditación propiamente dicha;

3. 3. La conclusión.

La Preparación.

Comienza disponiendo tu mente y tu cuerpo para entrar en piadoso recogimiento.

Deja fuera de la puerta del lugar donde vas a conversar con Dios todos los pensamientos extraños o que te distraigan, diciendo con San Bernardo: "¡Oh pensamientos míos, esperad aquí! Después de la oración trataremos otros asuntos". Ten cuidado de no permitir que la mente divague por donde quiera.

La postura del cuerpo más adecuada para la oración es de rodillas, pero si esta postura se hace tan molesta que causa distracciones, podemos, como nos dice San Juan de la Cruz, hacer nuestra Meditación modestamente sentados.

En la Preparación debe haber tres Actos:

1. 1. Un Acto de Fe en la presencia de Dios;

2. Un Acto de Humildad y Contrición por el pecado;

3. 3. Un Acto de Petición de luz.

Cuídese de hacer bien el Acto de Fe en la presencia de Dios, pues el recuerdo vivo de la Presencia Divina contribuye mucho a alejar las distracciones. Cuando una persona se distrae en la Meditación hay motivos para pensar que no ha hecho un Acto de Fe vivo al principio. Los tres Actos deben hacerse con fervor y deben ser breves para poder pasar inmediatamente a la Meditación.

La Meditación propiamente dicha

Cuando la Oración Mental se hace en común, como en una Comunidad de Religiosos, una persona lee para el resto el tema de la Meditación y lo divide en dos partes. El primer punto se lee al principio, después de rezar las Oraciones y hacer los Actos Preparatorios. El segundo punto se lee hacia la mitad de la media hora. Se debe leer en un tono de voz alto, y despacio, para que se entienda bien.

Cuando se hace la Meditación en privado siempre se puede utilizar un libro y detenerse cuando se encuentre más conmovido. San Francisco de Sales dice que en esto debemos ser como las abejas que se detienen en una flor si encuentran miel en ella, y luego pasan a otra. Debemos detenernos en aquellos pasajes en los que el alma encuentra alimento. Santa Teresa utilizó así un libro durante diecisiete años. Primero leía un poco y luego meditaba un rato sobre lo leído, a imitación de la paloma que primero bebe y luego levanta los ojos al cielo.

Recuérdese que el fruto de la Oración Mental no consiste tanto en meditar, cuanto en hacer afectos, peticiones y propósitos.

1. Afectos -- Cuando reflexiones sobre el punto de la Meditación que acabas de leer, y sientas algún sentimiento piadoso, eleva tu corazón a Dios y ofrécele un Acto de humildad, de confianza, de amor, de pena, de gratitud, de resignación, de acción de gracias, etc. Los Actos de Amor y Contrición son la cadena de oro que une el alma a Dios. Un Acto de perfecta Caridad es suficiente para la remisión de todos nuestros pecados. Y entre los Actos de Amor hacia Dios no hay ninguno más perfecto que el deleitarse en la alegría infinita de Dios.

2. Es muy provechoso en la Oración Mental, y tal vez más útil que cualquier otro Acto, repetir peticiones a Dios, pidiéndole con humildad y confianza Sus gracias, Su luz, la fuerza que necesitamos para hacer Su santa Voluntad y para orar siempre, y especialmente la gracia de la Perseverancia y Su Santo Amor.

El Venerable Pablo Segneri dice que hasta que estudió Teología, solía emplearse durante el tiempo de la Oración Mental haciendo Reflexiones y Afectos, pero "Dios después me abrió los ojos", dice, "y desde entonces procuré emplearme en Peticiones; y si hay algún bien en mí lo atribuyo todo a este ejercicio de encomendarme a Dios." Haz tú lo mismo. Pide a Dios sus gracias en el Nombre de Jesucristo y obtendrás cuanto desees.

3. Resoluciones -- Es necesario hacer una resolución particular en la Meditación. Como, por ejemplo, evitar algún pecado, o algún defecto en el que hayas caído con más frecuencia; practicar alguna virtud, como sufrir las molestias que recibes de otra persona, obedecer más exactamente a cierto superior, realizar algún acto particular de mortificación. Los mismos propósitos deben hacerse varias veces hasta que nos demos cuenta de que nos hemos librado del defecto o adquirido la virtud. Después no dejéis de poner en práctica los propósitos que hayáis hecho en cuanto se presente la ocasión.

También harás bien en renovar tus votos o cualquier compromiso que hayas contraído con Dios. Esta renovación es muy agradable a Dios, multiplica el mérito de la buena obra y atrae sobre nosotros nuevas ayudas para perseverar y crecer en la gracia.

## La Conclusión

La Conclusión consta de tres actos:

1. Dar gracias a Dios por las luces recibidas, etc.;

2. Hacer el firme propósito de cumplir nuestros propósitos;

3. 3. Pedir a Dios, por Jesús y María, que nos conceda la gracia de ser fieles a nuestros propósitos.

No omitir nunca, al final de la meditación, encomendar a Dios las almas del purgatorio y a todos los pobres pecadores. San Juan Crisóstomo dice que nada muestra más claramente nuestro amor a Jesucristo que nuestro celo en recomendarle a nuestro prójimo.

UNA PALABRA SOBRE LAS DISTRACCIONES Y LA SEQUEDAD EN LA ORACIÓN.

1. 1. Las distracciones. No debemos tenerlas muy en cuenta. Basta con alejarlas cuando se presentan. Además, incluso los santos sufrían distracciones involuntarias. Pero no por ello dejaron la Meditación; y así también debemos actuar nosotros. San Francisco de Sales dice que si en la Meditación no hiciéramos otra cosa que alejar, o procurar alejar, las distracciones, nuestra Meditación sería de gran provecho.

2. En cuanto a la sequedad de espíritu, el mayor dolor de las almas en la Meditación es encontrarse a veces sin sentimiento de devoción, cansadas de la Oración y sin deseo sensible de amar a Dios. Y a esto se une a menudo el temor de estar en la ira de Dios por sus pecados, a causa de los cuales el Señor las ha abandonado; y estando en esta sombría oscuridad no conocen ningún modo de escapar de ella, pues les parece que todos los caminos están cerrados contra ellas. Que el alma devota, entonces, continúe firme en la

Meditación, y no la abandone como el diablo le sugiera. En ese momento, que una su desolación a la que Jesucristo sufrió en la Cruz. Que repita: ¡Jesús mío, ten piedad! ¡Señor, ten piedad de mí! ¡Ten piedad de mí! No me abandones, Jesús mío. Reza, y no dudes de que Dios te escuchará y concederá tus súplicas.

## Meditación vespertina

### JESÚS ILUMINA AL MUNDO Y GLORIFICA A DIOS

I.

El Señor ha creado algo nuevo sobre la tierra. (Jeremías. xxxi. 22).

Antes de la venida del Mesías, el mundo estaba sumido en una noche oscura de ignorancia y de pecado. El verdadero Dios apenas era conocido, salvo en un solo rincón de la tierra, en Judea solamente: En Judea Dios es conocido. (Sal. lxxv. 2). Pero en todas partes los hombres adoraban como dioses a demonios, bestias y piedras. En todas partes reinaba la noche del pecado, que ciega a las almas, las llena de vicios y les oculta la vista del miserable estado en que viven, como enemigos de Dios y dignos sólo del infierno: Tú has puesto tinieblas y es de noche; en ella andarán todas las bestias del bosque. (Salmo. ciii. 20).

De estas tinieblas vino Jesús para librar al mundo: A los que moraban en región de sombra de muerte, luz ha resucitado. (Isaías. ix. 2). Lo libró de la idolatría dando a conocer la luz del Dios verdadero; y libró al mundo del pecado por la luz de su doctrina y de su divino ejemplo: Para esto apareció el Hijo de Dios, para destruir la obra del diablo. (I Juan. iii. 8).

Dios mío eterno, te he deshonrado prefiriendo tantas veces mi voluntad a la Tuya, y mis placeres viles y miserables a tu santa gracia. ¿Qué esperanza de perdón habría para mí, si Tú no me hubieras dado a Jesucristo, nuestro Salvador, para que Él fuera la Esperanza de nosotros miserables pecadores? Él es propiciación por nuestros pecados (I Juan ii. 2). Sí, porque Jesucristo, al sacrificar su vida en satisfacción por las injurias que Te hemos hecho, Te ha dado más honor que el que nosotros hemos deshonrado con nuestros pecados. Recíbeme, pues, oh Padre mío, por el amor de Jesucristo. Me arrepiento, oh Bondad infinita, de haberte ultrajado: Padre, he pecado contra el cielo y ante ti, ahora no soy digno de ser llamado hijo tuyo. (Lucas xv. 21). No soy digno de perdón; pero Jesucristo es digno de ser escuchado favorablemente por Ti. Él oró una vez por mí en la Cruz: Padre, perdona; y aún ahora en el Cielo te suplica constantemente que me recibas como hijo: Tenemos un abogado, Jesucristo, que intercede por nosotros. (Rom. vii. 34). Recibe a un hijo ingrato, que un día te abandonó, pero que ahora vuelve resuelto a desear amarte.

## II.

El profeta Jeremías predijo que Dios crearía un nuevo Hijo para ser el Redentor de los hombres: El Señor ha creado algo nuevo sobre la tierra. (Jeremías. xxxi. 22). Este nuevo Niño es Jesucristo. Es el Hijo de Dios, objeto del amor de todos los Santos en el Paraíso, y es el Amor del mismo Padre, que así habla de Él: Este es mi Hijo amado, en quien tengo complacencia. (Mateo. xvii. 5). Y este Hijo es Aquel que se hizo hombre. Un Hijo nuevo, porque dio más gloria y honor a Dios en el primer momento de su creación que la que le han dado o le darán todos los Ángeles y Santos juntos por toda la eternidad. Y por eso, cantaron los Ángeles en el nacimiento de Jesús: Gloria a Dios en las alturas. (Lucas ii. 14). El Niño Jesús ha dado más gloria a Dios de la que los hombres le han privado con todos sus pecados.

Animémonos, pues, pobres pecadores; ofrezcamos al Padre eterno este Niño; presentémosle las lágrimas, la obediencia, la humildad, la muerte y los méritos de Jesucristo, y repararemos a Dios toda la deshonra que le hemos causado con nuestras ofensas.

Sí, Padre mío, te amo y te amaré siempre. Oh Padre mío, ahora que conozco bien el amor que me has tenido y la paciencia que me has demostrado durante tantos años, me propongo no vivir más sin amarte. Dame un gran amor para que me lamente constantemente de los disgustos que te he dado a Ti, que eres tan buen Padre; haz que arda siempre de amor hacia Ti, que eres un Padre tan amoroso conmigo. Padre mío, te amo, te amo, te amo. ¡Oh María! Dios es mi Padre y tú eres mi Madre. Todo lo puedes con Dios; ayúdame; obtén para mí la santa perseverancia y su santo amor.

# SÁBADO--Primera semana de Adviento

## Meditación matutina

### EL PODER DE LA INTERCESIÓN DE MARÍA

Conmigo están las riquezas... para enriquecer a los que me aman. (Proverbios. viii. 18).

Si las oraciones de los santos son muy poderosas ante Dios, ¡cuán grande debe ser el poder de las oraciones de María! Las primeras son oraciones de siervos; las segundas, oraciones de una Madre. Bienaventurada, pues, aquella persona por la que María reza. Santa Madre de Dios, ruega por nosotros.

### I.

San Bernardo nos dice que María ha recibido una doble plenitud de gracia. La primera, en la Encarnación del Verbo que se hizo Hombre en su santísimo seno; la segunda, en esa plenitud de gracia que recibimos de Dios por medio de sus oraciones. De modo que cualquier bien que recibimos de Dios, lo recibimos por intercesión de María. Si las oraciones de los santos son tan poderosas para Dios, cuán grande debe ser el poder de las de su Madre. Las primeras son oraciones de siervos; las segundas, oraciones de una Madre. Las oraciones de María tienen la fuerza de una orden para Jesucristo. Por eso es imposible que el Hijo no conceda la gracia que pide la Madre. "Alégrate, alégrate, oh María", dice San Metodio, "tienes a tu Hijo por deudor. Todos somos deudores de Él, pero Él es deudor sólo de ti". Bendita, pues, la persona por la que María reza.

¡Oh gran Madre de Dios, ruega a Jesús por mí! Contempla las miserias de mi alma y ten piedad de mí. Reza y no ceses de rezar hasta que me veas a salvo en el Paraíso. Oh María, tú eres mi esperanza; no me abandones. Santa Madre de Dios, ruega por mí.

### II.

Jesús se regocija cuando su amadísima Madre le reza, para tener el gusto de concederle todo lo que le pide. Un día Santa Brígida oyó a Jesús hablar a María y decirle: "Oh Madre, bien sabes que no puedo hacer otra cosa que conceder tus oraciones; por tanto, pídeme lo que quieras. Puesto que tú, cuando estabas en la tierra, no me negabas nada, conviene, ahora que estoy en el Cielo, que yo no te niegue nada de lo que me pidas." María no tiene más que hablar y su Divino Hijo le concede todo lo que pide. Oremos, pues, a su Divina Madre sin cesar, si queremos asegurar nuestra salvación eterna, y dirijámonos a Ella con las palabras de San Andrés de Creta: "Te suplicamos, pues, oh Virgen santa, que nos concedas el auxilio de tus oraciones ante Dios; oraciones que son más preciosas que todos los tesoros del mundo; oraciones que nos obtengan una grandísima abundancia de gracias; oraciones que confundan a todos los enemigos y triunfen de su fuerza."

Ah, Señora mía, si siempre te hubiera invocado en la tentación, nunca habría caído. En el futuro nunca dejaré de invocarte, diciendo: ¡María, ayúdame! ¡María, socórreme! Amén.

## Lectura espiritual

### EL VALOR DE LA LECTURA ESPIRITUAL

Para una vida espiritual la Lectura de los Libros Sagrados no es, tal vez, menos útil que la Oración Mental. San Bernardo dice que la lectura instruye a la vez en la oración y en la práctica de la virtud. De ahí que concluyera que la Lectura Espiritual y la Oración son las armas con las que se vence el infierno y se gana el Cielo.

No siempre podemos tener acceso a un Padre Espiritual para que nos aconseje en nuestras acciones, y particularmente en nuestras dudas; pero la lectura suplirá abundantemente su lugar, dándonos luz y dirección para escapar de las ilusiones del demonio y de nuestro propio amor propio, y al mismo tiempo para someternos a la Voluntad Divina. San Atanasio solía decir que no se encuentra a nadie dedicado al servicio de Dios que no practique la Lectura Espiritual. De ahí que todos los Fundadores de Órdenes Religiosas hayan recomendado vivamente este santo ejercicio a sus Religiosos. Pero sobre todo el Apóstol San Pablo prescribió a Timoteo la Lectura Espiritual. Atiende a la lectura. (Tim. iv. 3). Nótese la palabra atender, que significa que aunque Timoteo, siendo obispo, estaba muy ocupado con el cuidado de su rebaño, el Apóstol deseaba que atendiera a la lectura de los libros sagrados, no de manera pasajera y por poco tiempo, sino regularmente y por un tiempo considerable.

La lectura de libros espirituales es tan provechosa como nociva es la lectura de libros malos. El primer autor de los libros piadosos es el Espíritu de Dios, como el autor de los escritos perniciosos es el demonio. Considera algunas de las grandes bendiciones que la lectura de libros espirituales trae al alma.

Mientras que la lectura de libros malos llena la mente de sentimientos mundanos y venenosos, la lectura piadosa llena el alma de pensamientos santos y buenos deseos. Aquel que mantiene la mente llena de pensamientos devotos, tales como máximas espirituales, ejemplos de las acciones virtuosas de los Santos, será, no sólo durante la oración, sino también en otros momentos, acompañado por estos pensamientos, y por ellos se mantendrá casi continuamente unido a Dios. San Bernardo explica esto con una bella similitud en su exposición de las palabras buscad y hallaréis (Mt. vii. 7), cuando dice: "Buscad leyendo libros de devoción, y hallaréis en la Meditación; porque la lectura, por decirlo así, pone el alimento en la boca, que después es masticado por la Meditación.

El alma que se impregna de pensamientos santos en la Lectura está siempre y en todo momento preparada para desterrar sus tentaciones internas. San Jerónimo aconsejaba a su discípula Salvina: "Procura tener siempre en tus manos un libro piadoso para que con este escudo puedas repeler todas las flechas de los malos pensamientos".

La lectura espiritual sirve para hacernos ver las manchas que infectan el alma y nos ayuda a eliminarlas. El mismo San Jerónimo recomienda a Demetriade que se sirva de la Lectura Espiritual como de un espejo. Como el espejo muestra las manchas del semblante, los libros sagrados nos muestran los defectos del alma. San Gregorio, hablando de la Lectura Espiritual dice: "En ella percibimos las pérdidas que hemos sufrido y los bienes que hemos adquirido; nuestro retroceso o nuestro progreso en la virtud."

En la lectura de los libros sagrados recibimos muchas luces y llamadas divinas. San Jerónimo dice que cuando rezamos, hablamos con Dios; pero cuando leemos, Dios nos habla. San Ambrosio dice lo mismo: "Nos dirigimos a Él cuando oramos; le oímos cuando leemos". En la oración Dios escucha nuestras peticiones, pero en la lectura escuchamos su voz. No podemos, como ya he dicho, tener siempre a mano un Padre espiritual, ni oír a menudo los sermones de los oradores sagrados, que nos dirijan y nos den luz para andar bien por el camino de Dios. Los buenos libros sustituyen a los sermones. San Agustín escribe que los buenos libros son, por así decirlo, otras tantas "cartas de amor" que el Señor nos envía. En ellos nos advierte de nuestros peligros, nos enseña el camino de la salvación, nos anima a sufrir la adversidad, nos ilumina y nos inflama con el amor divino. Quien quiera, pues, adquirir el amor divino y ser santo, lea a menudo esas cartas del Paraíso. ¡Oh, cuántos santos han sido inducidos, por la lectura de un libro espiritual, a abandonar el mundo y a entregarse a Dios! San Agustín, San Ignacio, San Juan Colombino, y muchos más. "Dios mío", exclama San Agustín, "los ejemplos de tus siervos, cuando meditaba en ellos, consumían mi tibieza y me inflamaban de tu santo amor".

Pero para sacar gran fruto de la Lectura Espiritual:

(1) Hay que encomendarse de antemano a Dios para que ilumine la mente mientras se lee. Ya se ha dicho que en la Lectura Espiritual el Señor condesciende a hablarnos; y por lo tanto, al tomar el libro, debemos orar a Dios con las palabras de Samuel: Habla, Señor, que tu siervo oye (1 Reyes, iii. 9). Habla, Dios mío, que quiero obedecerte en todo lo que me hagas saber que es tu voluntad.

(2) Debes leer, no para adquirir conocimientos, ni para satisfacer la curiosidad, sino con el único propósito de avanzar en el amor divino. Leer por mero conocimiento no es Lectura Espiritual, sino más bien, en ese momento, un estudio poco provechoso para el alma. Peor aún es leer por curiosidad, como hacen ciertas personas, que devoran los libros, buscando sólo terminarlos en poco tiempo para gratificar la curiosidad. Todo el tiempo dedicado a tales lecturas es tiempo perdido. San Gregorio dice que muchos leen, y leen mucho, pero como leen por curiosidad salen de la lectura tan hambrientos como si no hubieran estado leyendo.

(3) Por eso debes leer los libros piadosos despacio y con atención. "Alimenta tu alma con la lectura divina", dice San Agustín. Ahora bien, para recibir alimento de la comida no hay que devorarla, sino masticarla bien. Mastica y medita bien lo que lees, aplicándote a ti mismo lo que allí se te inculca. Y cuando lo que leas te impresione vivamente, San Efrén te aconseja que lo leas por segunda vez. Imita a las abejas que no pasan a otra flor hasta que no han recogido toda la miel que se encuentra en la primera.

(4) Cuando recibas alguna luz especial en tu lectura, o alguna instrucción que penetre en el corazón, será muy útil detenerte, y elevar la mente a Dios haciendo un buen propósito, o un buen acto, o una oración ferviente. Y al final de tu lectura selecciona algún sentimiento de devoción excitado por lo que has leído y llévatelo contigo como una flor del Jardín de las Delicias.

## Meditación vespertina

EL HIJO DE DIOS FUE CARGADO CON TODAS NUESTRAS INIQUIDADES.

I.

Dios, enviando a su propio Hijo, en semejanza de carne de pecado y de pecado, condenó el pecado en la carne. (Romanos. viii. 3).

Considera el humilde estado al que el Hijo de Dios decidió abajarse. Se dignó tomar sobre sí la forma, no sólo de siervo, sino de siervo pecador, apareciendo en semejanza de carne de pecado. Por eso, San Bernardo escribe: "Asumió no sólo la forma de siervo, para estar sometido, sino incluso la de siervo malvado, para ser azotado". Él asumiría no sólo la condición de siervo -Él, que era Señor de todos-, sino incluso la apariencia de siervo culpable -Él, que era el Santo de los Santos-. Para ello se revistió de la misma carne de Adán, infectada por el pecado. Nuestro Redentor, para obtenernos la salvación, se ofreció voluntariamente a su Padre para satisfacer por todos nuestros pecados: se ofreció porque era su propia voluntad. (Isaías. liii. 7). Y su Padre lo cargó con todos nuestros delitos: Cargó sobre Él las iniquidades de todos nosotros. (Ib. 6). Y así, he aquí al Verbo Divino, inocente, purísimo y santo; he aquí, aun como Infante, cargado con todas las blasfemias, con todas las impurezas, con todos los sacrilegios y con todos los demás crímenes de los hombres; y de este modo convertido, por amor a nosotros, en objeto de la maldición divina, a causa de los pecados por los que se había obligado a satisfacer a la Justicia Divina.

¡Oh mi inocente Señor, Espejo sin mancha, Amor del Padre Eterno! Ah, no, los castigos y maldiciones no eran debidos a Ti, sino a mí, miserable pecador. Sin embargo, quisiste mostrar al mundo este exceso de amor, sacrificando Tu vida para obtenernos el perdón y la salvación, pagando con Tus sufrimientos las penas que habíamos merecido. Que todas las criaturas alaben y bendigan tu infinita misericordia y bondad. Te doy gracias en nombre de todos los hombres, pero especialmente por mí mismo; porque así como yo Te he ofendido más que los demás, así Tú has sufrido las penas que sufriste, más por mí que por los demás. Maldigo mil veces mis placeres pecaminosos, que tanto sufrimiento Te han costado. Pero ya que has pagado el precio de mi rescate, oh, que no se pierda para mí la Sangre que has derramado por mí. Siento haberte despreciado, oh Amor mío; pero, oh, dame más dolor.

## II.

Jesús se cargó con tantas maldiciones como pecados mortales ha cometido o cometerá toda la humanidad. Y en este estado se presentó a su Padre cuando vino al mundo. Sí, incluso desde el comienzo de Su vida, se presentó como criminal y deudor de todas nuestras fechorías, y como tal fue condenado por Su Padre a morir en una Cruz como malhechor y maldito. Dios condenó el pecado en la carne. (Romanos. viii. 3). Oh, si el Padre Eterno hubiera sido capaz de sentir dolor, ¡qué angustia no habría soportado al verse obligado a tratar como criminal, y el criminal más monstruoso del mundo, a este Hijo inocente, Su amado, que era tan digno de todo Su amor! He aquí al Hombre! dijo Pilato, cuando mostró a Jesús a los judíos, para moverlos a compasión por este inocente tan cruelmente tratado. He aquí al Hombre! parece decirnos a todos nosotros el Padre Eterno, al mostrárnoslo en el establo de Belén: -- Este pobre Niño que contempláis, oh hombres, acostado en un pesebre de bestias y sobre paja, es mi Hijo amado, que ha venido a tomar sobre sí vuestros pecados y vuestros dolores. Amadle, pues, porque Él es dignísimo de vuestro amor, y vosotros sois los más obligados a amarle".

Hazme conocer el mal que he cometido al ofenderte a Ti, mi Redentor y mi Dios, que tanto has sufrido para obligarme a amarte. Te amo, oh Bondad infinita, pero deseo amarte más; deseo amarte tanto como Tú mereces ser amado. Hazte amar, oh Jesús mío, hazte amar por mí y por todos los hombres, pues bien mereces ser amado. Ilumina, te ruego, la mente de los pecadores que no quieren conocerte ni amarte; hazles comprender cuánto has hecho por amor a ellos y el deseo que tienes de su salvación. María Santísima, ruega por mí y por todos los pecadores; alcánzanos la luz y la gracia de amar a tu Hijo, que tanto nos ha amado.

# Segundo domingo de Adviento

## Meditación matutina

### LAS VENTAJAS DE LAS TRIBULACIONES

Todo lo que se ha escrito, se ha escrito para nuestra enseñanza, para que por la paciencia y el consuelo de las Escrituras tengamos esperanza. (Epístola del domingo. Romanos. xv. 4-13).

En las tribulaciones Dios enriquece a sus amadas almas con las mayores gracias. Es en sus cadenas que San Juan llega al conocimiento de las obras de Jesucristo. Creamos que estos azotes del Señor, con los que somos castigados han sucedido para nuestra enmienda y no para nuestra destrucción (Judit, viii. 27).

### I.

Por la tribulación expiamos los pecados que hemos cometido mucho mejor que por las obras voluntarias de penitencia. "Tened por cierto", dice San Agustín, "que Dios es médico, y que la tribulación es una medicina saludable". ¡Oh, cuán grande es la eficacia de la tribulación para curar las heridas causadas por nuestros pecados! De ahí que el mismo Santo reprenda al pecador que se queja de Dios por enviarle tribulaciones. "¿Por qué te quejas? Lo que sufres es un remedio, no un castigo". Job llamó dichosos a aquellos hombres a quienes Dios corrige con tribulaciones; porque los cura con las mismas manos con que los golpea y hiere. Bienaventurado el hombre a quien Dios corrige... Porque Él hiere y cura. Él hiere, y Su mano curará (Job v. 17). Por eso San Pablo se gloriaba en sus tribulaciones: Nosotros también nos gloriamos en las tribulaciones (Romanos v. 3).

Las tribulaciones nos permiten adquirir grandes méritos ante Dios, al darnos ocasión de ejercitar las virtudes de la humildad, de la paciencia y de la resignación a la voluntad divina. El Beato Juan de Ávila solía decir que un Bendito sea Dios en la adversidad vale más que mil en la prosperidad. "Quitad", dice San Ambrosio, "los concursos de los Mártires, y les habréis quitado sus coronas". ¡Oh, qué tesoro de méritos se adquiere soportando pacientemente los insultos, la pobreza y la enfermedad! Los insultos de los hombres eran el gran objeto de los deseos de los Santos, que procuraban ser despreciados por amor de Jesucristo, y asemejarse así a Él.

Jesús mío, hasta ahora te he ofendido gravemente resistiéndome a tu santa voluntad. Esto me produce mayor dolor que si hubiera sufrido cualquier otro mal. Me arrepiento de ello y lo lamento de todo corazón. Merezco el castigo: No lo rechazo: Lo acepto. Presérvame sólo del castigo de ser privado de Tu amor, y luego haz de mí lo que Te plazca. Te amo, mi querido Redentor. Te amo, Dios mío. Y porque Te amo, quiero hacer lo que Tú quieras. Amén.

## II.

San Francisco de Sales solía decir: "Sufrir constantemente por Jesús es la ciencia de los Santos; así pronto nos convertiremos en Santos". Es por los sufrimientos que Dios prueba a sus siervos y los encuentra dignos de Él. Dios los ha probado y los ha encontrado dignos de sí mismo (Sb. iii. 5). El Señor castiga a los que ama, dice San Pablo, y azota a todo hijo que recibe (Heb. xii. 6). De ahí que Jesucristo dijera una vez a Santa Teresa: "Ten por cierto que las almas más queridas de mi Padre son las que sufren mayores aflicciones". De ahí que Job dijera: Si hemos recibido bienes de la mano de Dios, ¿por qué no hemos de recibir males? (Job ii. 10). Si hemos recibido gustosamente de Dios los bienes de esta tierra, ¿por qué no hemos de recibir más alegremente las tribulaciones, que nos son mucho más útiles que la prosperidad mundana? San Gregorio nos informa que, como una llama avivada por el viento aumenta, así el alma se perfecciona cuando es oprimida por las tribulaciones.

En fin, los azotes del Cielo son enviados, no para nuestro perjuicio, sino para nuestro bien. Creamos que estos azotes del Señor, con los que, como siervos, somos castigados, han sucedido para nuestra enmienda y no para nuestra destrucción (Judit, viii. 27). "Dios", dice San Agustín, "se enoja cuando no azota al pecador". Cuando vemos a un pecador en tribulación en esta vida, podemos inferir que Dios desea tener misericordia de él en la otra, y que cambia el castigo eterno por el temporal. Pero ¡desdichado el pecador a quien el Señor no castiga en esta vida! Para aquellos a quienes no castiga aquí, atesora Su ira, y para ellos reserva el castigo eterno.

¡Oh Voluntad de Dios, Tú eres mi amor! Oh Sangre de Jesús, Tú eres mi esperanza. Espero estar desde hoy siempre unido a Tu Divina Voluntad. Será mi guía, mi deseo, mi amor, mi esperanza. ¡Hágase Tu Voluntad! Jesús mío, por Tus méritos concédeme la gracia de repetir siempre: ¡Hágase Tu Voluntad! ¡Hágase Tu Voluntad!

Ah, mi bendita Madre María, que te has complacido en sufrir tanto por mí, obtén para mí, por tus méritos, el dolor de mis pecados, y la paciencia bajo las pruebas de la vida, que siempre serán ligeras en comparación con mis deméritos, pues a menudo he merecido el infierno. Virgen Inmaculada, de ti espero ayuda para soportar con paciencia todas las cruces. Amén.

## Lectura espiritual

### LA POBREZA DEL NIÑO JESÚS

¿Qué salisteis a ver? ¿A un hombre vestido de ropas suaves? He aquí que los que están vestidos de ropas suaves están en las casas de los reyes. (Evangelio del domingo. Mateo. xi. 2-10).

En lugar de vestiduras suaves, el Niño Jesús no tiene más que unos pobres harapos ásperos, fríos y húmedos. "El Creador de los Ángeles", dice San Pedro Damián, "no se dice que esté vestido de púrpura, sino que ha sido envuelto en harapos". Todo lo que hay en el cielo y en la tierra es de Dios: Mío es el mundo y su plenitud (Sal. xlix. 12). Pero incluso esto es poco. El cielo y la tierra no son más que la mínima parte de las riquezas de Dios. Las riquezas de Dios son infinitas y nunca pueden faltar, porque sus riquezas no dependen de otros, sino que Él, que es el Bien Infinito, las posee por sí mismo. Por esta razón, fue que David dijo: Tú eres mi Dios, pues no tienes necesidad de mis bienes (Sal. xv. 2). Ahora bien, este Dios, que es tan rico, se hizo pobre haciéndose Hombre, para enriquecernos así a nosotros, pobres pecadores: Siendo rico, se hizo pobre por vosotros, para enriqueceros con su pobreza (2 Co. viii. 9).

¿Qué? ¿Un Dios hecho pobre? ¿Y por qué? Comprendamos la razón. Las riquezas de este mundo no pueden ser más que polvo y cieno; pero es el cieno el que ciega tan completamente a los hombres que ya no pueden ver cuáles son las verdaderas riquezas. Antes de la venida de Jesucristo, el mundo estaba lleno de tinieblas porque estaba lleno de pecado: Toda carne había corrompido su camino sobre la tierra (Génesis. vi. 12). La humanidad había corrompido la ley y la razón, de modo que, viviendo como brutos, atentos sólo a adquirir las riquezas y los placeres de este mundo, los hombres no se preocupaban ya de las riquezas de la eternidad. Pero la misericordia divina dispuso que el mismo Hijo de Dios descendiera para iluminar a estas criaturas ciegas: A los que habitaban en región de sombra de muerte, luz les ha resucitado (Isaías. ix. 2).

Jesús fue llamado la Luz de los gentiles: Una luz para la revelación de los gentiles (Lucas ii. 32); La luz brilla en las tinieblas (Juan. i. 5). Así prometió el Señor desde el principio ser Él mismo nuestro Maestro, y un Maestro que sería visto por nosotros; que nos enseñaría el camino de la salvación, que consiste en la práctica de todas las virtudes, y especialmente la de la santa pobreza: Y tus ojos verán a tu Maestro. Además, este Maestro no sólo debía enseñarnos con sus palabras, sino aún más con el ejemplo de su vida.

San Bernardo dice que la pobreza no se encontraba en el Cielo, sólo existía en la tierra; pero que el hombre, desconociendo su valor, no la buscaba. Por eso, el Hijo de Dios bajó del Cielo a esta tierra y la eligió por compañera durante toda su vida, para que con su ejemplo nos la hiciera también preciosa y deseable: "La pobreza no se encontraba en el Cielo, pero era muy conocida en la tierra, y los hombres no conocían su excelencia. Por eso, el Hijo de Dios la amó y bajó del Cielo para tomarla consigo, para que aprendiéramos a valorarla al ver cómo Él la considera." Y he aquí a nuestro Redentor como Infante, que al principio mismo de su vida se hizo Maestro de pobreza en la Cueva de Belén; la cual es llamada expresamente por el mismo San Bernardo la Escuela de Cristo, y por San Agustín la Gruta de la Doctrina.

Para este fin fue decretado por Dios el Edicto del César; a saber, que su Hijo no sólo naciera pobre, sino el más pobre de los hombres, haciéndole nacer lejos de su propia casa, en una cueva habitada por animales. Otros pobres, que nacen en su propia casa, tienen ciertamente más comodidades en cuanto a ropa, fuego y asistencia de personas que les prestan su ayuda, aunque sea por compasión. ¿Qué hijo de madre pobre ha nacido en un establo? En un establo sólo nacen bestias. San Lucas relata cómo sucedió. Llegado el momento del parto de María, José va a buscar alojamiento para ella en Belén. Va de un lado a otro, pregunta en todas las casas y no encuentra ninguna. Intenta encontrarla en una posada, pero tampoco allí la encuentra: No había sitio para ellos en la posada (Lucas ii. 7). De modo que María se ve obligada a refugiarse y dar a luz a su Hijo en aquella cueva.

Cuando nacen los hijos de los príncipes, se les preparan cálidas habitaciones, adornadas con colgaduras, cunas de plata, los mejores vestidos, y son atendidos por los más altos nobles y damas del reino. El Rey del Cielo, en lugar de una habitación cálida y hermosa, no tiene más que una fría gruta, cuyo único ornamento es la hierba que allí crece; en lugar de un lecho de plumas, no tiene más que un poco de paja dura y puntiaguda; en lugar de finas vestiduras no tiene más que unos pobres harapos ásperos, fríos y húmedos: "No se dice que el Creador de los ángeles", escribe San Pedro Damián, "estuviera vestido de púrpura, sino envuelto en harapos. Que el orgullo mundano se sonroje ante la resplandeciente humildad del Salvador". En lugar de un fuego y de la asistencia de grandes personas, no tiene más que el cálido aliento y la compañía de dos animales; finalmente, en lugar de la cuna de plata, debe yacer en un vil pesebre. "¿Qué es esto?", dijo San Gregorio de Nisa, "¡el Rey de reyes, que llena el cielo y la tierra con su presencia, no encuentra mejor lugar para nacer que un establo para bestias! Aquel que abarca todas las cosas en Su abrazo es acostado en el pesebre del ganado bruto". Sí, este Rey de reyes por nosotros quiso ser pobre y el más pobre de todos. Incluso los hijos de los pobres tienen leche suficiente provista para ellos, pero Jesucristo quiso ser pobre incluso en esto; porque la leche de María fue milagrosa, y no la recibió naturalmente, sino del Cielo, como nos enseña la Santa Iglesia: "La Virgen le dio leche de un pecho lleno del Cielo". Y Dios, para cumplir el deseo de su Hijo, que quería ser pobre en todo, no proveyó a María de leche en abundancia, sino sólo de la que apenas bastaba para sostener la vida de su Hijo; de donde dice la misma Santa Iglesia: "Se alimentó con poca leche."

Y Jesucristo, como nació pobre, continuó en la pobreza toda su vida.

## Meditación vespertina

DIOS ENVÍA A SU HIJO A MORIR PARA DEVOLVERNOS LA VIDA.

I.

Pero Dios, que es rico en misericordia, por su gran caridad con que nos amó, aun estando nosotros muertos en pecados, nos dio vida juntamente con Cristo (Efesios. ii. 4, 5).

Considerad que el pecado es la muerte del alma, porque este enemigo de Dios nos priva de la gracia divina, que es la vida del alma. Nosotros, pues, miserables pecadores, ya estábamos por nuestros pecados muertos y condenados al infierno. Dios, por el inmenso amor que tiene a nuestras almas, determinó devolvernos la vida; ¿y cómo lo hizo? Envió a su Hijo unigénito al mundo para que muriera, a fin de que con su muerte nos devolviera la vida.

Con razón, pues, llama el Apóstol a esta obra de amor caridad excesiva; demasiado amor; sí, en efecto, porque el hombre nunca hubiera podido tener esperanza de recibir la vida de una manera tan amorosa si Dios no hubiera encontrado este medio de redimirlo: Habiendo obtenido la redención eterna (Hebreos. ix. 12). Todos los hombres estaban, pues, muertos: no había remedio para ellos. Pero el Hijo de Dios, por las entrañas de su misericordia ha bajado del Cielo, el Oriente de lo Alto, y nos ha dado la vida. Con justicia, pues, llama el Apóstol a Jesucristo nuestra Vida: Cuando aparezca Cristo, que es vuestra vida (Colosenses. iii. 4).

¡Oh Jesús mío! Si no hubieras aceptado y sufrido la muerte por mí, habría permanecido muerto en mis pecados, sin esperanza de salvación y sin poder amarte jamás. Pero aunque me has dado la vida con tu muerte, muchas veces la he perdido voluntariamente volviendo al pecado. Tú moriste para ganar mi corazón para Ti, y yo con mi rebelión lo he hecho esclavo del diablo. Perdí toda reverencia por Ti, y dije que ya no te tendría por mi Maestro. Todo esto es verdad; pero también es verdad que Tú no deseas la muerte del pecador, sino que se convierta y viva; y por eso moriste para darnos la vida. Me arrepiento de haberte ofendido, mi amadísimo Redentor, y perdóname por los méritos de tu Pasión; dame tu gracia.

## II.

He aquí que nuestro Redentor, vestido de carne y hecho Niño, dice: Yo he venido para que tengan vida, y para que la tengan en abundancia (Jn. x. 10). Con este fin aceptó la muerte, para darnos la vida. Por tanto, no es sino razonable que vivamos sólo para Dios, que ha condescendido a morir por nosotros: Cristo murió, para que los que viven no vivan para sí, sino para aquel que murió por ellos (2 Corintios. V. 15). Es razonable que Jesucristo sea el único Soberano de nuestros corazones, puesto que ha gastado Su sangre y Su vida para ganárselos para Sí: Para esto Cristo murió y resucitó, para ser Señor así de los muertos como de los vivos (Romanos. xiv. 9). Oh Dios mío, ¿quién sería tan ingrato que creyera como artículo de fe que Dios murió para conseguir su amor y, sin embargo, se negara a amarle y, renunciando a su amistad, eligiera voluntariamente hacerse esclavo del infierno?

Oh Señor, dame esa vida que me has comprado con tu muerte, y que en adelante tengas todo el dominio sobre mi corazón. No permitas que el demonio vuelva a adueñarse de él; no es mi Dios, no me ama y no ha sufrido nada por mí. En tiempos pasados no fue el verdadero soberano, sino el ladrón de mi alma; sólo Tú, Jesús mío, eres mi verdadero Señor, que me has creado y redimido con tu Sangre; sólo Tú me has amado, y ¡oh, cuánto! Por tanto, es justo que yo sea sólo Tuyo durante la vida que me queda. Dime lo que quieres que haga, pues lo haré todo. Castígame como quieras; acepto todo lo que me mandes; sólo ahórrame el castigo de vivir sin tu amor; haz que te ame, y entonces dispondrás de mí como quieras. María Santísima, refugio y consuelo mío, encomiéndame a tu Hijo; su muerte y tu intercesión son toda mi esperanza.

# Lunes--Segunda semana de Adviento

### Meditación matinal

CONSIDERACIONES SOBRE EL ESTADO RELIGIOSO I.
Considera que la salvación está asegurada a las almas que entran en el estado Religioso. Dios nos ha puesto en el mundo y nos mantiene aquí en vida, no para adquirir los bienes perecederos de la tierra, sino los bienes eternos del Cielo. El fin es la vida eterna (Romanos. vi. 22). Pero la desgracia es que en el mundo los hombres piensan muy poco, o nada, en la vida eterna, y sólo sueñan con adquirir honores y placeres, y ésta es la razón por la que perecen tantas almas.

### I.

Para comprender la importancia de nuestra salvación eterna basta tener fe y considerar que tenemos una sola alma, y si ésta se pierde, todo está perdido, aunque un hombre fuera dueño del mundo entero. ¿De qué le sirve al hombre ganar el mundo entero si pierde su alma? (Mateo. xvi. 26). Esta gran máxima del Evangelio ha inducido a muchos jóvenes a encerrarse en claustros, a otros a vivir en desiertos y a otros a dar la vida por Jesucristo. Porque, decían, ¿de qué nos sirve poseer el mundo entero, y todos los bienes de este mundo, en esta vida presente, que pronto ha de acabar, para luego condenarnos y ser miserables en la vida venidera, que nunca acabará? Todos esos hombres ricos, todos esos príncipes y emperadores que ahora están en el infierno, ¿qué tienen ahora de todo lo que disfrutaron en esta vida, sino un mayor tormento y una mayor desesperación? ¡Seres miserables! Ahora se lamentan y dicen: Todas esas cosas han pasado como una sombra (Sab. v. 9). Para ellos todo ha pasado como una sombra, como un sueño, y ese lamento, que es su suerte ha durado ya muchos años, y durará por toda la eternidad. La moda de este mundo pasa (1 Corintios. vii. 51). Este mundo es una escena que dura poco tiempo; feliz aquel que desempeña en esta escena el papel que después le hará feliz en la vida que no tendrá fin. Cuando esté contento, honrado y sea príncipe en el Paraíso, mientras Dios sea Dios, poco le importará haber estado en este mundo, pobre, despreciado y en tribulación. Sólo con este fin nos ha puesto Dios en esta tierra, y nos mantiene aquí en vida, no para adquirir bienes transitorios, sino eternos: El fin es la vida eterna.

¡Oh Dios mío! ¡Cómo he merecido esta gran misericordia, que, habiendo dejado a tantos otros vivir en medio del mundo, hayas querido llamarme a mí, que te he ofendido más que los demás, y merecido, más que ellos, ser privado de tu luz divina, para gozar del honor de vivir como amigo en tu propia casa! Oh Señor, concédeme comprender esta gracia excesiva que me has concedido, para que pueda agradecértela siempre, como me propongo y espero hacerlo siempre durante mi vida y por toda la eternidad, y no permitas que sea ingrato por ello. Puesto que has sido tan generoso conmigo, y en tu amor me has preferido a los demás, es justo que yo te sirva y te ame más que los demás.

## II.

Con desolación es asolada toda la tierra, porque no hay quien considere en el corazón (Jeremías. xii. 11). ¡Cuán pocos son los que reflexionan sobre la muerte, con la que se cierra para nosotros la escena; sobre la eternidad que nos espera; sobre lo que Dios ha hecho por nosotros! Y de ahí que estos miserables seres vivan en la ceguera y en el descuido, lejos de Dios, teniendo los ojos, como las bestias, puestos sólo en las cosas terrenas, sin acordarse de Dios, sin desear su amor y sin pensar en la eternidad. Por eso, mueren después una muerte infeliz, que será el principio de la muerte eterna y de la miseria sin fin. Entonces es cuando abrirán los ojos; pero será sólo para lamentarse de su propia necedad.

Este es el gran medio de salvación, que se encuentra en la Religión, a saber, la meditación continua de las verdades eternas. Recuerda tu último fin y nunca pecarás (Eclesiástico. vii. 40). En las casas religiosas bien reguladas esto se hace todos los días, e incluso varias veces al día. Y por eso, a la luz de las cosas divinas, que allí brilla continuamente, es moralmente imposible vivir, al menos por mucho tiempo, lejos de Dios, y sin tener preparada la cuenta para la eternidad.

¡Oh Jesús mío! Tú quieres que yo sea enteramente Tuyo, y a Ti me entrego por entero. Acéptame y en adelante guárdame como tuyo, puesto que ya no soy mío. Termina la obra que has comenzado. Me has llamado a tu casa porque quieres que me convierta en santo. Haz de mí lo que Tú quieras. Hazlo, Padre Eterno, por amor a Jesucristo, en quien confío. Te amo, mi soberano Bien, Te amo. ¡Oh Bondad infinita! Te amo sólo a Ti y Te amaré siempre. Oh María, esperanza mía, socórreme y haz que sea siempre fiel y agradecido a mi Señor.

## Lectura espiritual

CONSEJOS SOBRE LA VOCACIÓN RELIGIOSA
I. IMPORTANCIA DE LA VOCACIÓN A LA VIDA RELIGIOSA

Es evidente que nuestra Salvación Eterna depende principalmente de la elección de un estado de vida. El Padre Luis de Granada llama a la elección de un estado el resorte principal de toda la vida. Así como en un reloj cuando el resorte principal está desordenado todo el reloj va mal, así en el orden de nuestra salvación, si no entramos en el estado al que estamos llamados, toda la vida, como dice San Gregorio Nacianceno, está desordenada.

Si, pues, queremos asegurar nuestra salvación eterna, debemos, en nuestra elección de estado, abrazar la vocación divina en la que Dios nos ha preparado los medios eficaces de salvación. Porque, como dice San Cipriano: "la gracia del Espíritu Santo se da según el orden de la Divina Providencia y no según nuestro propio capricho." Y en este sentido escribe San Pablo: Cada uno tiene su propio don de Dios (l Corintios. vii. 7). Es decir, Dios da a cada uno su Vocación, elige el estado en que quiere que se salve. Y éste es el orden de la predestinación descrito por el mismo Apóstol: A los que predestinó, a ésos también llamó; y a los que llamó, a ésos también justificó... y a ésos también glorificó (Romanos. viii. 30).

Y aquí debemos observar que en el mundo hay algunos que prestan poca atención a esta cuestión de la Vocación. Piensan que da lo mismo vivir en el estado al que Dios les llama o en el que ellos mismos eligen, siguiendo sus propias inclinaciones, y por eso muchos llevan una mala vida y pierden sus almas. Es cierto que éste es el punto principal en cuanto a la adquisición de la vida eterna. A la vocación sigue la justificación, y a la justificación la glorificación, es decir, la vida eterna. Quien altere este orden y rompa esta cadena de salvación, no salvará su alma. Con todos sus trabajos y con todo el bien que pueda hacer, se le aplican las palabras de San Agustín: "Corres bien, pero fuera del camino", es decir, fuera del camino por el que Dios te llamó a caminar para alcanzar la salvación. El Señor no acepta sacrificios, que son puramente de nuestra propia cosecha: Pero a Caín y sus ofrendas no les tuvo ningún respeto (Génesis. iv. 5). Más bien amenaza con un gran castigo a quienes, cuando Él los llama, le dan la espalda para seguir los consejos de su propio capricho. Ay de vosotros, hijos apóstatas, dice por medio de Isaías, que queréis tomar consejo y no de mí, y queréis comenzar una red y no por mi espíritu (Isaías. xxx. 1).

La llamada divina a una vida más perfecta es sin duda una gracia especial y muy grande que Dios no da a todos; por eso tiene muchos motivos para disgustarse con los que la desprecian. ¡Cuánto no se consideraría ofendido un príncipe, si llamase a uno de sus vasallos a servir cerca de su persona, y éste se negase a obedecer! ¿Y no le molestaría a Dios una conducta semejante? Ah! Él lo resiente muchísimo, y amenaza, diciendo: Ay del que contradiga a su Hacedor (Ib. xiv. 9). La palabra "Ay" en la Escritura significa condenación eterna. El castigo del desobediente comenzará incluso en esta vida, en la que siempre estará inquieto, pues, dice Job, ¿Quién le ha resistido y ha tenido paz? (Job ix. 4). Estará privado de aquellas abundantes y eficaces ayudas necesarias para llevar una vida buena. Por lo que el teólogo Habert escribe: "Con gran dificultad podrá obrar su salvación". Con gran dificultad se salvará a sí mismo; porque, estando como un miembro fuera de su lugar, con gran dificultad podrá vivir bien. "En el cuerpo de la Iglesia", añade el docto autor, "será como un miembro del cuerpo humano fuera de su lugar, que puede ser capaz de realizar sus funciones, pero sólo con dificultad y de una manera torpe." Por lo tanto, concluye: "Y aunque, absolutamente hablando, pueda salvarse, con dificultad entrará y avanzará en el camino y usará los medios de salvación." Lo mismo enseñan San Bernardo y San León. San Gregorio, escribiendo al Emperador Mauricio, que por un Edicto había prohibido a los soldados hacerse Religiosos, dice que ésta era una ley injusta, que cerraba las puertas del Paraíso a muchos, porque muchos se salvarían en la Religión que de otro modo perecerían en el mundo.

Cuenta el padre Lancio que había en el Colegio Romano un joven de grandes talentos. Mientras hacía los Ejercicios Religiosos, preguntó a su confesor si era pecado no corresponder a una Vocación a la vida Religiosa. El confesor le contestó que no era un pecado grave, porque la llamada a la perfección es un consejo y no un precepto, pero que expondría su salvación a un gran peligro, como les había sucedido a muchos que, por no seguir su Vocación, al final se perdieron. No obedeció a la llamada. Se fue a estudiar a Macerata, donde pronto comenzó a omitir la oración y la Santa Comunión, y finalmente se entregó a la mala vida. Poco después, al salir una noche de casa de una mujer malvada, fue herido mortalmente por un rival. Algunos sacerdotes corrieron en su ayuda, pero había expirado antes de que llegaran, justo delante del colegio. Con esta circunstancia, Dios quiso mostrar que este castigo le sobrevino por haber descuidado su vocación.

El padre Pinamonti cuenta en su tratado Vocación victoriosa que un novicio que había resuelto abandonar el noviciado tuvo una visión. Vio a Cristo en un trono lleno de ira, ordenando que su nombre fuera borrado del Libro de la Vida. Estaba tan aterrorizado que perseveró en su vocación.

¡Cuántos ejemplos semejantes no se encuentran en los libros! Y ¡cuántos jóvenes infelices no veremos condenados en el Día del Juicio por no haber seguido su Vocación! Los tales son rebeldes a la luz divina, como dice el Espíritu Santo: Han sido rebeldes a la luz, no han conocido sus caminos (Job xxiv. 13), y serán justamente castigados perdiendo la luz; y porque no quisieron andar por el camino que les mostró el Señor, andarán sin luz en el elegido por su propio capricho y perecerán. He aquí que yo os declararé mi espíritu (Proverbios i. 23). He aquí la llamada de Dios -- pero como no la siguen, Dios añade: Porque os llamé y no quisisteis... despreciasteis todos mis consejos... Yo también me reiré de vuestra destrucción, y me burlaré cuando venga sobre vosotros lo que temíais. Entonces me invocaréis, y no os oiré; se levantarán por la mañana y no me encontrarán. Porque aborrecieron la instrucción y no recibieron el temor del Señor, ni consintieron en mi consejo, sino que despreciaron toda mi repressión (Ib. i. 24, 26, 28, 80). Y esto significa que Dios no escuchará las oraciones de quien ha descuidado obedecer su voz. San Agustín dice: "Los que han despreciado la voluntad de Dios que los invitaba, sentirán la voluntad de Dios cuando se convierta en su propio vengador."

## Meditación vespertina

EL AMOR QUE EL HIJO DE DIOS NOS HA MOSTRADO EN LA REDENCIÓN
I.

Nos amó y se entregó por nosotros (Efesios. v. 2).

Considera que el Verbo Eterno es aquel Dios que es tan infinitamente feliz en sí mismo, que su felicidad no puede ser mayor de lo que es, ni la salvación de toda la humanidad podría haberle añadido nada; ni la pérdida de las almas podría haberla disminuido; y, sin embargo, ha hecho y padecido tanto para salvarnos a nosotros, gusanos miserables, que si su bienaventuranza, como dice Santo Tomás, hubiera dependido de la del hombre, no podría haber hecho ni padecido más: "Como si sin él no pudiera ser feliz". Y, en efecto, si Jesucristo no hubiera podido ser feliz sin redimirnos, ¿cómo habría podido humillarse más de lo que lo ha hecho, tomando sobre sí nuestras flaquezas, las miserias de la infancia, los sinsabores de la vida humana y una muerte tan bárbara e ignominiosa?

Nadie sino Dios podría amar hasta tal extremo a unos pecadores tan desdichados como nosotros, y tan indignos de ser amados. Un autor devoto dice: "Si Jesucristo nos hubiera permitido pedirle que nos diera la mayor prueba de su amor, ¿quién se hubiera aventurado a pedirle que se hiciera semejante a nosotros, que se vistiera de todas nuestras miserias y se hiciera, de entre todos los hombres, el más pobre, el más despreciado y el más maltratado, hasta ser ejecutado por manos de verdugos y sufrir los mayores tormentos en una horca infame, maldecido y abandonado por todos, incluso por su propio Padre, que abandonó a su Hijo para no abandonarnos a nosotros en nuestra ruina? "

Pero lo que nosotros no hubiéramos tenido la osadía ni siquiera de pensar, el Hijo de Dios lo ha pensado y realizado.

Jesús mío, cometería una gran injusticia contra tu misericordia y tu amor si, después de haberme dado tantas pruebas del amor que me profesas y del deseo que tienes de salvarme, siguiera desconfiando de tu misericordia y de tu amor. Mi amado Redentor, soy un pobre pecador; pero Tú has dicho que has venido a buscar a los pecadores: No he venido a llamar a justos, sino a pecadores. (Mateo. ix. 13). Soy una pobre criatura enferma -- Tú viniste a curar a los enfermos, y dijiste: Los sanos no tienen necesidad del médico, sino los enfermos (Lucas v. 31). Yo estaba perdido por mis pecados, pero Tú has venido a salvar a los perdidos: El hijo del hombre ha venido a salvar lo que se había perdido (Mateo. xviii. 11). ¿Qué puedo temer, pues, si estoy dispuesto a enmendar mi vida y a convertirme en Tuyo? Sólo tengo que temerme a mí mismo y a mi propia debilidad; pero mi propia debilidad y pobreza deberían aumentar mi confianza en Ti, que has declarado ser el refugio de los desamparados: El Señor se ha convertido en refugio de los pobres (Salmo ix. 10).

## II.

Ya desde su infancia se sacrificó por nosotros a los sufrimientos, al oprobio y a la muerte: Nos amó y se entregó por nosotros (Efesios. v. 2). Nos amó, y por amor se entregó a sí mismo, para que nosotros, ofreciéndole como Víctima al Padre, en satisfacción de nuestras deudas, obtengamos por sus méritos de la divina bondad todas las gracias que deseamos; Víctima más querida del Padre que si le ofreciéramos la vida de todos los hombres y de todos los ángeles. Ofrezcamos, pues, continuamente a Dios los méritos de Jesucristo, y por ellos busquemos y esperemos todo bien.

Te imploro este favor, oh Jesús mío. Dame confianza en tus méritos y haz que me recomiende siempre a Dios por tus méritos. Padre eterno, sálvame del infierno, y primero del pecado, por amor de Jesucristo; por los méritos de este tu Hijo ilumina mi mente para obedecer tu voluntad; dame fortaleza contra las tentaciones; concédeme el don de tu santo amor; y, sobre todo, te suplico que me des la gracia de rogarte que me ayudes, por amor de

Jesucristo, que has prometido que concederás a quien ruegue en su nombre todo lo que te pida. Si continúo rezándote de este modo, ciertamente me salvaré; pero si lo descuido, ciertamente me perderé. María Santísima, alcánzame este gran don de la oración, y que persevere en encomendarme constantemente a Dios, y también a Ti, que obtienes de Dios todo lo que quieres.

# Fiesta de la Inmaculada Concepción (8 de diciembre)

### Meditación de la mañana

ERA CONVENIENTE QUE EL PADRE ETERNO PRESERVARA A MARÍA DEL PECADO ORIGINAL.

Como el lirio entre las espinas, así es mi amor entre las hijas (Cánticos. ii. 2).

El pecado maldito de Adán y de toda su posteridad causó un gran daño. Pero de esta desgracia general quiso Dios eximir a la Santísima Virgen, como Madre predestinada de su Hijo unigénito y primogénita de la Gracia. Ella debía aplastar la cabeza de la serpiente y ser la Mediadora sin pecado de la paz entre los hombres y Dios. De ahí que el Padre Eterno bien pudiera decir de Su amada Hija: Como el lirio entre las espinas, así es mi amada entre las hijas, siempre inmaculada y siempre amada.

### I.

Fue muy conveniente que Dios preservara a María del pecado original, pues la destinó a aplastar la cabeza del espíritu infernal que, seduciendo a nuestros Primeros Padres, trajo la muerte a todos los hombres. Esto predijo el Señor: Pondré enemistad entre ti y la mujer, y entre tu descendencia y la suya; ella te aplastará la cabeza (Génesis. iii. 15). Pero si María era esa Mujer Valiente traída al mundo para conquistar a Lucifer, ciertamente no era apropiado que él la conquistara primero y la hiciera su esclava. La razón exigiría, en efecto, que fuera preservada de toda mancha e incluso de la sujeción momentánea a su adversario. ¿Cómo, pues, pudo Dios permitir que primero fuera esclava de la serpiente infernal? Alabado y siempre bendito sea Dios, que, en su infinita bondad, dotó a María de una gracia tan grande que, permaneciendo siempre libre de la culpa del pecado, fue siempre capaz de derrotar y confundir el orgullo de la serpiente.

Por otra parte, era del todo conveniente que el Padre Eterno creara a María, "la única hija de la vida", libre de la mancha del pecado original y siempre poseída por su gracia, destinada a ser la reparadora de un mundo perdido, Mediadora de paz entre los hombres y Dios. "Oh Virgen Santísima", dice San Juan Damasceno, "naciste para que pudieras servir a la salvación del mundo entero". "¡Salve, reconciliadora del mundo entero!", clama San Efrén. "¡Salve, tú, que eres árbitro entre Dios y los hombres!", clama San Basilio de Silucia.

Ahora bien, ciertamente no sería conveniente elegir a un enemigo para tratar de la paz con la persona ofendida, y menos aún a un cómplice del propio crimen. San Gregorio dice que "un enemigo no puede comprometerse a apaciguar a su juez que es al mismo tiempo la parte ofendida; porque si lo hiciera, en lugar de apaciguarlo, lo provocaría a una ira mayor." Y, por lo tanto, como María iba a ser la Mediadora de la paz entre los hombres y Dios, era de suma importancia que ella misma no apareciera como pecadora y enemiga de Dios, sino que apareciera en todas las cosas como amiga y libre de toda mancha. Por eso era conveniente que Dios la preservara del pecado, para que no apareciera culpable de la misma falta que los hombres por los que iba a interceder.

Ah, mi Señora Inmaculada, me regocijo contigo al verte enriquecida con tan gran pureza. Doy gracias a nuestro común Creador por haberte preservado de toda mancha de pecado. Tú eres toda hermosa y no hay en ti ni una mancha. (Cánticos. iv. 7). ¡Oh paloma purísima, toda hermosa, toda bella, siempre amiga de Dios! Ah, dulcísima, amabilísima, inmaculada María, no desdeñes poner tus ojos compasivos en las llagas de mi alma. Mírame, ten piedad de mí, cúrame. El feliz día en que iré a contemplar tu belleza en el Paraíso parece lejano mil años, tanto anhelo alabarte y amarte más que ahora, Madre mía, Reina mía, amada, dulcísima, purísima, inmaculada María. Amén.

## II.

Pero sobre todo convenía que el Padre Eterno conservara a esta Su hija sin mancha del pecado de Adán, porque la predestinó a ser la Madre de Su Hijo unigénito. Como Jesús fue el primogénito de Dios, el primogénito de toda criatura (Colosenses. i. 15), así María, la destinada Madre de Dios, fue siempre considerada por Él como Su primogénita por adopción, y por eso siempre la poseyó por Su gracia. El Señor me poseyó en el principio de sus caminos (Proverbios. viii. 22). Por lo tanto, para el honor de Su Hijo, era conveniente que el Padre preservara a la Madre de toda mancha de pecado. Cuando David proyectaba el Templo de Jerusalén, en una escala de magnificencia digna de Dios, dijo: Porque no se está preparando una casa para el hombre, sino para Dios (1 Paralipomenon. xxix. 1). ¡Cuánto más razonable es, pues, suponer que el Soberano Arquitecto, que destinó a María a ser la Madre de su propio Hijo, adornó su alma con todos los dones más preciosos para que fuera una morada digna de un Dios!

Sabemos que el mayor honor de un hombre es nacer de padres nobles. Y la gloria de los hijos son sus padres (Proverbios. xvii. 6). ¿Cómo, entonces, podemos suponer que Dios, que pudo hacer que Su Hijo naciera de una Madre noble preservándola del pecado, permitiría, por el contrario, que naciera de una infectada por él, y así dejaría siempre en poder de Lucifer el reprocharle la vergüenza de tener una madre que una vez había sido su esclava y enemiga de Dios? No, ciertamente, el Padre Eterno no permitió esto; pero Él bien proveyó para el honor de Su Hijo preservando a Su Madre siempre inmaculada, para que pudiera ser una Madre digna de tal Hijo. Y la misma Santa Iglesia nos lo asegura: "Oh Dios Todopoderoso y Eterno, que con la cooperación del Espíritu Santo, preparaste el cuerpo y el alma de la gloriosa Virgen Madre María, para que fuera digna morada de tu Hijo".

Ah, mi bellísima Señora, me alegro de verte, por tu pureza y tu belleza, tan querida de Dios. Doy gracias a Dios por haberte preservado de toda mancha. Oh tú, que desde el primer momento de tu vida apareciste pura y hermosa ante Dios, ten piedad de mí, que no sólo nací en pecado, sino que desde el Bautismo he vuelto a manchar mi alma con crímenes. ¿Qué gracia te negará Dios? Virgen Inmaculada, tú me has de salvar. Amén.

## Lectura espiritual

ERA CONVENIENTE QUE EL HIJO PRESERVARA A SU MADRE DEL PECADO ORIGINAL.

En segundo lugar, era conveniente que el Hijo preservara a María del pecado, por ser su Madre. Nadie puede elegir a su madre; pero si a alguien se le concediera tal cosa, ¿quién habría que, pudiendo elegir una reina, deseara una esclava? ¿O si pudiera elegir a un amigo de Dios, desearía a un enemigo? Si, pues, sólo el Hijo de Dios pudo elegir una Madre según su propio Corazón y su propio gusto, debemos considerar, como algo natural, que eligió una digna de Dios. San Bernardo dice, "que el Creador de los hombres haciéndose hombre, debió Él mismo seleccionar una Madre que Él sabía que sería digna de Él". Como era conveniente que un Dios purísimo tuviera una Madre libre de todo pecado, la creó sin mancha. Aquí podemos aplicar las palabras del Apóstol a los Hebreos: Porque convenía que tuviéramos tal sumo sacerdote; santo, inocente, sin mancha, apartado de los pecadores (Heb. vii. 26). Un autor erudito observa que, según San Pablo, era conveniente que nuestro Santísimo Redentor no sólo estuviera separado del pecado, sino también de los pecadores; según la explicación de Santo Tomás, que dice: "que era necesario que Él, que vino a quitar los pecados, estuviera separado de los pecadores, en cuanto a la culpa bajo la cual estaba Adán." Pero ¿cómo podría decirse que Jesucristo estaba separado de los pecadores, si tenía una Madre que era pecadora?

San Ambrosio dice, "que Cristo escogió este vaso en el que iba a descender, no de la tierra, sino del Cielo; y lo consagró templo de pureza." Esto concuerda con lo que San Juan Bautista reveló a Santa Brígida, diciendo: "No convenía que el Rey de la Gloria reposara de otro modo que en un vaso escogido que excediera en pureza a todos los hombres y ángeles". Y a esto podemos añadir lo que el mismo Padre Eterno dijo a la misma Santa: "María era un vaso limpio e inmundo: limpio, porque era toda hermosa; pero inmundo porque nació de pecadores, aunque fue concebida sin pecado, para que Mi Hijo naciera de ella sin pecado." Y observa estas últimas palabras: "María fue concebida sin pecado". No para que Jesucristo pudiera haber contraído el pecado; sino para que no se le reprochara siquiera haber tenido una Madre infectada de él, que en consecuencia hubiera sido esclava del demonio.

El Espíritu Santo dice que la gloria de un hombre proviene del honor de su padre, y un padre sin honor es la desgracia del hijo (Eclesiástico. iii. 13). "Por lo tanto, fue", dice un escritor antiguo, "que Jesús preservó el cuerpo de María de la corrupción después de la muerte; porque habría sido para Su deshonra que esa carne virginal con la que se había revestido se convirtiera en alimento de gusanos." Pues, añade: "La corrupción es una desgracia de la naturaleza humana; y como Jesús no estuvo sujeto a ella, María también estuvo exenta; porque la carne de Jesús es la carne de María." Pero ya que la corrupción de su cuerpo habría sido una desgracia para Jesucristo, por haber nacido de ella, ¿cuánto mayor habría sido la desgracia, de haber nacido de una madre cuya alma estuvo alguna vez infectada por la corrupción del pecado? Pues no sólo es cierto que la carne de Jesús es la misma que la de María, "sino que -añade el mismo autor- la carne de nuestro Salvador, incluso después de su Resurrección, siguió siendo la misma que había tomado de su Madre. La carne de Cristo es la carne de María; y aunque fue glorificada por la gloria de Su Resurrección, sigue siendo la misma que fue tomada de María." Y ahora bien, si esto es verdad, suponiendo que la Santísima Virgen hubiera sido concebida en pecado, aunque el Hijo no hubiera podido contraer su mancha, sin embargo, el haber unido a Sí mismo una carne que una vez estuvo infectada por el pecado, un vaso de inmundicia y sometida a Lucifer, habría sido siempre una deshonra para Él.

María no sólo fue la Madre, sino la digna Madre de nuestro Salvador. Así la llaman todos los santos Padres. San Bernardo dice: "Sólo Tú fuiste digna de ser elegida como aquella en cuyo vientre virginal el Rey de reyes tendría su primera morada". Santo Tomás de Villanueva dice: "Antes de concebir, ya era digna de ser la Madre de Dios". La misma Santa Iglesia atestigua que María mereció ser la Madre de Jesucristo, diciendo: "La Santísima Virgen, que mereció llevar en su seno a Cristo nuestro Señor"; y St. Tomás de Aquino, explicando estas palabras, dice que "se dice que la Santísima Virgen mereció dar a luz al Señor de todos; no que mereció su Encarnación, sino que mereció, por las gracias que había recibido, tal grado de pureza y santidad, que pudo ser dignamente Madre de Dios"; es decir, María no pudo merecer la Encarnación del Verbo Eterno, pero por la gracia divina mereció tal grado de perfección que la hizo digna de ser la Madre de un Dios; según dice San Agustín: "Su singular santidad y pureza la hicieron digna de ser la Madre de Dios". Agustín dice: "Su singular santidad, efecto de la gracia, mereció que sólo ella fuera juzgada digna de recibir a un Dios".

Y ahora, suponiendo que María fuese digna de ser la Madre de Dios, "¿qué excelencia y qué perfección hubo que no fuera propia de ella?", pregunta Santo Tomás de Villanueva. Santo Tomás dice: "que cuando Dios elige a alguno para una dignidad particular, lo hace apto para ella"; por lo que añade: "que Dios, habiendo elegido a María por Madre, también por su gracia la hizo digna de esta altísima dignidad". "La Santísima Virgen fue divinamente elegida para ser Madre de Dios, y por eso no podemos dudar de que Dios la había hecho idónea por su gracia para esta dignidad; y así nos lo asegura el Ángel: Porque has hallado gracia en Dios; he aquí que concebirás (Lucas i. 50). Y de ahí argumenta el Santo que "la Santísima Virgen nunca cometió ningún pecado real, ni siquiera venial. De lo contrario", dice, "no habría sido una madre digna de Jesucristo; porque la ignominia de la Madre habría sido también la del Hijo, pues habría tenido por madre a una pecadora." Y ahora bien, si María, a causa de un solo pecado venial, que no priva a un alma de la gracia divina, no habría sido una madre digna de Dios, ¿cuánto más indigna habría sido si hubiera contraído la culpa del pecado original, que la habría convertido en enemiga de Dios y esclava del demonio? Y esta reflexión fue la que hizo a San Agustín pronunciar aquellas memorables palabras, según las cuales, al hablar de María en honor de Nuestro Señor, a Quien mereció tener por Hijo, no quiso ni siquiera considerar la cuestión del pecado en ella; "porque sabemos -dice- que por Él, que es evidente que no tenía pecado, y a Quien mereció concebir y dar a luz, recibió la gracia de vencer todo pecado."

No fue una vergüenza para Jesucristo que los judíos le llamaran despectivamente Hijo de María, queriendo decir con ello que era Hijo de una pobre mujer: ¿No se llama María su madre? (Mateo. xiii. 55). Vino a este mundo para darnos ejemplo de humildad y paciencia. Pero, por otra parte, habría sido sin duda una desgracia si hubiera oído decir al diablo: "¿No era pecadora su madre? ¿Acaso no nació de una madre malvada, que en otro tiempo fue esclava nuestra?". Incluso habría sido impropio que Jesucristo hubiera nacido de una mujer cuyo cuerpo estuviera deformado, o tullido, o poseído por demonios; pero ¡cuánto más no lo habría sido, si hubiera nacido de una mujer cuya alma hubiera estado una vez deformada por el pecado, y en posesión de Lucifer!

Dios, que es la Sabiduría misma, bien supo prepararse una morada adecuada para residir en la tierra: La Sabiduría se ha construido una casa (Proverbios. ix. 1). El Altísimo ha santificado su propio tabernáculo. Dios lo ayudará por la mañana temprano (Salmo xlv. 5, 6). David dice que nuestro Señor santificó esta Su morada por la mañana temprano; es decir, desde el principio de su vida, para hacerla digna de Sí mismo; porque no era apropiado que un Dios Santo eligiera Él mismo una morada que no fuera santa: La santidad se convierte en tu casa (Salmo. xcii. 5). La Santa Iglesia canta: "Tú, Señor, no has desdeñado habitar en el seno de la Virgen". Sí, porque habría desdeñado encarnarse en el seno de una Inés, de una Gertrudis, de una Teresa, porque estas vírgenes, aunque santas, estuvieron sin embargo durante un tiempo manchadas del pecado original; pero no desdeñó hacerse Hombre en el seno de María, porque esta Virgen amada fue siempre pura y libre de la menor sombra de pecado, y nunca fue poseída por la serpiente infernal. Y por eso dice San Agustín: "el Hijo de Dios nunca se hizo morada más digna que María, que nunca fue poseída por el enemigo, ni despojada de sus ornamentos." Por otra parte San Cirilo de Alejandría pregunta: "¿Quién ha oído hablar de un arquitecto que se construyera un templo y cediera la primera posesión del mismo a su mayor enemigo?".

Sí, dice San Metodio, hablando sobre el mismo tema, aquel Señor que nos mandó honrar a nuestros padres, no haría otra cosa, cuando se hizo Hombre, que observarlo, dando a su Madre toda gracia y honor: "Aquel que dijo: honra a tu padre y a tu madre, para poder observar su propio decreto, dio toda gracia y honor a su Madre." Por tanto, debemos creer ciertamente que Jesucristo preservó el cuerpo de María de la corrupción después de la muerte; porque si no lo hubiera hecho, no habría observado la ley, que, al mismo tiempo que nos manda honrar a nuestra madre, nos prohíbe faltarle al respeto. Pero ¡qué poco habría guardado Jesús el honor de su Madre, si no la hubiera preservado del pecado de Adán! "Ciertamente, pecaría aquel hijo", dice el agustino Padre Tomás de

Estrasburgo, "que, teniendo en su poder preservar a su madre del pecado original no lo hizo." "Pero lo que en nosotros sería pecado", prosigue el mismo autor, "ciertamente habría sido considerado impropio en el Hijo de Dios, Quien, pudiendo hacer inmaculada a su Madre, no lo hizo." "Ah, no", exclama Gerson, "puesto que Tú, el Príncipe supremo, eliges tener una Madre, ciertamente le debes honor. Pero ahora, si Tú permitiste que ella, que debía ser la morada del Dios todo puro, estuviera en la abominación del pecado original, ciertamente parecería que la ley no fue bien cumplida."

"Además, sabemos -dice San Bernardino de Siena- que el Divino Hijo vino al mundo para redimir a María más que a todas las demás criaturas." Hay dos medios por los que una persona puede ser redimida, como nos enseña San Agustín: el uno levantándola después de haber caído, y el otro impidiendo que caiga; y este último medio es sin duda el más honroso. "Es más honroso redimido -dice el docto Suárez- el que es impedido de caer, que el que, después de haber caído, es levantado"; porque así se evita la injuria o mancha que el alma contrae siempre al caer. Siendo esto así, debemos creer ciertamente que María fue redimida del modo más honroso y más propio de la Madre de Dios, como observa San Buenaventura, "pues es de creer que el Espíritu Santo, como favor especialísimo, la redimió y preservó del pecado original por un nuevo género de santificación, y esto en el mismo momento de su Concepción; no que el pecado estuviese en ella, sino que de otro modo podría haber estado." Sobre el mismo tema, el Cardenal Cusano observa bellamente que "otros tuvieron a Jesús como liberador, pero para la Santísima Virgen fue un preliberador"; es decir, que todos los demás tuvieron un Redentor que los libró del pecado con el que ya estaban contaminados, pero que la Santísima Virgen tuvo un Redentor que, porque iba a convertirse en su Hijo, la preservó de ser contaminada por el pecado.

En fin, para concluir con las palabras de Hugo de San Víctor, el árbol se conoce por sus frutos. Si el Cordero fue siempre inmaculado, la Madre también debió ser siempre inmaculada: "Tal el Cordero, tal la Madre del Cordero; porque el árbol se conoce por sus frutos". De ahí que este mismo Doctor salude a María, diciendo: "Oh digna Madre de un digno Hijo"; queriendo decir, que ninguna otra que María era digna de ser la Madre de tal Hijo, y ningún otro que Jesús era un digno Hijo de tal Madre; y luego añade estas palabras: "¡Oh hermosa Madre de la Belleza misma, oh alta Madre del Altísimo, oh Madre de Dios!". Dirijámonos, pues, a esta Santísima Madre con las palabras de San Ildefonso: "Amamanta, oh María, a tu Creador, da leche a Aquel que te hizo, y que te hizo tal que pudo ser hecho de ti". Amén.

## Meditación vespertina

CONVENÍA QUE EL ESPÍRITU SANTO PRESERVARA A MARÍA DEL PECADO ORIGINAL.

I.

Mi hermana, mi esposa, es un jardín cerrado, una fuente sellada (Cánticos. iv. 12).

Puesto que era conveniente que el Padre Eterno preservara a María del pecado como Su hija, y al Hijo como Su Madre, también era conveniente que el Espíritu Santo la preservara como Su Esposa. San Agustín dice que "María fue la única que mereció ser llamada Madre y Esposa de Dios". Pues San Anselmo afirma que el Espíritu Divino, el Amor mismo del Padre y del Hijo, entró corporalmente en María, y enriqueciéndola con gracia singular sobre todas las criaturas, reposó en ella y la hizo Reina del Cielo y de la tierra. El Espíritu Santo vendrá sobre ti (Lucas i. 35).

Y ahora bien, si un excelente artista tuviera el poder de hacer que su esposa fuera en realidad tal como la representaría en su cuadro, ¡qué esfuerzos no haría para que fuera lo más hermosa posible! ¿Quién, pues, puede decir que el Espíritu Santo hizo otra cosa con María, cuando pudo hacerla, a la que iba a ser su Esposa, tan hermosa como convenía que fuese? Ah no, el Espíritu Santo actuó como le convenía actuar, pues este mismo Señor declara: Toda tú eres hermosa, oh amada mía, y no hay en ti mancha (Cánticos. iv. 7).

El Espíritu Santo significa lo mismo cuando llamó a esta su Esposa jardín cerrado y fuente sellada: Mi hermana, mi esposa, es un jardín cerrado, una fuente sellada -- una Esposa en la que ningún engaño podía entrar, contra la que ningún fraude del enemigo podía prevalecer, y que era siempre santa en mente y cuerpo. "Tú eres", dice San Bernardo, "un jardín cerrado en el que nunca ha entrado la mano de los pecadores para arrancar sus flores".

Ah, mi Reina inmaculada, hermosa paloma, amada de Dios, no desdeñes echar tus ojos sobre las muchas manchas y heridas de mi alma. Mírame y compadécete de mí. Dios, que mucho te ama, nada te niega, y tú no sabes rechazar a los que recurren a ti. Oh María, sin pecado concebida, ruega por nosotros que recurrimos a ti.

II.

En Proverbios leemos: Muchas hijas han reunido riquezas, tú las has superado a todas (Proverbios xxxi. 29). Si María ha superado a todas las demás en las riquezas de la gracia, debe haber tenido la justicia original como la tuvieron Adán y los ángeles. En los Cánticos leemos: Hay jóvenes doncellas sin número. Una es mi paloma, mi perfecta (en hebreo es mi entera, mi inmaculada) no es más que una. Es la única de su madre (Cant. vi. 7). Todas las almas son hijas de la gracia divina, pero entre ellas María era la paloma sin hiel de pecado, la perfecta sin mancha en su origen, la concebida en gracia.

De ahí que el Ángel, antes de que se convirtiera en Madre de Dios, la encontró ya llena de gracia, y la saludó: ¡Dios te salve, llena eres de gracia! (Lucas i. 28). A otros santos se les dio parcialmente la gracia, pero a la Santísima Virgen se le dio toda la gracia. Tanto es así que Santo Tomás dice: "La gracia hizo santa no sólo el alma, sino incluso la carne de María, para que la Santísima Virgen pudiera revestir con ella al Verbo Eterno."

Oh inmaculada y purísima Virgen María, Madre de Dios, Reina del Universo, nuestra buena Señora, tú eres la abogada de los pecadores, el consuelo del mundo, el rescate de los cautivos, la alegría de los enfermos, el consuelo de los afligidos, el refugio y la salvación del mundo entero. Oh purísima Virgen María, venero tu santísimo corazón que fue delicia y reposo de Dios, tu corazón rebosante de humildad, pureza y amor divino. Ah, Madre mía, por amor de Jesús, encárgate de mi salvación. Oh Señora, no niegues tu compasión a aquel a quien Jesús no ha negado su Sangre. Oh Madre mía, no me abandones. Nunca, nunca dejes de orar por mí hasta que me veas a salvo en el Cielo a tus pies, bendiciéndote y agradeciéndote por siempre. Amén.

# Martes - Segunda semana de Adviento

## Meditación matinal

CONSIDERACIONES SOBRE EL ESTADO RELIGIOSO. II.
Considera la muerte feliz de un religioso.

Bienaventurados los muertos que mueren en el Señor (Apocalipsis. xiv. 13). Y quiénes son esos bienaventurados muertos que mueren en el Señor si no son Religiosos, que al final de su vida se encuentran ya muertos para el mundo, puesto que por sus Votos se han desprendido ya del mundo y de todos sus bienes. Yo lo dejo todo y te escojo sólo a Ti por mi Tesoro, ¡oh purísimo Cordero de Dios y mi más ardiente Amante!

I.

Considera, hermano mío, tu contento, si siguiendo tu Vocación, te tocará en suerte morir en la Casa de Dios. El demonio ciertamente te representará que si te retiras a la Casa de Dios, tal vez después te arrepientas de haber dejado tu propia casa y tu propio país, y privado a tus padres de las ventajas que podrían haber esperado de ti. Pero pregúntate a ti mismo: ¿Estaré arrepentido al borde de la muerte, o me alegraré de haber seguido mi resolución? Te ruego, pues, que te imagines ya a punto de morir, a punto de comparecer ante el Tribunal de Jesucristo. Reflexiona sobre lo que, cuando te encuentres en ese estado, desearías haber hecho. ¿Quizás haber complacido a tus padres, haber trabajado por tu propia familia y por tu patria, y luego morir rodeado de hermanos, y sobrinos, y parientes en tu propia casa con el título de Pastor, Párroco, Canónigo, Obispo o Ministro de Estado, habiendo hecho tu propia voluntad? ¿O, por el contrario, morir en la Casa de Dios, asistido por tus buenos hermanos en Religión, que te animarían en el paso a la eternidad, después de haber vivido muchos años en Religión, humilde, mortificado, pobre, lejos de los padres, privado de tu propia voluntad y bajo obediencia, y desprendido de todo lo que hay en el mundo, todo lo cual hace que la muerte sea dulce y agradable? "Quien se ha acostumbrado a privarse de los deleites del mundo", dice San Bernardo. "No lamentará haberlo hecho cuando tenga que abandonarlo". El Papa Honorio II. al morir, deseó haber permanecido en su monasterio, ocupado en lavar los platos, y no haber sido Papa. Felipe II. deseó al morir haber sido hermano lego en alguna Orden Religiosa, ocupado en servir a Dios, y no haber sido Rey. Felipe III, también Rey de España, dijo al morir: "¡Oh, que hubiera estado en un desierto, allí para servir a Dios, y que nunca hubiera sido monarca! Porque, de haber sido así, ahora comparecería con más confianza ante el Tribunal de Jesucristo".

¡Oh mi Señor Jesucristo! Que, para obtenerme una muerte feliz, has elegido una muerte tan amarga para Ti mismo, ya que me has amado hasta el punto de haberme elegido para seguir más de cerca Tu santa vida, para tenerme así más íntimamente unido a Tu amoroso Corazón, átame, te lo suplico, enteramente a Ti con las dulces cuerdas de Tu amor, para que no pueda separarme más de Ti. ¡Oh mi amado Redentor! Deseo serte agradecido y corresponder a tu gracia, pero temo que mi debilidad me haga infiel. ¡Oh Jesús mío! No lo permitas. Permíteme morir antes que abandonarte u olvidar el peculiar afecto que me has demostrado.

II.

Cuando el infierno te tiente sobre tu Vocación, piensa en la hora de la muerte, y pon ante tus ojos ese momento tan importante del que depende la eternidad. Así vencerás todas las tentaciones; serás fiel a Dios; y ciertamente no te arrepentirás de ello en el momento de la muerte, sino que darás gracias al Señor y morirás contento. Gerardo, hermano de San Bernardo, murió cantando ante la sola idea de morir en la Casa de Dios. El Padre Suárez, de la Compañía de Jesús, sintió al morir tan gran consuelo y dulzura por morir en Religión, que dijo: "Nunca pensé que sería tan dulce morir". Otro buen Religioso, de la misma Compañía, rió cuando estaba a punto de morir; y preguntándole por qué reía, respondió: "¿Y por qué no he de reír? ¿No ha prometido el mismo Jesucristo el Paraíso al que lo deja todo por Él? ¿No fue Él quien dijo: Todo el que haya dejado casa, o hermanos, o hermanas, o padre, o madre, o mujer o hijos o tierras por mi nombre, recibirá el ciento por uno, y poseerá la vida eterna? (Mateo. xix. 29). Lo he dejado todo por Dios; Dios es fiel, no puede faltar a sus promesas; por tanto -dijo-, ¿por qué no he de regocijarme y reír, viéndome asegurado el Paraíso?". A cierto hermano laico, que murió hace algunos años, le preguntaron, al morir, ¿qué era lo que más deseaba? Respondió: "No deseo otra cosa que morir y unirme a Dios".

Al Padre Januarius Sarnelli, poco antes de su muerte, conversando con Dios, se le oyó decir: "Oh Señor, tú sabes que todo lo que he hecho y todo lo que he pensado, ha sido para Tu gloria; ahora deseo ir a verte cara a cara, si así Te place". Y luego, deseando su partida, dijo: "Ánimo, deseo entrar en una dulce agonía." Entonces comenzó a conversar afectuosamente con Dios, y poco después expiró plácidamente. Había una sonrisa en sus labios, y de su cuerpo salía un dulce olor, que, como muchos atestiguan, permaneció durante varios días en la habitación en la que había muerto.

San Bernardo, hablando del feliz estado de los religiosos, tuvo buenas razones para exclamar: "¡Oh vida segura, en la que la muerte se espera sin temor -- sí, dulcemente deseada y devotamente aceptada!"

Te amo, Salvador mío. Tú eres y serás siempre el único Señor de mi corazón y de mi alma. Lo dejo todo y sólo Te elijo a Ti como mi Tesoro, oh purísimo Cordero de Dios. ¡Oh mi más ardiente Amante! Mi amado es blanco y rubicundo, elegido entre miles (Cántico. v. 10). Marchaos, criaturas, mi único Bien es mi Dios, Él es mi Amor, mi Todo. Te amo, oh Jesús mío, y en amarte gastaré el resto de mi vida, sea corta o sea larga. Te abrazo, Te estrecho contra mi corazón y deseo morir unido a Ti. No deseo otra cosa. Haz que viva siempre ardiendo en Tu amor, y cuando haya llegado al final de mi vida, haz que expire en un ardiente acto de amor hacia Ti.

Virgen Inmaculada, alcánzame esta gracia, la espero de Ti.

## Lectura espiritual

CONSEJOS SOBRE LA VOCACIÓN RELIGIOSA
II. LA LLAMADA DE DIOS DEBE SER OBEDECIDA Y ACATADA SIN DEMORA.

Por tanto, siempre que Dios nos llama a un estado más perfecto, el que no quiera exponer a gran riesgo su salvación eterna, debe entonces obedecer y obedecer con prontitud. De lo contrario, oirá de Jesucristo el reproche de aquel joven que, cuando fue invitado a seguirle, dijo: Te seguiré, Señor, pero déjame que me despida primero de los que están en mi casa (Lucas ix. 61). Ante lo cual, Jesús le dijo que no era apto para el Paraíso: Nadie que ponga la mano en el arado y mire hacia atrás es apto para el reino de Dios (Ib. 62). Las luces que Dios da son dones transitorios, no permanentes. De ahí que Santo Tomás de Aquino diga que la llamada de Dios a un estado más perfecto debe ser obedecida lo más rápidamente posible -- quanto citius. Propone en su Summa la cuestión de si sería loable entrar en Religión sin haber pedido consejo a muchos y sin larga deliberación. Responde afirmativamente, diciendo que el consejo y la deliberación son necesarios en materias dudosas, pero no en ésta, que es ciertamente buena, porque Jesucristo lo ha aconsejado en el Evangelio, y el Estado Religioso abarca la mayor parte de los Consejos de Jesucristo. ¡Qué maravilla! Cuando se trata de entrar en Religión para llevar una vida más perfecta y más libre de los peligros del mundo, los hombres del mundo dirán que es necesario deliberar mucho tiempo antes de poner en ejecución tal resolución, para averiguar si la Vocación viene de Dios o del demonio. Pero no hablan así cuando se trata de aceptar un puesto en la Magistratura, o un Obispado, etc., donde hay tantos peligros de perder el alma. Entonces estos hombres del mundo no dicen que se requieren muchas pruebas de que se trata de una verdadera llamada de Dios.

Pero los Santos no hablan así. Santo Tomás dice que incluso si una Vocación a la Religión viniera del diablo, deberíamos seguirla como un buen consejo, aunque viniera de un enemigo. San Juan Crisóstomo, citado por el mismo Santo Tomás, dice que Dios, cuando da tales Vocaciones, quiere que no nos demoremos, ni siquiera por un momento, en seguirlas. Cristo exige de nosotros tal obediencia que no nos demoremos ni un instante. ¿Por qué? Porque, como Dios se complace mucho en ver a un alma pronta en obedecerle, abre su mano y colma a esa alma de sus bendiciones. Por el contrario, le disgusta la tardanza en obedecerle; cierra Su mano y retira Sus luces. Por lo tanto, el alma seguirá su Vocación con dificultad, y la abandonará fácilmente. Por eso, San Juan Crisóstomo dice que cuando el demonio no puede hacer que uno abandone su resolución de consagrarse a Dios, al menos procura que aplace la ejecución de la misma y considera una gran ganancia si puede obtener el retraso de un día, o incluso de una hora. ¿Por qué? Porque un día más tarde, o incluso una hora más tarde, presentándose otras ocasiones, le será menos difícil obtener un retraso aún mayor, hasta que el que ha sido llamado, encontrándose más débil y menos asistido por la gracia, cede del todo y pierde su Vocación. Por eso, San Jerónimo da a los llamados a dejar el mundo este consejo: "Apresuraos, os lo ruego, y cortad antes que desatar el cable con que vuestra barca está sujeta a tierra". El Santo quería decir que, así como el hombre que se encontrase en una barca a punto de hundirse procuraría cortar la cuerda antes que desatarla, así el que se encontrase en medio del mundo debería procurar salir de él cuanto antes, para librarse del peligro, tan grande en el mundo, de perder su alma.

Oigamos también lo que escribe San Francisco de Sales, a propósito de la Vocación Religiosa. Confirmará lo que ya se ha dicho y lo que se dirá más adelante: "Para tener señal de una verdadera Vocación, no es necesario que nuestra constancia sea sensible, basta que esté en la parte superior de nuestra alma. Y, por consiguiente, no debemos juzgar que una Vocación no es verdadera si, antes de seguirla realmente, una persona ya no siente esos movimientos sensibles que sentía al principio, e incluso si siente una repugnancia y frialdad, que a veces le hacen vacilar, y le parece que todo está perdido. Basta que la voluntad permanezca constante en no abandonar la llamada divina, y que quede algún afecto por esta llamada. Para saber si Dios quiere que uno se haga Religioso, no hay que esperar que Dios mismo hable o envíe un Ángel del Cielo para significar Su voluntad. Y tan poco necesario es que diez o doce Doctores examinen si se ha de seguir o no la Vocación. Pero es necesario corresponder al primer movimiento de la inspiración, y cultivarlo, y luego no cansarse si le siguen disgustos o frialdad; porque, obrando así, Dios no dejará de hacer que todo suceda para su gloria.

Tampoco debe importarnos mucho de qué manera se produzca el primer movimiento. El Señor usa muchos medios para llamar a Sus siervos. Unas veces se sirve de un sermón, otras de la lectura de buenos libros. Algunos, como San Antonio y San Francisco, han sido llamados oyendo las palabras del Evangelio; otros por medio de aflicciones y problemas que les sobrevinieron en el mundo, y que les sugirieron el motivo para abandonarlo. Estas personas, aunque se acercan a Dios sólo porque están disgustadas con el mundo o han perdido su favor, sin embargo, porque se entregan a Él con toda su voluntad, llegan a ser a veces mayores Santos que los que entraron en la Religión con una Vocación más aparente. Cuenta el Padre Platus que un noble, cabalgando un día sobre un buen caballo, y esforzándose por hacer un gran alarde para agradar a algunas damas que veía, fue arrojado del caballo al fango, del que se levantó embadurnado y cubierto de barro. Estaba tan confundido por este accidente que en el mismo momento resolvió hacerse religioso, diciendo: "Mundo traidor, te has burlado de mí, pero yo me burlaré de ti. Tú me has jugado un juego, yo te jugaré otro; porque no tendré más paz contigo, y desde esta hora resuelvo abandonarte y hacerme fraile." Y, en efecto, se hizo religioso y vivió santamente en la Religión.

## Meditación vespertina

JESÚS, VARÓN DE DOLORES DESDE EL SENO DE SU MADRE

I.

Varón de dolores, conocedor de la enfermedad. (Isaías. liii. 8).

Así designa el profeta Isaías a nuestro Señor Jesucristo: el varón de dolores. Sí, porque este Hombre fue creado a propósito para sufrir, y desde Su infancia comenzó a soportar las mayores penas que hombre alguno haya sufrido jamás. El primer hombre, Adán, disfrutó durante algún tiempo en esta tierra de las delicias del Paraíso terrenal; pero el segundo Adán, Jesucristo, no pasó un solo momento de Su vida sin penas y angustias; pues aun siendo Niño fue afligido por la previsión de todos los sufrimientos e ignominias que habría de soportar durante Su vida, y especialmente en Su muerte, cuando habría de cerrar esa vida inmerso en una tempestad de dolor y oprobio, como lo había predicho David: He llegado al fondo del mar, y una tempestad me ha abrumado (Salmo. lxviii. 3).

Mi dulcísimo Redentor, ¿cuándo empezaré a estar agradecido a tu infinita bondad? ¿Cuándo empezaré a reconocer el amor que me has tenido y las penas que has soportado por mí? Hasta ahora, en lugar de amor y gratitud, te he devuelto ofensas y desprecios; ¿seguiré viviendo siempre ingrato a Ti, Dios mío, que no has escatimado nada para adquirir mi amor? No, Jesús mío, no será así. Durante los días que aún me queden te seré agradecido, y confío en que Tú me ayudarás a serlo. Si te he ofendido, tus sufrimientos y tu muerte son mi esperanza. Tú has prometido perdonar al penitente. Me arrepiento con toda mi alma de haberte despreciado. Cumple, pues, tu promesa, amado mío, y perdóname. Oh amadísimo Niño, Te contemplo en el pesebre ya clavado en Tu Cruz, que está constantemente presente para Ti, y que Tú ya exceptúas para mí. Oh mi Niño crucificado, Te doy gracias por ello, y Te amo.

II.

Ya desde el seno de María, Jesucristo aceptó obedientemente el sacrificio que Su Padre había querido que hiciera, incluso Su Pasión y Muerte: Haciéndose obediente hasta la muerte (Filipenses ii. 8). De modo que ya desde el seno de María previó los azotes y les presentó su carne; previó las espinas y les presentó su cabeza; previó los golpes y les presentó sus mejillas; previó los clavos y les presentó sus manos y sus pies; previó la Cruz y ofreció su vida. Por eso es verdad que ya desde su más tierna infancia sufrió nuestro Santísimo Redentor, en cada momento de su vida, un continuo martirio; y lo ofreció en cada momento por nosotros a su Eterno Padre.

Pero lo que más le afligía era la visión de los pecados que los hombres cometerían incluso después de esta dolorosa Redención. Por su luz divina conocía bien la malicia de todo pecado, y por eso vino al mundo para acabar con todos los pecados; pero cuando vio el inmenso número que se cometerían, la pena que sintió el Corazón de Jesús fue mayor que todas las penas que todos los hombres padecieron o padecerán en la tierra.

Tendida sobre esta paja, oh Jesús mío, sufriendo ya por mí, y disponiéndote ahora a morir por amor mío, me mandas y me invitas a amarte: Ama al Señor tu Dios. Y nada deseo más que amarte a Ti. Ya que, por tanto, quieres que te ame, dame todo el amor que exijas de mí; el amor a Ti es tu don, y el mayor don que puedes hacer a un alma. Acepta, oh Jesús mío, como tu amante a un pecador que tanto te ha ofendido. Tú viniste del cielo a buscar la oveja perdida; por tanto, búscame a mí, y yo no buscaré a nadie más que a Ti. Tú deseas mi alma, y mi alma no desea otra cosa que a Ti. Tú amas al que Te ama, y dices: Yo amo a los que me aman (Proverbios. viii. 17). Yo te amo, ámame Tú también; y si Tú me amas, átame a tu amor; pero átame de modo que nunca más pueda desprenderme de Ti. María, Madre mía, ayúdame. Que sea también gloria tuya ver a tu Hijo amado por un miserable pecador, que hasta ahora tanto le ha ofendido.

# Miércoles - Segunda semana de Adviento

## Meditación matinal

CONSIDERACIONES SOBRE EL ESTADO RELIGIOSO III

Considera la cuenta que tendrá que rendir a Jesucristo en el Día del Juicio el que no siga su Vocación.

La gracia de la Vocación es una gracia muy rara que Dios concede sólo a unos pocos. Pero cuanto mayor sea la gracia, mayor será la indignación del Señor contra quien no la corresponda. Él es el Señor. Cuando Él llama, desea ser obedecido, y obedecido con prontitud.

I.

La gracia de la vocación al estado religioso no es una gracia ordinaria; es una gracia muy rara, que Dios concede sólo a unos pocos. No lo ha hecho a todas las naciones (Sal. cxlvii. 20). ¡Oh, cuánto mayor es esta gracia, ser llamado a una vida perfecta, y convertirse en uno de los hogares de Dios, que si uno fuera llamado a ser el rey de cualquier reino en esta tierra! Porque ¿qué comparación puede haber entre un reino temporal en esta tierra y el reino eterno del Cielo?

Pero cuanto mayor sea la gracia, mayor será la indignación del Señor contra quien no la haya correspondido, y más riguroso será su juicio en el día de la rendición de cuentas. Si un rey llamase a su palacio real a un pobre pastor, para que le sirviese entre los nobles de su corte, ¿cuál no sería la indignación del rey si rehusase tal favor por no querer dejar su pobre choza y su pequeño rebaño? Dios conoce bien el valor de sus gracias, y por eso castiga con severidad a quienes las desprecian. Él es el Señor; cuando llama, desea ser obedecido, y obedecido con prontitud.

Oh Señor, me has mostrado tal exceso de bondad como para elegirme entre tantos otros, para servirte en Tu propia Casa con Tus siervos más amados. Sé cuán grande es esa gracia, y cuán indigno de ella he sido. He aquí que ahora estoy dispuesto a corresponder a un amor tan grande. Te obedeceré. Ya que has sido tan generoso conmigo como para llamarme cuando yo no te buscaba, y cuando era tan ingrato, no permitas que te ofrezca ese mayor exceso de ingratitud que es abrazar de nuevo a mi enemigo, el mundo, en el que hasta ahora he perdido tantas veces tu gracia y mi salvación eterna, y abandonar así a Ti, que has derramado tu sangre y has dado tu vida por mí. Ya que me has llamado, dame también la fuerza para corresponder a la llamada. Ya he prometido obedecerte. Te lo prometo de nuevo, pero sin la gracia de la perseverancia no puedo serte fiel. Esta perseverancia te la pido a Ti, y por tus propios méritos la deseo y espero obtenerla.

II.

Cuando, pues, por su inspiración, Dios llama a un alma a una vida perfecta, si no corresponde, la priva de su luz y la abandona a sus propias tinieblas. ¡Oh, cuántas pobres almas veremos entre los réprobos en el día del Juicio por esta misma razón, que fueron llamadas y no quisieron corresponder!

Dad gracias, pues, al Señor, que os ha invitado a seguirle; pero si no correspondéis, ¡temblad! Puesto que Dios te llama a servir cerca de Su Persona, es señal de que desea salvarte. Pero Él quiere que te salves sólo en aquel camino que te indica y que ha elegido para ti. Si deseas salvarte por un camino de tu propia elección, hay gran peligro de que no te salves en absoluto; porque si permaneces en el mundo, cuando Dios desea que seas Religioso, no te dará esas ayudas eficaces preparadas para ti si hubieras vivido en Su Casa, y sin ellas no te salvarás. Mis ovejas oyen mi voz (Juan. x. 27). El que no obedece la voz de Dios demuestra que no es, ni será, una de Sus ovejas, sino que, en el Valle de Josafat, será condenado con las cabras.

Dame valor, oh Jesús mío, para vencer las pasiones de la carne, a través de las cuales el demonio trata de inducirme a traicionarte. Te amo, Jesús mío. A Ti me consagro por entero. Ya soy Tuyo; siempre seré Tuyo. Oh María, Madre mía y esperanza mía, tú eres la Madre de la perseverancia. Esta gracia sólo se dispensa por tus manos; consíguemela. En ti confío.

## Lectura espiritual

### CONSEJOS SOBRE LA VOCACIÓN RELIGIOSA
### III. MEDIOS PARA CONSERVAR LA VOCACIÓN RELIGIOSA

El que quiere ser fiel a la divina llamada, no sólo debe decidirse a seguirla, sino que debe seguirla con prontitud, tan pronto como pueda, si no quiere exponerse al peligro evidente de perder su vocación. Si, por necesidad, se viera obligado a esperar, debería emplear toda su diligencia en conservarla, como la joya más preciosa que pudiera poseer.

Los medios para conservar la Vocación son tres:

1. 1. El secreto;
2. 2. Oración;
3. 3. Recogimiento.

A. El secreto

En general, debe mantener en secreto su Vocación a todos, excepto a su Padre espiritual, porque, comúnmente, la gente del mundo no tiene escrúpulos en decir a los jóvenes que son llamados al estado Religioso, que uno puede servir a Dios en cualquier parte, y por lo tanto también en el mundo. Y la maravilla es que tales proposiciones salen a veces de la boca de sacerdotes, y aun de Religiosos, pero sólo de tales que se han hecho Religiosos sin Vocación, o no saben lo que significa Vocación. Ciertamente, el que no es llamado al estado religioso puede servir a Dios en todo lugar, pero no así el que es llamado a la religión y luego, por su propia inclinación, desea permanecer en el mundo; éste, como he dicho antes, puede difícilmente llevar una buena vida y servir a Dios.

Es especialmente necesario no hablar de la Vocación a los padres.

Era, en efecto, opinión de Lutero, según cuenta Belarmino, que los niños que entraban en Religión sin el consentimiento de sus padres cometían un pecado. Porque, decía él, los hijos están obligados a obedecer a sus padres en todas las cosas. Pero esta opinión ha sido generalmente rechazada por los Concilios y los Santos Padres. El Décimo Concilio de Toledo declara expresamente que es lícito que los hijos se hagan religiosos sin el consentimiento de sus padres, siempre que hayan alcanzado la edad de catorce años. He aquí las palabras del Concilio: "No será lícito a los padres poner a sus hijos en una Orden Religiosa después de que hayan cumplido los catorce años. Después de esta edad, será lícito a los hijos tomar sobre sí el yugo de la observancia religiosa, ya sea con el consentimiento de sus padres, o sólo por deseo de su propio corazón." Lo mismo enseñan San Ambrosio, San Jerónimo, San Agustín, San Bernardo, Santo Tomás y otros, con San Juan Crisóstomo que escribe: "Cuando los padres se interponen en el bien espiritual, ni siquiera deben ser reconocidos."

Algunos Doctores sostienen que cuando un niño llamado por Dios al estado Religioso puede obtener fácilmente y con seguridad el consentimiento de sus padres, sin ningún peligro de que le impidan seguir su Vocación, es conveniente que busque su bendición. Esta doctrina puede sostenerse especulativamente, pero no en la práctica, porque en la práctica siempre existe tal peligro. Conviene, pues, discutir este punto con detenimiento, para acabar con los escrúpulos farisaicos que algunos abrigan.

Es cierto que en la elección de un estado de vida, los hijos no están obligados a obedecer a sus padres. Esta es la enseñanza común de los doctores, con Santo Tomás, que dice: "Los siervos no están obligados a obedecer a sus amos, ni los hijos a sus padres, en lo que se refiere a contraer matrimonio, conservar la virginidad y cosas semejantes." Sin embargo, respecto al estado del matrimonio, el Padre Pinamonti, en su Tratado de la Vocación Religiosa, sostiene con razón la opinión de Sánchez, Comminchio y otros, que enseñan que un hijo está obligado a seguir el consejo de sus padres, porque en tales materias tienen más experiencia que los jóvenes, y generalmente cumplen con su deber. Pero, hablando de la Vocación Religiosa, añade que un hijo no está obligado en absoluto a tomar consejo de sus padres, porque en esta materia no tienen experiencia, y por interés, comúnmente se convierten en enemigos, como Santo Tomás también señala al hablar de la Vocación Religiosa. "Frecuentemente", dice "nuestros amigos según la carne se oponen a nuestro bien espiritual". Porque los padres suelen preferir que sus hijos se condenen con ellos antes que salvarse lejos de ellos. De ahí que San Bernardo exclame: "¡Oh duro padre, oh cruel madre, cuyo consuelo es la muerte de su hijo, que prefieres que perezca con ellos a que reine sin ellos!".

Dios, dice un autor grave, Porrecta, cuando llama a una persona a una vida perfecta desea que olvide a su padre, diciendo: Escucha, hija, y mira, e inclina tu oído; y olvida a tu pueblo y la casa de tu padre (Salmo xliv. 11). Con esto, pues, añade, el Señor nos amonesta ciertamente que el que es llamado no debe en modo alguno permitir que intervenga el consejo de los padres. "Si Dios quiere que un alma, llamada por Él, olvide a su padre y la casa paterna, sin duda sugiere con esto que quien es llamado al estado religioso no debe, antes de seguir la llamada, interponer el consejo de los amigos carnales de su casa".

San Cirilo, comentando lo que Jesucristo dijo al joven antes mencionado: Ningún hombre que ponga la mano en el arado y mire hacia atrás es apto para el reino de Dios (Lucas ix. 61), dice que aquel que pide tiempo para consultar con sus padres en referencia a su Vocación es exactamente aquel que es declarado por nuestro Señor como no apto para el Cielo. "Mira hacia atrás quien busca demora para poder conferenciar con sus padres". De ahí que Santo Tomás aconseje absolutamente a los llamados a la Religión, que se abstengan de deliberar sobre su Vocación con sus parientes: "De esta deliberación deben excluirse ante todo los parientes carnales; porque está dicho: Trata tu causa con tu amigo (Prov. xxv. 9). Ahora bien, nuestros parientes no son en este asunto nuestros amigos, sino nuestros enemigos, según el dicho de nuestro Señor: Los enemigos de un hombre son los de su propia casa (Mateo. x. 36)".

## Meditación vespertina

GRANDEZA DEL MISTERIO DE LA ENCARNACIÓN
I.
Y el Verbo se hizo carne (San Juan i. 14).

El Señor envió a San Agustín a escribir en el corazón de Santa María Magdalena de Pazzi las palabras: Y el Verbo se hizo carne. Oh, roguemos también nosotros al Señor que ilumine nuestras mentes y nos haga comprender qué exceso y qué milagro de amor es éste: que el Verbo Eterno, el Hijo de Dios, se haya hecho Hombre por amor a nosotros.

La Santa Iglesia se sobrecoge ante la contemplación de este gran Misterio: Consideré tus obras y tuve miedo. Si Dios hubiera creado otros mil mundos, mil veces más grandes y bellos que el presente, es seguro que esta obra sería infinitamente menos grandiosa que la Encarnación del Verbo: Mostró poderío en su brazo (Lucas i. 51). Para llevar a cabo la gran obra de la Encarnación, se requirió toda la omnipotencia y la infinita sabiduría de Dios, para unir la naturaleza humana a una Persona Divina, y que una Persona Divina se humillara tanto como para tomar sobre sí la naturaleza humana. Así Dios se hizo Hombre, y el Hombre se hizo Dios; y de ahí, uniéndose la Divinidad del Verbo al alma y al cuerpo de Jesucristo, todas las acciones de este Hombre-Dios se hicieron divinas: Divinas fueron sus oraciones, divinos sus sufrimientos, divinos sus llantos infantiles, divinas sus lágrimas, divinos sus pasos, divinos sus miembros, divina su misma Sangre, que se convirtió, por así decirlo, en fuente de salud para lavar todos nuestros pecados, y en Sacrificio de infinito valor para aplacar la justicia del Padre, justamente airado con los hombres.

¡Oh Alma, oh Cuerpo, oh Sangre de mi Jesús! Te adoro y te doy gracias; tú eres mi esperanza; tú eres el precio pagado para salvarme del infierno, que tantas veces he merecido. ¡Oh Dios mío! ¡Qué miserable y desesperada vida me esperaría en la eternidad, si Tú, mi Redentor, no hubieras pensado en salvarme con tus sufrimientos y muerte! Pero ¿cómo es posible que las almas, redimidas por Ti con tanto amor, sabiendo todo esto, puedan vivir sin amarte, y puedan despreciar la gracia que Tú les has adquirido con tantos sufrimientos? ¿Y no sabía yo también todo esto? ¿Cómo, pues, pude ofenderte, y ofenderte tantas veces? Pero lo repito, Tu Sangre es mi esperanza. Reconozco, mi Salvador, las grandes injurias que Te he hecho. ¡Oh, si hubiera preferido morir mil veces! ¡Oh, si siempre te hubiera amado!

## II.

¿Y quiénes son estos hombres? Criaturas miserables, ingratas y rebeldes. Y, sin embargo, por ellos Dios se hace Hombre; se somete a las miserias humanas; sufre y muere para salvar a estos indignos pecadores; se humilló a sí mismo, haciéndose obediente hasta la muerte, y muerte de cruz (Fil. ii. 8). ¡Oh santa Fe! Si la fe no nos lo asegurara, ¿quién creería que un Dios de infinita majestad se rebajara hasta hacerse un gusano como nosotros, para salvarnos a costa de tantos sufrimientos y oprobios, y de una muerte tan cruel y vergonzosa?

"¡Oh gracia! Oh poder del amor!", exclama San Bernardo. ¡Oh gracia, que los hombres ni siquiera hubieran podido imaginar, si Dios mismo no hubiera pensado en concedérnosla! ¡Oh misericordia! ¡Oh caridad infinita, digna sólo de una infinita Bondad!

Por tu gracia siento ahora un gran dolor por las ofensas que he cometido contra Ti; siento dentro de mí un ardiente deseo de amarte; me siento plenamente resuelto a perderlo todo antes que tu amistad; siento un amor hacia Ti que me hace aborrecer todo lo que te desagrada. Y este dolor, este deseo, esta resolución y este amor, ¿quién me los da? Eres Tú, Señor, en tu gran misericordia. Por tanto, Jesús mío, esto es una prueba de que me has perdonado; es una prueba de que ahora me amas, y de que quieres a toda costa que me salve; quieres que me salve, y yo me salvaré principalmente para darte gusto. Tú me amas, y yo también te amo; pero mi amor es muy poco. Oh, dame más amor; Tú mereces más amor de mi parte, pues he recibido de Ti más favores especiales que otros: Te ruego que aumentes las llamas de mi amor.

María Santísima, obtén para mí que el amor de Jesús consuma y destruya en mí todo afecto que no tenga a Dios por objeto. Tú escuchas las oraciones de todos los que te invocan; escúchame también a mí y obtén para mí amor y perseverancia.

# Jueves--Segunda semana de Adviento

### Meditación de la mañana

CONSIDERACIONES SOBRE EL ESTADO RELIGIOSO. IV.

Considera los tormentos del alma de uno en el infierno que perdió su Vocación.

Dirá: ¡Oh necio que fui! Podría haber llegado a ser un gran Santo. Y si hubiera obedecido al Llamado de Dios, ciertamente habría llegado a ser Santo, y ahora estoy condenado sin remedio. Elige, pues Dios lo deja en tus manos, ser un gran rey en el Paraíso, o un réprobo en el infierno.

### I.

El remordimiento de haber perdido, por culpa propia, algún gran bien, o de haber sido causa voluntaria de algún gran mal para nosotros, es tan grande, que aun en esta vida es un tormento insufrible. Pero ¡qué tormento sentirá en el infierno aquel joven, llamado por el singular favor de Dios al estado religioso, cuando percibe que si hubiera obedecido a Dios, habría alcanzado un alto puesto en el Paraíso, y se ve sin embargo confinado en aquella prisión de tormentos, sin esperanza de remedio para esta su eterna ruina! Su gusano no muere (Marcos ix. 43).

Este será el gusano que, viviendo siempre, roerá siempre su corazón con continuos remordimientos. ¡Necio de mí! dirá, podría haber llegado a ser un gran santo. Y si hubiera obedecido, ciertamente habría llegado a ser Santo; y ahora estoy condenado sin remedio.

¡Hombre desgraciado! Para su mayor tormento, en el Día del Juicio, verá y reconocerá a la diestra de Dios y coronados como Santos, a los que siguieron su Vocación, y, dejando el mundo, se retiraron a la Casa de Dios, a la que él también había sido llamado. Se verá separado de la compañía de los Bienaventurados y colocado entre esa innumerable y miserable cuadrilla de condenados, por su desobediencia a la voz de Dios.

No, Dios mío, no permitas que te desobedezca y te sea infiel. Veo Tu bondad, y Te doy gracias, porque en vez de apartarme de Tu rostro, y desterrarme al infierno, como tantas veces he merecido, me llamas a ser Santo, y me preparas un alto lugar en el Paraíso. Veo que merecería un doble tormento, si no correspondiera a esta gracia, gracia que no se da a todos. Te obedeceré. He aquí que soy Tuyo y siempre seré Tuyo. Abrazo con alegría todas las penas e incomodidades de la vida religiosa, a la que Tú me has invitado. ¿Y qué son estas penas en comparación con las penas eternas que he merecido? Estaba enteramente perdido por mis pecados; ahora me entrego enteramente a Ti. Dispón de mí y de mi vida como te plazca.

II.

Bien sabemos, como hemos considerado más arriba, que a esta desdichadísima suerte se expone quien, por seguir su propio capricho, hace oídos sordos a la llamada de Dios. Por tanto, hermano mío, tú que ya has sido llamado a ser Santo en la Casa de Dios, considera que te expones a un gran peligro si pierdes tu Vocación por tu propia culpa. Considera que esta misma Vocación que Dios en Su Soberana Bondad te ha dado, para, por así decirlo, sacarte de entre la multitud, y colocarte entre los príncipes elegidos de Su Paraíso, se convertirá, por tu propia culpa, si le eres infiel, en un infierno especial para ti. Haz, pues, tu propia elección, pues ahora Dios la deja en tus propias manos, o ser un gran rey en el Paraíso, o un réprobo en el infierno, más lleno de desesperación que los demás.

Acepta, Señor, de uno que ya está a las puertas del infierno, como yo lo he estado, servirte y amarte en esta vida y en la otra. Te amaré tanto como he merecido ser condenado a odiarte en el infierno, ¡oh Dios, digno de un amor infinito! Oh Jesús mío, Tú has roto las cadenas con las que el mundo me tenía cautivo; Tú me has liberado de la servidumbre de mis enemigos. Te amaré mucho, pues, ¡oh Amor mío! y por el amor que te profeso, te serviré siempre y te obedeceré. Te daré siempre gracias, oh María, abogada mía, que me has obtenido esta misericordia. Ayúdame y permite que no sea ingrato a ese Dios que tanto me ha amado. Consígueme que muera antes que ser infiel a tan grande gracia. Esta es mi esperanza.

## Lectura espiritual

CONSEJOS SOBRE LA VOCACIÓN RELIGIOSA
IV. MEDIOS QUE DEBEN EMPLEARSE PARA CONSERVAR LA VOCACIÓN RELIGIOSA

## El secreto (continuación)

Si, pues, sería un gran error pedir consejo a los padres para seguir la propia Vocación, sería un error aún mayor pedirles permiso para seguirla, y esperar su consentimiento; porque habría un peligro evidente de perder la Vocación al hacerlo así, cuando existe la sospecha probable de que los padres se esforzarían por impedirlo. Así actuó Santo Tomás de Aquino, y San Francisco Javier, San Felipe Neri, y San Luis Bertrán. Y sabemos que el Señor aprobó, incluso con milagros, su gloriosa huida.

San Pedro de Alcántara, cuando fue al monasterio para hacerse religioso y huía de la casa de su madre bajo cuya obediencia había vivido desde la muerte de su padre, se encontró con que un ancho río le impedía avanzar más. Se encomendó a Dios, y en el mismo instante se vio transportado a la otra orilla.

Del mismo modo, cuando San Estanislao Kotska huyó de casa, sin permiso de su padre, su hermano salió tras él a toda prisa en un carruaje, pero casi habiéndole alcanzado, los caballos, a pesar de toda la violencia empleada contra ellos, no quisieron avanzar ni un paso más, hasta que volviéndose hacia la ciudad, comenzaron a viajar a toda velocidad.

Del mismo modo, la Beata Oringa de Valdarno, en Toscana, prometida en matrimonio a un joven, huyó de la casa de sus padres para consagrarse a Dios; pero fue detenida por el río Arno. Después de una breve oración, vio que se dividía y formaba, por así decirlo, dos paredes de cristal, para dejarla pasar con los pies secos.

Por tanto, muy amado hermano mío, si eres llamado por Dios a dejar el mundo, ten mucho cuidado de no dar a conocer tu resolución a tus padres, y, contento de ser así bendecido por Dios, procura ejecutarla tan pronto como puedas, y sin que ellos lo sepan, si no quieres exponerte al gran peligro de perder tu Vocación. Porque los parientes, como se ha dicho antes, especialmente los padres y las madres, se oponen a la ejecución de tales resoluciones; y aunque estén dotados de piedad, sin embargo, el interés y la pasión los vuelven tan ciegos que bajo diversos pretextos no tienen escrúpulo en frustrar con todas sus fuerzas la Vocación de sus hijos.

Leemos en la Vida del Padre Pablo Segneri el Joven, que su madre, aunque era una matrona muy dada a la oración, no dejó, sin embargo, ningún medio sin intentar para evitar que su hijo entrara en el estado Religioso al que estaba llamado. También leemos en la vida de Mons. Cavalieri, obispo de Troja, que su padre, aunque hombre de gran piedad, se valió de todos los medios para impedir que su hijo entrase en la Congregación de los Píos Obreros (cosa que, no obstante, hizo después), llegando incluso a entablar contra él un pleito en el Tribunal Eclesiástico. Y ¡cuántos otros Padres, aun siendo hombres de piedad y oración, no han sido vistos en tales casos cambiar y ser poseídos, por decirlo así, por el demonio! Porque en ninguna otra circunstancia parece el infierno emplear armas más formidables que cuando se trata de impedir que ejecuten su resolución los llamados al estado religioso.

Por esta razón, ten también mucho cuidado de no comunicar tu designio a tus amigos, que no tendrán escrúpulo en disuadirte de él, o al menos, en divulgar el secreto, de modo que el conocimiento de él llegue fácilmente a oídos de tus padres.

## Meditación vespertina

JESÚS SUFRE DURANTE TODA SU VIDA.
I.
Mi dolor está continuamente delante de mí (Sal. xxxvii. 18).

Considera que todos los sufrimientos e ignominias que Jesús padeció en su vida y en su muerte le estuvieron presentes desde el primer momento de su vida: Mi dolor está continuamente delante de mí; e incluso desde su infancia comenzó a ofrecerlos en satisfacción por nuestros pecados, comenzando ya entonces a cumplir su oficio de Redentor. Reveló a uno de sus siervos que desde el comienzo de su vida hasta su muerte sufrió continuamente; y sufrió tanto por cada uno de nuestros pecados que si hubiera tenido tantas vidas como hombres hay, tantas veces habría muerto de dolor, si Dios no le hubiera preservado la vida para que sufriera más.

¡Oh, qué martirio no soportó constantemente el amoroso Corazón de Jesús al contemplar todos los pecados de los hombres! Contempló todas y cada una de las culpas. Incluso mientras estaba en el vientre de María, cada pecado pasó revista ante Jesús, y cada pecado le afligió inconmensurablemente. Santo Tomás dice que este dolor que sintió Jesucristo al conocer la injuria hecha a su Padre, y el mal que el pecado ocasionaría a las almas que amaba, sobrepasó los dolores de todos los pecadores contritos que jamás existieron, incluso de aquellos que murieron de puro dolor; porque ningún pecador amó jamás a Dios y a su propia alma tanto como Jesús amó a su Padre y a nuestras almas.

He aquí, Jesús mío, a Tus pies, al pecador ingrato, al perseguidor que Te mantuvo en continua aflicción durante toda Tu vida. Pero yo te diré con Isaías: Pero tú has librado mi alma para que no perezca; has echado a tus espaldas todos mis pecados (Isaías. xxxviii. 17). Te he ofendido. Te he herido con tantos pecados; pero Tú no has rehusado tomar sobre Tus hombros todas mis ofensas. He arrojado voluntariamente mi alma al fuego del infierno cada vez que he consentido en ofenderte gravemente; y Tú, a costa de Tu propia Sangre, me has liberado continuamente y has impedido que me perdiera del todo. Mi amado Redentor, te doy gracias.

## II.

Por eso la agonía que sufrió nuestro Redentor en el Huerto a la vista de nuestros pecados, la soportó también desde el seno de su Madre: Pobre soy, y fatigado desde mi juventud (Sal. lxxxvii. 16). Así, por boca de David, nuestro Salvador profetizó de sí mismo que toda su vida sería un continuo sufrimiento. De esto deduce San Juan Crisóstomo que no debemos afligirnos por nada, sino sólo por el pecado; y que, puesto que Jesús se afligió toda su vida a causa de nuestros pecados, así nosotros, que los hemos cometido, debemos sentir un continuo dolor por ellos, recordando que hemos ofendido a Dios, que tanto nos ha amado. Santa Margarita de Cortona no cesaba de derramar lágrimas por sus pecados. Un día su confesor le dijo: "¡Margarita, no llores más! Es suficiente... Nuestro Señor ya te ha perdonado". "¡Qué!", respondió la Santa, "¡cómo pueden bastar mis lágrimas y mis penas por los pecados por los que mi Jesús estuvo afligido toda su vida!".

Oh Jesús mío, quisiera morir de dolor al pensar cómo he abusado de tu infinita bondad; perdóname, Amor mío, y ven a tomar entera posesión de mi corazón. Tú has dicho que no desdeñarías entrar en la morada de quien te abre, y permanecer en su compañía: Si alguien me abre la puerta, entraré en él y cenaré con él (Apocalipsis. iii. 20). Si hasta ahora te había alejado de mí, ahora te amo y no deseo otra cosa que tu favor. He aquí, la puerta está abierta, entra Tú en mi corazón, pero no entres nunca más para salir de él. Soy pobre, pero si entras, me harás rico. Siempre seré rico mientras te posea a Ti, el Bien Soberano. Oh Reina del Cielo, Madre dolorosa de este Hijo sufriente, yo también he sido causa de dolor para ti, porque has participado, en gran medida, en los sufrimientos de Jesús. Madre mía, perdóname tú también y alcánzame la gracia de serte fiel, ahora que espero que mi Jesús haya vuelto a mi alma.

# Viernes--Segunda semana de Adviento

### Meditación matinal

CONSIDERACIONES SOBRE EL ESTADO RELIGIOSO. V.

Considerad la inmensa gloria de que gozarán los religiosos en el Cielo.

Dará a cada uno según sus obras (Mateo. xvi. 27).

De aquí podéis juzgar cuán grande será la recompensa que Dios dará en el Cielo a los buenos Religiosos por los grandes méritos que adquieren cada día. Yendo, iban y lloraban echando sus semillas; pero viniendo, vendrán con alegría, llevando sus gavillas (Sal. cxxv. 6, 7).

### I.

Considera, en primer lugar, lo que dice San Bernardo: que es difícil que se condenen los religiosos que mueren en estado religioso. "De la celda al cielo el camino es fácil. Apenas se desciende de la celda al infierno". La razón que aduce el Santo es: "porque apenas se persevera hasta la muerte si no se está predestinado". Porque difícilmente un religioso persevera hasta la muerte, si no es del número de los Elegidos del Paraíso. Por eso, San Lorenzo Justiniano llamó al estado Religioso la puerta del Paraíso: "De aquella ciudad celestial ésta es la puerta". Y dijo que, por tanto, "los Religiosos tienen una gran señal de predestinación".

Considera, además, que la recompensa del Cielo, como dice el Apóstol, es una corona de justicia (2 Tim. iv. 8). Por tanto, Dios, aunque nos recompensa por nuestras obras más abundantemente de lo que merecemos, nos recompensa, sin embargo, en proporción a las obras que hemos hecho. Dará a cada uno según sus obras. De esto podéis juzgar cuán grande será la recompensa que Dios dará en el cielo a los buenos religiosos, en consideración a los grandes méritos que cada día adquieren.

El Religioso entrega a Dios todos sus bienes terrenales y se contenta con ser enteramente pobre, sin poseer nada. El Religioso renuncia a todo apego a sus padres, amigos y patria, para unirse más estrechamente a Dios. El Religioso se mortifica continuamente en muchas cosas de las que gozaría en el mundo. El Religioso, finalmente, entrega a Dios todo su ser, entregándole su voluntad por medio del Voto de Obediencia.

Lo más querido que debemos dar es nuestra propia voluntad, y lo que Dios, de todas las demás cosas, más requiere de nosotros es el corazón, es decir, la voluntad. Hijo mío, dame tu corazón. El que sirve a Dios en el mundo le dará sus bienes, pero no a sí mismo; le dará una parte y no el todo, pues le dará en verdad sus bienes con limosnas, su alimento con ayunos, su sangre con disciplinas, etc. Pero siempre se reservará para sí su propia voluntad, ayunando cuando le plazca, rezando cuando le plazca. Pero el religioso, dándole su propia voluntad, se da a sí mismo y lo da todo; da no sólo los frutos del árbol, sino todo el árbol mismo. De donde puede entonces decirle verdaderamente: ¡Oh Señor! Habiéndote dado mi voluntad, no tengo nada más que darte.

¿Es posible, oh Dios mío y verdadero amante mío, que desees tanto mi bien y ser amado por mí, y que yo, miserable de mí, desee tan poco amarte y agradarte? ¿Con qué fin me has favorecido con tantas gracias y me has sacado del mundo? ¡Oh Jesús mío! Te comprendo. Tú me amas mucho, Tú quieres que yo te ame mucho, y que sea toda tuya, en esta vida y en la otra. Tú quieres que mi amor no se divida con las criaturas, sino que sea todo para Ti, el único Bueno, el único amable y digno de infinito amor. ¡Ah, mi Señor, mi Tesoro, mi Amor, mi Todo! Sí, jadeo y en verdad deseo amarte, y no amar a nadie más que a Ti.

## II.

Y, por tanto, en todo lo que el Religioso hace por Obediencia, está seguro de hacer perfectamente la voluntad de Dios, y merece por todo lo que hace, no sólo cuando reza, cuando se confiesa, cuando predica o ayuna, o practica otras mortificaciones, sino también cuando toma su alimento; cuando barre su habitación, cuando hace su cama, cuando descansa, cuando se recrea; porque, haciendo todo esto por Obediencia, en todo hace la voluntad de Dios. Santa María Magdalena de Pazzi decía que todo lo que se hace por Obediencia es una oración. De ahí que San Anselmo, hablando de los que aman la Obediencia, afirmara que todo lo que hacen los Religiosos es meritorio para ellos. San Luis Gonzaga decía que en la Religión se viaja, por decirlo así, en una nave en la que avanza incluso el que no trabaja.

¡Oh, cuánto más ganará un religioso en un mes observando su Regla que un seglar, con todas sus penitencias y oraciones, en un año! De aquel discípulo de Doroteo llamado

Dositeo, fue revelado que por los cinco años que había vivido bajo la Obediencia, le fue dada en el Cielo la gloria de San Pablo el Ermitaño, y de San Antonio el Abad, ambos de los cuales, por tantos años, habían vivido en el desierto. Los religiosos, es cierto, debían sufrir los inconvenientes de la observancia regular: Al ir, iban y lloraban. Pero cuando sean llamados a la otra vida irán al Cielo, y ... con alegría, llevando sus gavillas (Sal. cxxv. 6, 7). De donde cantarán: Las líneas me han caído en buenos lugares, porque mi heredad es buena para mí (Sal. xv. 6). Estos lazos que me han unido al Señor han llegado a ser para mí sumamente preciosos, y la gloria que han adquirido para mí es sumamente grande.

Te doy gracias, Jesús, por este deseo que me has dado; consérvalo en mí, auméntalo siempre en mí, y concédeme que pueda agradarte y amarte en esta tierra como Tú deseas, para que pueda venir después a amarte cara a cara, con todas mis fuerzas en el Paraíso. He aquí, esto es todo lo que te pido. Te amaré, oh Dios mío. Te amaré; y por Tu amor me ofrezco a sufrir todo dolor. Me haré santo, no para gozar de grandes delicias en el Cielo, sino para agradarte mucho, ¡oh mi amado Señor! y para amarte mucho eternamente. Escúchame bondadosamente, oh Padre Eterno, por el amor de Jesucristo.

Madre mía María, por el amor de tu Hijo, ayúdame. Tú eres mi esperanza; de ti espero todo bien.

## Lectura espiritual

CONSEJOS SOBRE LA VOCACIÓN RELIGIOSA
V. MEDIOS QUE DEBEN EMPLEARSE PARA CONSERVAR LA VOCACIÓN RELIGIOSA

B. La oración

En segundo lugar, es necesario recordar que estas Vocaciones sólo se conservan por la oración; quien abandona la oración perderá ciertamente su Vocación. Es necesario orar, y orar mucho; y, por tanto, el que se sienta llamado, no omita hacer todas las mañanas, después de levantarse, una hora de Meditación, o al menos una de media hora, en su propia habitación, si puede hacerlo sin ser molestado, y, si no, en la iglesia; e igualmente media hora por la tarde.

Que no omita también hacer todos los días una Visita al Santísimo Sacramento y a la Santísima Virgen María, para obtener la gracia de la perseverancia en su Vocación, y que no omita comulgar tres veces, o al menos dos veces por semana.

Medite casi siempre sobre su Vocación, considerando cuán grande es el favor que ha recibido de Dios, al ser así llamado por Él; cuánto más fácilmente conseguirá su salvación eterna, si es fiel en seguirla; y, por el contrario, a qué gran peligro de perderse se expone, si es infiel. Que tenga, pues, especialmente ante los ojos la hora de la muerte y considere el contento que sentirá entonces si ha obedecido a Dios, y las penas y el remordimiento que experimentará si muere en el mundo. A este fin añadiré algunas consideraciones sobre las que podrá hacer su meditación.

Es necesario, además, que todas sus oraciones a Jesús y a María, y especialmente las que haga después de la Comunión y en las Visitas, se dirijan a obtener la perseverancia. En estas oraciones y Comuniones renueve siempre el ofrecimiento de sí mismo a Dios, diciendo: "¡He aquí, Señor! Ya no soy mío. Soy Tuyo. Ya me he entregado a Ti, y ahora renuevo esta ofrenda de todo mi ser. Acéptame y dame fuerzas para serte fiel y retirarme cuanto antes a Tu Casa."

C. Recogimiento

En tercer lugar, es necesario recogerse. Esto no será posible si no se retira de las reuniones mundanas y de las diversiones profanas. Y, en efecto, si estamos en el mundo, ¿qué basta para provocar la pérdida de la Vocación? Una mera nada. Un día de disipación, una palabra de un amigo, una pasión no mortificada, un pequeño apego, algún temor infundado, alguna pereza no vencida, cualquiera de estas cosas basta para echar por tierra todos los buenos propósitos de retirarse del mundo y entregarse enteramente a Dios. Por tanto, el que es llamado a la Religión debe mantenerse perfectamente recogido, desprendiéndose de todo lo de este mundo. Su ocupación mientras espera debe ser la oración y la frecuencia de los Sacramentos; y debe pasar su tiempo en casa o en la iglesia. El que no actúe así, sino que se distraiga con pasatiempos, persuádase de que perderá indudablemente su Vocación. Ciertamente sentirá remordimiento por no seguir su Vocación, pero ciertamente no la seguirá. ¡Oh, cuántos por descuidar estas precauciones han perdido su Vocación, y después sus almas!

### ORACIÓN POR LA PERSEVERANCIA
*(Rezar con frecuencia y fervor)*

Señor mío Jesucristo, que elegiste para Ti la muerte amarguísima de la Cruz para que yo muriera feliz, ya que me has amado tanto que me has llamado del mundo para seguir tus huellas y estar siempre unido a tu Corazón amoroso, te ruego, Jesús mío, que me ates enteramente a Ti con la dulce cadena de tu amor, para que nunca más me separe de Ti. Oh mi amado Redentor, deseo ser agradecida y fiel a tu gracia y a mi vocación, pero temo que, por mi propia debilidad, sea infiel. Jesús mío, no permitas que sea así. No. Déjame morir antes que abandonarte. Que nunca olvide el amor especial que me has mostrado. Te amo, mi querido Salvador. Tú eres ahora y serás siempre el único Dueño de mi corazón y de mi alma. Renuncio a todo y te elijo sólo a Ti como mi único Tesoro.

Marchaos, criaturas... ¡marchaos lejos! Mi Dios es mi único Bien. Él es mi Amor. Él es mi Todo. Jesús mío, te amo, y en amarte quiero pasar toda mi vida, sea larga o corta. Te abrazo. Te estrecho contra mi corazón. En tus brazos de amor quiero morir. Esta gracia te pido, y nada más me importa.

Hazme vivir siempre ardiendo en tu amor, y cuando llegue mi fin, déjame dar mi último aliento en un ardiente acto de amor a Ti. Oh María Inmaculada, obtén para mí esta gracia. Mi esperanza está en tu poderosa intercesión. Ayúdame a abandonar el mundo. Ven ahora en mi ayuda. Socórreme y obtén para mí la gracia de vencerme a mí mismo y llegar a ser Santo. Amén.

## Meditación vespertina

JESÚS QUISO SUFRIR TANTO PARA GANARSE NUESTRO CORAZÓN.

I.

Tengo un bautismo con el que he de ser bautizado, y ¿cómo estoy de apurado hasta que se cumpla? (Lucas xii. 50).

Considera cómo Jesús sufrió incluso desde el primer momento de su vida, y todo por amor a nosotros. Durante toda su vida no tuvo otro interés, después de la gloria de Dios, que nuestra salvación. Él, como Hijo de Dios, no tenía necesidad de sufrir para merecer el Paraíso; pero todo lo que sufrió de dolor, de pobreza, de ignominia, lo aplicó todo a merecer para nosotros la salvación eterna. Y aunque hubiera podido salvarnos sin sufrir, eligió abrazar una vida sin más que sufrimientos, pobre, despreciada y privada de todo consuelo, con una muerte de las más desoladoras y amargas que jamás soportó mártir o penitente alguno, sólo para hacernos comprender la grandeza del amor que nos profesaba y ganarse nuestro afecto.

Vivió treinta y tres años, y vivió suspirando por la hora en que había de sacrificar su vida, que deseaba ofrecer para obtenernos la gracia divina y la gloria eterna, a fin de tenernos con Él para siempre en el Paraíso.

Amado Redentor mío, yo también soy uno de esos infelices ingratos que han pagado Tu inmenso amor, Tus dolores y Tu muerte, con ofensas y desprecio. ¡Oh mi amadísimo

Jesús! ¡Cómo es posible que, viendo como has visto la ingratitud que debo mostrarte por todas tus misericordias, me ames tanto, y resuelvas soportar tanto desprecio y sufrimiento por mí! Pero no desesperaré. El mal ya está hecho. Dame, pues, oh Salvador mío, ese dolor que me has merecido con tus lágrimas; pero que sea un dolor igual a mis iniquidades. Oh amoroso Corazón de mi Salvador, una vez tan afligido y desolado por mi causa, y ahora todo ardiente de amor por mí, te suplico que cambies mi corazón, dame un corazón que repare las ofensas que he cometido contra Ti -- ¡un amor que iguale mi ingratitud!

## II.

Fue este deseo el que hizo decir a Jesús Tengo un bautismo con el que he de ser bautizado; ¿y cómo estoy de apurado hasta que se cumpla? Deseaba ser bautizado con su propia Sangre, no para lavar sus propios pecados, puesto que era inocente y santo, sino los pecados de los hombres a quienes tanto amaba: nos amó, y nos lavó con su propia sangre (Apocalipsis. i. 5). Oh, exceso del amor de Dios, que todos los hombres y ángeles que hayan existido jamás lograrán comprender ni alabar como se merece.

San Buenaventura llora al ver la gran ingratitud de los hombres por un amor tan grande: "Es motivo de maravilla que los corazones de los hombres no se rompan por amor a Ti". Es una maravilla, dice el Santo, ver a un Dios soportar tales sufrimientos, derramando lágrimas en un establo, pobre en un taller, languideciendo en una Cruz; en suma afligido y atormentado; toda su vida por amor a los hombres; y luego ver a estos hombres, que no sólo no arden de amor hacia un Dios tan amoroso, sino que incluso tienen la osadía de despreciar su amor y su gracia. Oh Señor, ¿cómo es posible concebir que un Dios se haya entregado a tantos sufrimientos por los hombres, y que, sin embargo, haya hombres que puedan ofender y no amar a este Dios misericordioso?

Te doy gracias, Salvador mío, porque veo que tu misericordia ha cambiado ya mi corazón. Odio, por encima de todo mal, los insultos que Te he ofrecido; los detesto, los aborrezco. Ahora estimo Tu amistad por encima de todas las riquezas y reinos del mundo. Deseo complacerte tanto como me es posible; Te amo, que eres infinitamente amable; pero veo que mi amor es demasiado débil. Aumenta la llama, dame más amor. Tu amor por mí debería ser correspondido por un mayor grado de amor en mí, que tanto te he ofendido, y que, en lugar de castigo, he recibido tantos favores especiales de Ti. Oh Soberano Bien, permíteme no ser más ingrato por todos los favores que me has concedido. Diré con San Francisco: "¡Muera yo, Señor, por el amor de tu amor, que por el amor de mi amor te dignaste morir!". María, esperanza mía, ayúdame; ruega a Jesús por mí.

# Sábado--Segunda semana de Adviento

### Meditación matutina

LA OFRENDA QUE MARÍA HIZO DE SÍ MISMA A DIOS FUE PRONTA Y SIN DEMORA.

Levántate, date prisa, amor mío, paloma mía, hermosa mía, y ven. (Cánticos ii. 10). María comprendió bien la voz de Dios que la llamaba a entregarse a su amor. Y así, iluminada, se ofreció inmediatamente a su Señor. He aquí, oh María, que hoy me presento a ti, y en unión contigo renuncio a todas las criaturas y me entrego por entero al amor de mi Creador.

### I.

Escucha, hija, y mira e inclina tu oído; y olvida a tu pueblo y la casa de tu padre (Sal. xliv. 11). La Virgen santa obedeció a esta llamada divina con prontitud y con generosidad. Desde el primer momento en que la niña celestial fue santificada en el seno de su madre, que fue en el instante de su Inmaculada Concepción, recibió el perfecto uso de razón, y comenzó a hacer méritos. E inmediatamente, como un Ángel reveló a Santa Brígida, nuestra Reina determinó sacrificar su voluntad a Dios, y darle todo su amor durante toda su vida.

María, al saber que sus santos padres, San Joaquín y Santa Ana, la habían consagrado por Voto a Dios, les pidió con fervor que la llevaran al Templo, y cumplieran su promesa. A la edad de tres años, como nos dice San Epifanio - una edad en la que los niños son los más deseosos y los más necesitados del cuidado de sus padres - María deseaba consagrarse a Dios.

He aquí, pues, a Joaquín y Ana, sacrificando generosamente a Dios el tesoro más precioso que poseían en el mundo y el más querido de sus corazones. Partieron de Nazaret llevando a su amada hijita a cuestas, pues de otro modo no habría podido emprender un viaje tan largo como el de Nazaret a Jerusalén, una distancia de ochenta millas. Les acompañaban pocos parientes, pero coros de Ángeles escoltaban y servían a la Virgencita Inmaculada, que estaba a punto de consagrarse a la Majestad Divina. Qué hermosos son tus pasos... Oh hija del príncipe. (Cánticos. vii. 1). "¡Oh, qué hermosos!", debieron cantar los ángeles, "¡cuán aceptables a Dios son todos tus pasos dados en el camino de presentarte y ofrecerte a Él, oh noble hija, amadísima de nuestro común Señor!".

Oh amada Madre de Dios, amabilísima niña, María, que te presentaste en el Templo, y con prontitud y sin reservas te consagraste a la gloria y al amor de Dios; ¡ojalá pudiera yo ofrecerte hoy los primeros años de mi vida, para dedicarme sin reservas a tu servicio, mi santa y dulcísima Señora! Pero ya es tarde para ello, pues he perdido muchos años al servicio del mundo. ¡Ay de aquel tiempo en que no te amé! Pero es mejor empezar ahora que no hacerlo. Oh María, hoy me presento ante ti, y en unión contigo renuncio a todas las criaturas y me entrego por entero al amor de mi Creador. Ayuda mi debilidad con tu poderosa intercesión.

## II.

Dios mismo, con toda la Corte celestial, se alegró mucho el día en que María se presentó para ser su Esposa en el Templo. Porque nunca vio una criatura más santa, ni a quien amara con tanta ternura, que viniera a ofrecérsele.

Cuando la santa compañía llegó al Templo, la hermosa niña se volvió hacia sus padres y, arrodillándose, les besó las manos y les pidió su bendición. Se despidió del mundo y, renunciando a todos los placeres que éste promete a sus devotos, se ofreció y consagró a su Creador.

En la época del Diluvio, un cuervo enviado por Noé, se quedó para alimentarse de los cadáveres; pero la paloma, sin descansar el pie, volvió rápidamente con él al arca (Gn. vii. 9). Muchos que son enviados por Dios a este mundo, desgraciadamente se quedan para alimentarse de los bienes terrenales. No fue así como actuó nuestra paloma celestial, María. Ella sabía que Dios debía ser nuestro único Bien, nuestra única Esperanza, nuestro único Amor; y sabía que el mundo está lleno de peligros, y que quien más pronto lo abandona, más libre está de sus asechanzas. Por eso, desde su más tierna edad, trató de hacer esto, y tan pronto como le fue posible se encerró en el sagrado retiro del Templo, donde podía escuchar mejor la voz de Dios, y honrarlo y amarlo más. Alegraos conmigo, todos los que amáis a Dios, porque cuando era pequeña agradé al Altísimo. (Oficio de la Bienaventurada Virgen María).

¡Oh feliz Virgen María, que tan pronto comenzaste a servir a Dios, y que siempre le serviste con tanta fidelidad! Ah, echa una mirada sobre mí, que he vuelto a Él con tanta tardanza, después de tantos años perdido en el amor de las criaturas. Consígueme la gracia de dar a Dios al menos el resto de mi vida, sea larga o corta. Enséñame, oh Señora, lo que debo hacer ahora para pertenecer enteramente a Dios, y reparar así el tiempo que he perdido. Tú ya has hecho mucho por mí, termina la obra de mi salvación. No me abandones hasta que me veas seguro a tus pies en el Paraíso. Amén.

## Lectura espiritual

CONSEJOS SOBRE LA VOCACIÓN RELIGIOSA
VI. DISPOSICIONES NECESARIAS PARA ENTRAR EN RELIGIÓN

El que es llamado por Dios a un Instituto religioso en el que reine la observancia regular, debe comprender que el fin de todo tal Instituto es que sus miembros sigan las huellas e imiten lo más exactamente posible el ejemplo de la santísima vida de Jesucristo: una vida enteramente desprendida y mortificada, llena de sufrimientos y humillaciones. He dicho un Instituto en el que reina la observancia regular, pues sería mejor, tal vez, permanecer en el mundo que entrar en un Instituto religioso relajado. El que, pues, se resuelva a entrar en tal Instituto Religioso debe, al mismo tiempo, resolverse a entrar para sufrir y negarse a sí mismo en todo, como Jesucristo mismo ha declarado a los que quieren seguirle perfectamente: Si alguno quiere venir en pos de mí, niéguese a sí mismo, tome su cruz y sígame. Debe estar firme en su resolución de sufrir, y de sufrir mucho, para que después no ceda a las tentaciones, cuando, habiendo entrado en la Religión, se sienta oprimido bajo las penalidades y privaciones de la vida pobre y mortificada que se lleva en la Religión.

Hay muchos que, al entrar en una fervorosa Comunidad, no toman los medios adecuados para encontrar en ella la paz, y hacerse Santos, porque sólo ponen ante sus ojos las ventajas de la vida de Comunidad, como son la soledad, la tranquilidad, la libertad de las molestias causadas por los parientes, de las contiendas y otros asuntos desagradables, y de las preocupaciones consiguientes a estar obligados a pensar en el propio alojamiento, comida y vestido.

No hay duda de que un religioso es, en efecto, muy deudor de su Instituto, que le libra de tantas molestias, y le procura así tanta facilidad para servir a Dios perfectamente en paz, proporcionándole continuamente tantos medios para el bienestar de su alma, con el buen ejemplo de sus compañeros, y el buen consejo de sus Superiores, que velan por su bien, y con tantos ejercicios conducentes a la salvación eterna. Todo esto es verdad; pero para no verse privado de tan bienaventurada suerte, debe resolverse a abrazar todos los sufrimientos que, por otra parte, pueda encontrar en la Religión; porque si no los abraza con amor, nunca obtendrá aquella plena paz que Dios da a los que se vencen a sí mismos: Al que venciere le daré el maná escondido (Apocalipsis. ii. 17). Porque la paz que Dios da a gustar a sus siervos fieles está oculta; ni la conocen los hombres del mundo, que, al ver su vida mortificada, lejos de envidiarlos, los compadecen y los llaman los infelices de esta tierra. Pero "ellos ven la Cruz, la unción no la ven", dice San Bernardo. Ven su mortificación, pero no ven el contento que Dios les da para gozar.

Es verdad que en la vida espiritual hay que sufrir, pero, como dice Santa Teresa, cuando uno se resuelve a sufrir el dolor cesa. Es más, los dolores mismos se convierten en alegría. "Hija mía", así dijo un día el Señor a Santa Brígida, "el tesoro de mis gracias parece estar rodeado de espinas; pero para quien vence las primeras espinas, todo se transforma en dulzura." Y luego esas delicias que Dios da a sus almas amadas en sus oraciones, en sus Comuniones, en su soledad; esas luces, esos santos ardores y esa íntima unión con Dios, esa tranquilidad de conciencia, esa bendita esperanza de la vida eterna... ah, ¿quién puede comprenderlas, si no las experimenta? "Una gota de los consuelos de Dios", dice Santa Teresa, "vale más que todos los consuelos y las delicias del mundo". Bien sabe nuestro clementísimo Dios, aun en este valle de lágrimas, dar al que algo sufre por Él, un anticipo de la gloria de los bienaventurados; porque en esto se verifica verdaderamente lo que dice David: Tú que finges trabajo en el mandamiento (Sal. xciii. 20). En la vida espiritual, Dios, cuando anuncia dolores, tedio, muerte, parece fingir trabajo, pero, de hecho, no hay trabajo; porque la vida espiritual trae a los que se entregan enteramente a Dios esa paz que, dice San Pablo, sobrepasa todo entendimiento (Filipenses. iv. 7). Supera todos los placeres del mundo y de los mundanos. De ahí que veamos a un religioso más contento en una pobre celda que todos los monarcas en sus palacios reales. Gustad y ved que el Señor es dulce (Salmos. xxxiii. 9). Quien no ha hecho la prueba no puede comprenderla.

Por otra parte, el que no se resuelve a sufrir y a vencerse en lo que es desagradable, debe persuadirse de que nunca gozará de esta verdadera paz, aunque ya haya entrado en la Religión. Al que venciere, le daré el maná escondido (Apocalipsis. ii. 17). Es, pues, necesario que quien desee ser admitido en un Instituto de observancia entre con la mente resuelta a vencerse a sí mismo en todo, expulsando de su corazón toda inclinación y deseo que no sea de Dios, o para Dios. Por lo tanto, debe desprenderse de todas las cosas, y especialmente de las siguientes: Comodidades, Padres, Amor propio y Voluntad propia.

## Meditación vespertina

### EL MAYOR DOLOR DE JESÚS

I.

Qué provecho hay en mi sangre, mientras yo desciendo a la corrupción (Sal. xxix. 10).

Jesucristo reveló a la Venerable Águeda de la Cruz que, mientras estaba en el seno de su Madre, lo que más le afligía era la dureza de los corazones de los hombres que, después de su Redención, despreciarían las gracias que había venido a difundir en el mundo. Y este sentimiento ya lo había expresado antes, por boca de David, en las palabras que acabamos de citar, que generalmente son entendidas así por los santos Padres: ¿Qué provecho hay en mi sangre, mientras yo desciendo a la corrupción? San Isidoro explica mientras desciendo a la corrupción "mientras desciendo a tomar la naturaleza del hombre, tan corrompida por los vicios y pecados"; como si hubiera dicho: "Oh Padre mío, ciertamente voy a revestirme de carne humana, para derramar Mi Sangre por los hombres; pero ¿qué provecho hay en mi sangre? La mayor parte del mundo no dará ningún valor a Mi Sangre, y seguirá ofendiéndome, como si no hubiera hecho nada por amor a ellos."

Este dolor fue el cáliz amargo que Jesús suplicó al Padre Eterno que apartara de Él, diciendo: Que pase de mí este cáliz. (Mateo. xxvi. 39). ¿Qué cáliz? La visión del desprecio con que era tratado Su amor. Esto le hizo exclamar de nuevo en la Cruz: Dios mío, Dios mío, ¿por qué me has abandonado? (Mateo. xxvii. 46). Nuestro Señor reveló a Santa Catalina de Siena que éste era el abandono del que se quejaba, es decir, el conocimiento de que su Padre tendría que permitir que su Pasión y su amor fueran despreciados por tantos hombres por los que murió.

Oh mi amabilísimo Jesús, ¡cuánto te he hecho sufrir yo también durante tu vida! Has derramado tu sangre por mí con tanto dolor y amor, ¿y qué fruto has sacado hasta ahora de mí sino desprecio, ofensas e insultos? Pero, Redentor mío, no Te afligiré más; espero que en el futuro Tu Pasión produzca fruto en mí por Tu gracia, que siento que ya me asiste. Te amaré por encima de cualquier otro bien; y para agradarte, estoy dispuesto a dar mil veces mi vida.

II.

Y este mismo dolor atormentaba al Niño Jesús en el seno de María, la previsión de tanta prodigalidad de penas, de ignominia, de derramamiento de sangre y de muerte tan cruel e ignominiosa, y todo para tan poco. El santo Niño vio, incluso allí, lo que dice el Apóstol: que muchos, de hecho el mayor número, pisotearían su Sangre y despreciarían su gracia, que esta Sangre les obtendría: Pisoteando al Hijo de Dios... y ofreciendo una afrenta al Espíritu de gracia (Hebreos. x. 29). Pero si hemos sido del número de esos hombres ingratos, no desesperemos. Jesús, en su nacimiento, vino a ofrecer la paz a los hombres de buena voluntad, como hizo cantar a los Ángeles: Y en la tierra paz a los hombres de buena voluntad (Lucas ii. 14). Cambiemos, pues, nuestra voluntad, arrepintámonos de nuestros pecados y resolvámonos a amar a este Dios bueno, y encontraremos la paz, es decir, la amistad divina.

Padre Eterno, yo no tendría el valor de presentarme ante Ti para implorarte ni el perdón ni la gracia, pero tu Hijo me ha dicho que cualquier gracia que te pida en su nombre me la concederás: Si pedís algo al Padre en mi nombre, él os lo concederá (Juan. xvi. 23). Te ofrezco, pues, los méritos de Jesucristo, y en su Nombre te pido en primer lugar el perdón general de todos mis pecados; te pido la santa perseverancia hasta la muerte; te pido, sobre todo, el don de tu santo amor, para que me haga vivir siempre según tu divina voluntad. En cuanto a mi propia voluntad, estoy resuelto a elegir mil muertes antes que ofenderte, y a amarte con todo mi corazón, y a hacer todo lo que pueda para agradarte. Pero para hacer todo esto, te ruego, y espero recibir de Ti, la gracia para ejecutar lo que me propongo. Madre mía María, si Tú rezas por mí, estoy a salvo. Oh, reza por mí, reza; y no ceses de rezar hasta que veas que he cambiado y que soy lo que Dios quiere que sea.

# Tercer domingo de Adviento

## Meditación matutina

### LA ALEGRÍA DE LA VENIDA DE JESÚS

Alegraos siempre en el Señor: repito, alegraos. El Señor está cerca. (Epístola del domingo. Filipenses. iv. 4, 7).

Confortaos, confortaos, hombres, dice el Señor por boca de Isaías: Consolaos, consolaos, pueblo mío, dice vuestro Dios. Hablad al corazón de Jerusalén y llamadla, porque su mal ha llegado a su fin; su iniquidad ha sido perdonada (Is. xl. 1). Dios ha descubierto una manera de salvar al hombre, mientras que al mismo tiempo Su Justicia y Su Misericordia serán satisfechas. La Justicia y la Paz se han besado (Sal. lxxxiv. 11).

### I.

Hablando de la venida del Redentor, Isaías hizo esta predicción: La tierra desolada e intransitable se alegrará, y el desierto se regocijará y florecerá como el lirio (Isaías. xxxv. 1). El Profeta había estado hablando de los paganos (entre los que se encontraban nuestros desdichados antepasados) que vivían en el paganismo, como en una tierra desierta sin un solo hombre que conociera o adorara al Dios verdadero, sino poblada sólo por aquellos que eran esclavos del diablo - una tierra desolada e intransitable, porque no había camino de salvación conocido por esa gente desdichada. Predijo que el mundo, aunque tan miserable entonces, se regocijaría con la venida del Mesías y se vería lleno de seguidores del Dios verdadero, fortalecidos por su gracia contra todos los enemigos de su salvación; y que toda la tierra florecería como el lirio por la pureza de las costumbres y el dulce olor de todas las virtudes. Por lo cual Isaías procede a decir: Di a los débiles de corazón: ¡Tened valor y no temáis! Dios mismo vendrá y os salvará. (Ibid. 4).

Este mismo acontecimiento, predicho por Isaías, ya ha sucedido. Aclamad, pues, con alegría: ¡Adelante con alegría, hijos de Adán! ¡Adelante con alegría! No os acobardéis.

Aunque os veáis débiles e incapaces de hacer frente a tantos enemigos, ¡no temáis! Dios mismo vendrá y os salvará. Dios mismo ha venido a la tierra, y nos ha redimido, impartiéndonos fuerza suficiente para combatir y vencer a todo enemigo de nuestra salvación.

Oh, feliz de mí, si de hoy en adelante podré decir siempre con el Sagrado Esposo: ¡Mi amado a mí y yo a él! (Cánticos. iii. 16). Dios mío, mi Amado se ha dado todo a mí. No es sino razonable que yo me entregue toda a mi Dios, y que diga: ¡Qué tengo yo en el cielo y además de ti qué deseo en la tierra! (Salmo. lxxii. 25). Oh, mi amado Niño, mi querido Redentor, puesto que has bajado del Cielo para entregarte a mí, ¿qué otra cosa he de desear o buscar en el Cielo o en la tierra fuera de Ti, que eres mi Soberano Bien, mi único Tesoro, el Paraíso de las almas? Sé Tú, pues, el único Señor de mi corazón y poseelo enteramente. Que mi corazón sólo Te obedezca a Ti. Que mi alma sólo Te ame a Ti y que sólo Tú seas su porción. Amén.

## II.

Ya no tienes motivos para estar triste, dice San León, a causa de la sentencia de muerte fulminada contra ti, ahora que te ha nacido la Vida misma; "ni hay lugar lícito para la tristeza cuando es el Cumpleaños de la Vida." Y San Agustín exclama: "¡Oh dulce día para los penitentes! Hoy se quita el pecado, ¡y desesperará el pecador!". Apresuraos, pues, con alegría, ¡oh almas que amáis a Dios y esperáis en Dios, apresuraos con alegría! ¿Y si el pecado de Adán, y más aún nuestros propios pecados, nos han acarreado una triste ruina? Comprendamos que Jesucristo, por la Redención, ha reparado infinitamente más que nuestra ruina. Donde abundó el pecado, sobreabundó la gracia (Romanos. v. 20).

El Señor dijo: Yo he venido para que tengan vida y la tengan en abundancia (Jn. x. 10). He venido para dar vida a los hombres y en mayor abundancia que la que habían perdido por el pecado. No como la ofensa, así también el don (Romanos. v. 15). Grande ha sido el pecado del hombre; pero mayor, dice el Apóstol, ha sido el don de la Redención. Y con él abundante redención (Sal. cxxix. 7). Por eso, la Iglesia califica de feliz culpa la de Adán: "¡Oh feliz culpa que mereció tener tan grande Redentor!".

¡Oh, cuánto más debemos agradecer a Dios el habernos traído a la vida después de la venida del Mesías! ¡Cómo anhelaban los Profetas y los Patriarcas del Antiguo Testamento ver nacer al Redentor! Pero no lo vieron. ¡Cielos, dejad caer rocío desde lo alto, y que las nubes hagan llover al Justo! (Is. xlv. 8), era su incesante exclamación. ¡Envía, Señor, al Cordero, al Soberano de la tierra! Tales eran las anhelantes exclamaciones de los santos. Pero durante cuatro mil años no tuvieron la dicha de ver nacer al Mesías. Nosotros, en cambio, hemos tenido esa dicha. Pero, ¿qué hacemos? ¿Sabemos amar a este amable Redentor? Muy grande sería tu ingratitud para con tu Dios, oh alma cristiana, si no le amaras, después de haberse complacido en envolverse en pañales para liberarte de las cadenas del infierno; después de haberse hecho pobre para hacerte partícipe de sus riquezas; después de haberse hecho débil para darte fuerza contra tus enemigos; después de haber elegido sufrir y llorar, para que con sus lágrimas fueran lavados tus pecados.

Oh dulce Infante, dame tu amor y luego haz conmigo lo que quieras. En otro tiempo fui esclavo del infierno, pero ahora que estoy libre de esas infelices cadenas, me consagro enteramente a Ti. Te entrego mi cuerpo, mis bienes, mi vida, mi alma, mi voluntad y mi libertad. Ya no deseo pertenecerme a mí mismo, sino sólo a Ti, mi único Bien. ¡Ah, ata mi corazón a Tus pies, para que no se aleje más de Ti! Oh María Santísima, alcánzame la gracia de vivir unido a tu Hijo por las benditas cadenas del amor. Él te concede todo lo que pides. Ruégale. Ruégale por mí. Esta es mi esperanza. Amén.

## Lectura espiritual

### "EL CAMINO DEL SEÑOR

En su predicación, San Juan Bautista exclamó: Enderezad el camino del Señor (Jn. i. 23). Para poder caminar siempre por el camino del Señor, sin desviarse ni a derecha ni a izquierda, es necesario adoptar los medios adecuados. Hay dos medios muy importantes de los que os hablaremos aquí.

1. 1. Desechar la confianza en uno mismo.
2. 2. Tener confianza en Dios.

I. DEBEMOS DESECHAR TODA CONFIANZA EN NOSOTROS MISMOS.

Con temor y temblor, dice el Apóstol San Pablo, ocupaos en vuestra salvación (Filipenses. ii. 12). Para conseguir la salvación eterna debemos estar siempre penetrados de temor, debemos tener miedo de nosotros mismos -con temor y temblor- y desconfiar por completo de nuestras propias fuerzas; porque sin la ayuda divina no podemos hacer nada. Sin mí, dice Jesucristo, nada podéis hacer (Jo. xv. 5). Nada podemos hacer por la salvación de nuestras almas. San Pablo nos dice que por nosotros mismos no somos capaces ni siquiera de un buen pensamiento. No es que seamos suficientes para pensar algo por nosotros mismos, sino que nuestra suficiencia viene de Dios (2 Corintios. iii. 5). Sin la ayuda del Espíritu Santo, ni siquiera podemos pronunciar el Nombre de Jesús para merecer una recompensa. Y nadie puede decir el Señor Jesús, sino por el Espíritu Santo (1 Corintios xii. 3).

¡Miserable el hombre que confía en sí mismo en el camino de Dios! San Pedro experimentó los tristes efectos de la confianza en sí mismo. Jesucristo le dijo En esta noche, antes que cante el gallo, me negarás tres veces (Mt. xxvi. 34). Confiando en sus propias fuerzas y en su buena voluntad, el Apóstol replicó: Aunque muera contigo, no te negaré (Ib. 35). ¿Cuál fue el resultado? La noche en que Jesucristo había sido prendido, Pedro fue reprochado en el tribunal de Caifás de ser uno de los discípulos del Salvador. El reproche le llenó de temor; negó tres veces a su Maestro y juró que nunca le había conocido. La humildad y la desconfianza en nosotros mismos nos son tan necesarias, que Dios permite que a veces caigamos en pecado, para que por nuestra caída adquiramos humildad y conocimiento de nuestra propia debilidad. Por falta de humildad cayó también David; por eso, después de su pecado, dijo: Antes de ser humillado, ofendí (Salmo. cxviii. 67).

De ahí que el Espíritu Santo declare bienaventurado al hombre que está siempre en temor: Bienaventurado el hombre que está siempre temeroso (Proverbios. xxviii. 14). El que tiene miedo de caer desconfía de sus propias fuerzas, evita en lo posible todas las ocasiones peligrosas y se encomienda a menudo a Dios, y así preserva su alma del pecado. Pero el hombre que no tiene miedo, sino que está lleno de confianza en sí mismo, se expone fácilmente al peligro del pecado: rara vez se encomienda a Dios, y así cae. Imaginemos a una persona suspendida sobre un gran precipicio por una cuerda sostenida por otra. Seguramente, gritaría constantemente a la persona que le sostiene: "Sujétate, sujétate; por Dios, no te sueltes". Todos corremos el peligro de caer en el abismo de todo crimen si Dios no nos sostiene. De ahí que debamos suplicarle constantemente que mantenga su mano sobre nosotros y nos socorra en todos los peligros.

Al levantarse de la cama, San Felipe Neri solía decir cada mañana: "Oh Señor, mantén hoy tu mano sobre Felipe; si no lo haces, Felipe te traicionará". Y un día, mientras caminaba por la ciudad reflexionando sobre su propia miseria, decía con frecuencia: "Me desespero, me desespero". Cierto Religioso que le oyó, creyendo que el Santo estaba realmente tentado de desesperar, le corrigió, y le animó a esperar en la misericordia divina. Pero el Santo replicó: "Yo desespero de mí mismo, pero confío en Dios". Por eso, durante esta vida, en la que estamos expuestos a tantos peligros de perder a Dios, es necesario que vivamos siempre con gran desconfianza de nosotros mismos, y llenos de confianza en Dios.

## II. DEBEMOS TENER GRAN CONFIANZA EN DIOS.

San Francisco de Sales dice que la mera confianza en nosotros mismos a causa de nuestra propia debilidad solo nos volvería pusilánimes y nos expondría a un gran peligro de abandonarnos a una vida tibia, o incluso a la desesperación. Cuanto más desconfiemos de nuestras propias fuerzas, más debemos confiar en la misericordia divina. Se trata de un equilibrio, dice el mismo Santo, en el que cuanto más se eleva la escala de la confianza en Dios, tanto más desciende en nosotros la escala de la desconfianza.

Escuchadme, pecadores que habéis tenido la desgracia de haber ofendido a Dios hasta ahora, y de ser condenados al infierno: Si el diablo os dice que queda poca esperanza de vuestra salvación eterna, respondedle con las palabras de la Escritura: Nadie ha esperado en el Señor, y ha sido confundido (Eclesiástico. ii. 11). Ningún pecador ha confiado jamás en Dios y se ha perdido. Haced, pues, el firme propósito de no pecar más; abandonaos en los brazos de la bondad divina; y estad seguros de que Dios tendrá misericordia de vosotros y os salvará del infierno. Echa tus cuidados sobre el Señor y él te sostendrá (Sal. liv. 23). El Señor dijo un día a Santa Gertrudis: "El que confía en Mí me hace tal violencia que no puedo menos de oír todas sus peticiones".

Pero, dice el profeta Isaías, los que esperan en el Señor renovarán sus fuerzas; tomarán alas como las águilas; correrán, y no se cansarán; caminarán, y no desfallecerán (Is. xl. 31). Los que ponen su confianza en Dios renovarán sus fuerzas; dejarán a un lado su propia debilidad y adquirirán la fuerza de Dios; volarán como las águilas en el camino del Señor, sin fatigarse y sin desfallecer jamás. David dice que la misericordia rodeará al que espera en el Señor (Salmo xxi. 10). El que espera en el Señor será rodeado por su misericordia, de modo que nunca será abandonado por ella.

San Cipriano dice que la misericordia divina es una fuente inagotable. Los que traen vasos de la mayor confianza, sacan de ella las mayores gracias. De ahí que el Profeta Real haya dicho: Sea tu misericordia, Señor, sobre nosotros, como en ti hemos esperado (Sal. xxxii. 22). Siempre que el demonio nos aterrorice poniéndonos ante los ojos la gran dificultad de perseverar en la gracia de Dios a pesar de todos los peligros y ocasiones pecaminosas de esta vida, sin responderle levantemos los ojos a Dios, y esperemos que en su bondad nos enviará ciertamente ayuda para resistir todo ataque. He levantado mis ojos a los montes, de donde me vendrá el socorro (Sal. cxx. 2). Y cuando el enemigo nos represente nuestra debilidad, digamos con el Apóstol: Todo lo puedo en aquel que me fortaleció (Filipenses. iv. 13). Por mí mismo no puedo hacer nada; pero confío en Dios, que por su gracia podré hacerlo todo.

Por eso, durante los mayores peligros de perdición a que estamos expuestos, debemos volvernos continuamente a Jesucristo y, arrojándonos en las manos de Aquel que nos redimió con su muerte, decir: En tus manos encomiendo mi espíritu: tú me has redimido,

Señor, Dios de verdad (Sal. xxx. 6). Esta oración debe rezarse con gran confianza de obtener la vida eterna, y a ella debemos añadir: En ti, Señor, he esperado; no me dejes confundido para siempre (Ib. 1).

## Meditación vespertina

EL AMOR DE JESÚS POR NOSOTROS AL HACERSE HOMBRE

I.

La caridad de Cristo nos apremió (2 Corintios v. 14). No bastó, dice San Agustín, que el Amor divino nos hiciera a su imagen al crear al primer hombre, Adán, sino que fue necesario que Él mismo se hiciera a nuestra imagen al redimirnos. Adán comió del fruto prohibido, seducido por la serpiente, que sugirió a Eva que, si comía de ese fruto, llegaría a ser semejante a Dios, adquiriendo la ciencia del bien y del mal; por eso, el Señor dijo entonces: ¡He aquí que Adán se ha hecho uno de nosotros! (Génesis. iii. 2). Dios dijo esto irónicamente, y para reprender a Adán por su vasta presunción. Pero después de la Encarnación del Verbo, podemos decir verdaderamente: "¡He aquí que Dios se ha hecho uno de nosotros!".

"Mira, pues, oh hombre", exclama San Agustín, "¡tu Dios se ha hecho hermano tuyo!". Tu Dios se ha hecho semejante a ti, Hijo de Adán, como tú; se ha revestido de la misma carne, se ha hecho pasible, susceptible como tú de sufrir y morir. Podía haber asumido la naturaleza de un ángel, pero no, quiso tomar sobre sí tu misma carne, para dar así satisfacción a Dios con la misma carne, aunque sin pecado, de Adán el pecador. E incluso se gloriaba de ello, llamándose a menudo Hijo del Hombre. Por lo tanto, tenemos todo el derecho de llamarlo nuestro hermano.

II.

Fue para Dios una humillación inconmensurablemente mayor hacerse Hombre que si todos los príncipes de la tierra, y todos los Ángeles y Santos del Cielo, con la misma Madre divina, se hubieran convertido en una brizna de hierba, o en un puñado de barro; sí, porque la hierba, el barro, los príncipes, los Ángeles, los Santos, son todos criaturas; pero entre la criatura y Dios hay una diferencia infinita. Ah, exclama San Bernardo, cuanto más se ha humillado Dios por nosotros al hacerse Hombre, tanto más nos ha dado a conocer su bondad: "Cuanto más pequeño se ha hecho por la humildad, tanto más grande se ha hecho en generosidad". Pero el amor que Jesucristo nos tiene, exclama el Apóstol, nos apremia irresistiblemente y nos impulsa a amarle: La caridad de Cristo nos apremia.

Digamos con San Agustín: "Oh Fuego, siempre ardiente, inflámame". Oh Verbo encarnado, te hiciste Hombre para encender en nuestros corazones el amor divino: ¿y cómo has podido encontrar tanta falta de gratitud en el corazón de los hombres? No has escatimado nada para inducirlos a amarte; incluso has llegado a dar tu sangre y tu vida por ellos. ¿Acaso no lo saben? Sí, lo saben, y creen que por ellos bajaste del Cielo para revestirte de carne mortal y cargarte con nuestras miserias; saben que por su amor llevaste una vida dolorosa y abrazaste una muerte ignominiosa; ¿cómo, pues, pueden vivir olvidados de Ti? Aman a los parientes, a los amigos, aman incluso a los animales; si reciben de ellos alguna muestra de buena voluntad, se afanan en corresponderla; y, sin embargo, sólo hacia Ti son tan desamorados e ingratos. Pero, ¡ay! al acusarlos, yo soy mi propio acusador; Te he tratado peor que a nadie.

¿Quién podría creer que un Dios, por amor a un gusano como es el hombre, se convirtiera en un gusano como él? Un autor devoto dice: Supongamos, por casualidad, que, al pasar por tu camino, hubieras aplastado hasta la muerte a un gusano en tu camino; y entonces alguien, observando tu compasión por el pobre reptil, te dijera: Bien, ahora, si quieres devolver la vida a ese gusano muerto, primero debes convertirte en un gusano como él, y luego debes derramar toda tu sangre, y hacer un baño con ella para lavar al gusano, y revivirá' -- ¿qué responderías? Seguramente dirías: "¿Y qué me importa que el gusano esté vivo o muerto, si tengo que comprar su vida con mi propia muerte?". Y con mayor razón lo dirías si no se tratara de un gusano inofensivo, sino de un áspid ingrato que, a cambio de todos tus beneficios, hubiera atentado contra tu vida. Pero incluso si tu amor por ese reptil llegara hasta el punto de inducirte a sufrir la muerte para devolverle la vida, ¿qué dirían entonces los hombres? ¿Y qué no haría esa serpiente por ti, cuya muerte la hubiera salvado, suponiendo que fuera capaz de razonar? Pero esto es lo que Jesucristo ha hecho por ti, vil gusano; y tú, con la más negra ingratitud, has tratado muchas veces de quitarle la vida; y tus pecados lo habrían hecho, si Jesús hubiera podido morir de nuevo. ¡Cuánto más viles son ustedes a los ojos de Dios que un gusano a sus propios ojos! ¡Qué diferencia habría para Dios si hubieras permanecido muerto y reprobado para siempre en tus pecados, como bien merecías? Sin embargo, este Dios te amó tanto que, para librarte de la muerte eterna, se hizo primero un gusano como tú; y luego, para salvarte, derramó sobre ti la Sangre de Su Corazón, hasta la última gota, y soportó la muerte que justamente merecías: Y el Verbo se hizo Carne (Juan. i. 14). Él nos amó y nos lavó de nuestros pecados con su propia sangre (Apocalipsis. i. 5).

¡Oh Jesús mío, tu bondad me alienta! Soy consciente, Redentor mío, de que mi corazón ya no es digno de Tu aceptación, puesto que te ha abandonado por amor a las criaturas; pero, al mismo tiempo, veo que Tú estás dispuesto a tenerlo, y con toda mi voluntad te lo dedico y te lo presento. Inflámalo, pues, enteramente con tu divino amor, y haz que desde hoy no ame jamás a otro que a Ti, oh Bondad infinita, digna de un amor infinito. Te amo, Jesús mío; Te amo, Soberano Bien. Te amo, oh único Amor de mi alma.

Oh María, Madre mía, tú que eres la madre del amor hermoso (Eclesiástico. xxiv. 24), obtén para mí esta gracia de amar a mi Dios; lo espero de ti.

# Lunes - Tercera semana de Adviento

### Meditación matutina

CONSIDERACIONES SOBRE EL ESTADO RELIGIOSO. VI.

Considera la paz que Dios da a los buenos Religiosos.

Decía Santa Teresa que una gota de consuelo celestial vale más que todas las delicias del mundo. Oh, qué contento no encuentra quien, habiéndolo dejado todo por Dios, puede decir con San Francisco: "Deus meus et omnia. -- Dios mío y todo mío. -- libre de la esclavitud del mundo y gozando de la libertad de los hijos de Dios.

### I.

Las promesas de Dios no pueden fallar. Dios ha dicho: Todo el que haya dejado casa, o hermanos, o hermanas, o padre o madre, o mujer, o hijos, o tierras por mi nombre, recibirá cien veces más, y poseerá la vida eterna (Mateo. xix. 29). Cien veces más en esta tierra, y vida eterna en el Cielo.

La paz del alma tiene más valor que todos los reinos del mundo. ¿Y de qué sirve dominar el mundo entero sin paz interior? Mejor es ser el campesino más pobre de la tierra y estar contento, que ser el señor de todo el mundo y vivir descontento. Pero, ¿quién puede dar esta paz? ¿El mundo? Oh no, la paz es una bendición que sólo se obtiene de Dios. "¡Oh Dios!", reza la Iglesia, "da a tus siervos esa paz que el mundo no puede dar". Él es llamado el Dios de toda consolación (2 Corintios. i. 3). Pero si Dios es el único Dador de paz, ¿a quién, piensa usted, dará esa paz sino a aquellos que dejan todo, y se desprenden de todas las criaturas, para entregarse enteramente a su Creador? Y por eso vemos a los buenos Religiosos encerrados en sus celdas, mortificados, despreciados y pobres, y, sin embargo, viviendo más contentos que los grandes del mundo, con todas las riquezas, la pompa y las diversiones de que gozan.

Santa Escolástica decía que si los hombres conocieran la paz de que gozan las buenas Religiosas, el mundo entero se convertiría en un monasterio; y Santa María Magdalena de Pazzi decía que si los hombres la conocieran escalarían los muros para entrar en los monasterios. Habiendo sido creado el corazón humano para un Bien infinito, las criaturas finitas no pueden contentarlo. Sólo Dios, que es un Bien infinito, puede colmarlo: Deléitate en el Señor y él te concederá la petición de tu corazón (Sal. xxxvi. 4). Oh, no; un buen religioso unido a Dios no envidia a ninguno de los príncipes del mundo que poseen reinos, riquezas y honores. "Que los ricos", dirá con San Paulino, "tengan sus riquezas, los reyes sus reinos, para mí Cristo es mi reino y mi gloria". Verá a los amantes del mundo gloriarse tontamente en la pompa y la vanidad; pero él, procurando desprenderse más de las cosas terrenas y unirse más estrechamente a Dios, vivirá contento en esta vida, y bien podrá decir: Unos confían en carros y otros en caballos, pero nosotros invocamos el nombre del Señor, nuestro Dios (Sal. xix. 8).

¡Oh Señor mío y Dios mío, mi Todo! Sé que sólo Tú puedes hacerme feliz en esta vida y en la otra. Pero no te amaré para contentarme a mí mismo, sino para contentar a tu divino Corazón. Deseo que ésta sea mi paz, mi única satisfacción durante toda mi vida, unir mi voluntad a Tu santa voluntad, aunque para ello tenga que sufrir dolor. Tú eres mi Dios, yo soy tu criatura.

## II.

Santa Teresa decía que una gota de consuelo celestial vale más que todas las delicias del mundo. El Padre Carlos de Lorena, habiéndose hecho Religioso, decía que Dios, con un momento de la felicidad que le daba sentir en la Religión, le pagaba sobreabundantemente todo lo que le quedaba para Dios. De ahí que su júbilo fuera a veces tan grande que, cuando estaba solo en su celda, no podía evitar bailar de gran alegría. El beato Serafino de Ascoli, hermano laico capuchino, decía que no cambiaría un palmo de su cuerda por todos los reinos del mundo.

Oh, qué contento no encuentra quien, habiéndolo dejado todo por Dios, es capaz de decir con San Francisco: "Mi Dios y mi Todo", y verse así liberado de la servidumbre del mundo, de la esclavitud de la moda mundana y de todos los afectos puramente terrenales. Esta es la libertad de que gozan los hijos de Dios, y tan buenos Religiosos son. Es verdad que, al principio, la privación de las reuniones y de los pasatiempos del mundo, de las observancias en Comunidad y de las Reglas, parecen espinas; pero estas espinas, como dijo Nuestro Señor a Santa Brígida, se convertirán todas en flores y delicias del Paraíso para aquel que soporte valientemente sus primeras espinas, y entonces gustará en la tierra aquella paz que, dice San Pablo, supera toda la gratificación de los sentidos, los goces de las fiestas, de los banquetes y demás placeres del mundo: La paz de Dios que sobrepasa todo entendimiento (Filipenses iv. 7). ¿Y qué mayor paz puede haber que saber que uno agrada a Dios?

Y qué mayor bien puedo esperar que agradarte a Ti, mi Señor y mi Dios, que has sido tan parcial en tu amor hacia mí. Tú, oh Jesús mío, has dejado el Cielo para vivir por amor a mí una vida pobre y mortificada. Yo lo dejo todo para vivir sólo para Ti, mi Santísimo Redentor. Te amo con todo mi corazón. Si me das la gracia de amarte, trátame como quieras.

Oh María, Madre de Dios, protégeme y hazme semejante a Ti, no en tu gloria, que no merezco, sino en agradar a Dios y obedecer Su Santa Voluntad, como Tú lo hiciste. Amén.

## Lectura espiritual

### CONSEJOS SOBRE LA VOCACIÓN RELIGIOSA
### VII. EL DESPEGO

I. De las comodidades

En Religión, después del año de Noviciado, además de los Votos de Castidad y Obediencia, se hace un Voto de Pobreza, a consecuencia del cual, si es solemne, nunca se puede poseer nada como propio, ni siquiera un alfiler, ni renta, ni dinero, ni ninguna otra cosa. La Comunidad le proporcionará todo lo que necesite. Pero el Voto de Pobreza por sí solo no hará de uno un verdadero seguidor de Jesucristo si no abraza con alegría de espíritu todos los inconvenientes de la Pobreza. "No la pobreza, sino el amor a la pobreza, es una virtud", dice San Bernardo, y quiere decir que para ser santo no basta con ser pobre, sino que hay que amar las incomodidades de la pobreza. "¡Oh, cuántos desean ser pobres y semejantes a Jesucristo -dice Tomás de Kempis-, pero sin que les falte nada!". Tendrían, en una palabra, el honor y la recompensa de la Pobreza, pero no los inconvenientes de la Pobreza. Es fácil comprender que en la Religión nadie buscará cosas superfluas -vestidos de seda, vajilla selecta, muebles valiosos y cosas semejantes-, sino que deseará tener todas las cosas necesarias, y éstas puede que no las consiga. Es entonces cuando da pruebas de que realmente ama la Pobreza, cuando las cosas que son necesarias -- como la ropa habitual, la ropa de cama o la comida -- le faltan, si permanece contento y no se preocupa. ¿Y qué clase de Pobreza sería no sufrir nunca la falta de algo necesario? El Padre Baltasar Álvarez dice que para amar verdaderamente la Pobreza, hay que amar también los efectos de la pobreza; es decir, como él los especifica: el frío, el hambre, la sed y el desprecio.

Un religioso no sólo debe contentarse con lo que se le da, sin pedir nunca nada que los oficiales de la Comunidad se hayan olvidado de proporcionarle -lo que sería un gran defecto-, sino que debe estar preparado para sufrir, de vez en cuando, la carencia incluso de aquellas cosas sencillas que la Regla permite. Porque puede suceder que a veces le falten vestidos, ropa de cama, sábanas, alimentos y cosas semejantes, y entonces debe contentarse con lo poco que se le pueda dar, sin quejarse ni inquietarse por verse falto aun de lo necesario. El que no tiene este espíritu, no debe pensar en entrar en Religión, porque es señal de que no está llamado a ella, o de que no tiene voluntad para abrazar el espíritu de un Instituto Religioso. "El que va a servir a Dios en su Casa", dice Santa Teresa, "debe considerar que va, no a ser bien tratado por Dios, sino a sufrir por Dios."

II. De las relaciones

El que quiere entrar en Religión debe desprenderse y olvidarse de sus relaciones, porque, en las casas religiosas de exacta observancia, el desprendimiento de las relaciones se impone en el más alto grado, para seguir perfectamente la enseñanza de Jesucristo, que dijo: No he venido a enviar la paz, sino la espada: he venido a enemistar al hombre con su padre (Mateo x. 34, 35); y añadió la razón: Los enemigos de un hombre serán los de su propia casa (Ib. 36). Y este es especialmente el caso, como ya se ha señalado, cuando se trata de una vocación religiosa. Cuando una persona llamada por Dios desea dejar el mundo, no hay peores enemigos que los padres, que, por interés o por pasión, prefieren convertirse en enemigos de Dios, apartando a sus hijos de su Vocación, antes que dar su consentimiento. ¡Cuántos padres veremos en el valle de Josafat condenados por haber hecho perder a sus hijos la vocación religiosa, y cuántos jóvenes veremos perdidos que, por complacer a sus padres y no separarse de ellos, han perdido la vocación y después el alma! De ahí que Jesús nos declare: Si alguno no aborrece a su padre, a su madre, a su mujer, a sus hijos, a sus hermanos y hermanas, y aun también su propia vida, no puede ser discípulo mío (Lucas xiv. 26). Quien quiera, pues, entrar en un Instituto religioso de perfecta observancia y llegar a ser verdadero discípulo de Jesucristo, tome la resolución de desprenderse de sus padres.

Y si ya ha entrado en Religión, recuerde que debe practicar este mismo desprendimiento. Que sepa que no puede ir a visitar a sus padres a su propia casa, salvo en caso de enfermedad peligrosa del padre o de la madre, o de necesidad urgente, y siempre con permiso del Superior. Ir a casa de los padres sin este permiso sería considerado en Religión una falta muy notable y escandalosa. En Religión se considera defecto incluso pedir permiso o mostrar deseo de ver a los padres o de hablar con ellos.

San Carlos Borromeo decía que cuando visitaba a su familia siempre, al volver, se encontraba menos fervoroso de espíritu. Y el que va a sus relaciones por su propia voluntad y no por obediencia positiva a sus Superiores, esté persuadido de que volverá tentado o tibio.

San Vicente de Paúl sólo pudo ser inducido una vez a visitar su país y a sus padres, y esto por pura necesidad. Decía que el amor al hogar y a la patria era un gran impedimento para su progreso espiritual. Contó que muchos, por haber visitado su casa, se habían vuelto tan cariñosos con sus parientes que eran como moscas, que una vez enredadas en una telaraña, no pueden librarse de ella. Y añadió: "Por esa única visita mía, aunque fue por poco tiempo, y aunque tuve cuidado de alejar de mis parientes toda esperanza de ayuda por mi parte, sentí, sin embargo, al dejarlos tal dolor que no dejé de llorar durante todo el camino, y estuve tres meses acosado por el pensamiento de socorrerlos. Finalmente, Dios, en su misericordia, me quitó la tentación".

Que sepa, además, que nadie puede escribir cartas sin permiso y sin mostrarlas al Superior. El que obrara de otro modo, sería culpable de una falta que no se debe tolerar en Religión, y debe ser castigado con severidad; porque de aquí pueden venir mil desórdenes que tienden a destruir el espíritu religioso. Pero sobre todo los que acaban de entrar deben saber que esta regla se aplica con el mayor rigor; porque los novicios, durante su año de Noviciado, no obtienen fácilmente permiso para hablar con sus padres, o para escribirles.

Por último, recuérdese que si un sujeto cae enfermo, sería un defecto notable en él pedir o mostrar inclinación a ir a su propia casa para recuperar la salud, bajo el pretexto de una mejor asistencia, o de disfrutar del beneficio de su aire nativo. El aire de su propio país es casi siempre, si no siempre, perjudicial y pestilente para el espíritu del sujeto. Y si dijera que desea curarse en casa para ahorrar al Instituto el gasto de los remedios, no es excusa, pues debe saber que en la Religión se trata al enfermo con todo cuidado y caridad. En cuanto al cambio de aire, los Superiores pensarán en ello; y si el aire de una casa no le beneficia, le enviarán a otra. Y en cuanto a remedios, hasta venderán sus libros, si es necesario, para proveer al enfermo. Y así, no debe temer que la Divina Providencia le falle. Y si el Señor no desea su recuperación, debe conformarse con la voluntad de Dios, sin mencionar siquiera la palabra "hogar". La mayor gracia que puede desear el que entra en Religión es morir, cuando Dios lo quiera, en la Casa de Dios, asistido por sus hermanos en Religión, y no en su casa del mundo durante sus parientes.

## Meditación vespertina

JESÚS ES LA FUENTE DE LA GRACIA.

I.

Sacaréis aguas con alegría de las fuentes del Salvador (Isaías. xii. 3).

Considerad las cuatro Fuentes de gracia que tenemos en Jesucristo, tal como las contempla San Bernardo.

La primera es la de la Misericordia, en la que podemos lavarnos de toda la inmundicia de nuestros pecados. Esta fuente nos la proporcionó nuestro Redentor con sus lágrimas y su Sangre: Él nos amó y nos lavó de nuestros pecados con su propia sangre (Apocalipsis. i. 5).

La segunda Fuente es la de la Paz y la Consolación en nuestras tribulaciones: Invócame en el día de la angustia, y yo te consolaré (Sal. xlix. 15). El que tenga sed, que venga a mí, dice Jesús (Jn. vii. 37). El que tiene sed de consuelos verdaderos aun en este mundo, que venga a mí, que yo lo saciaré. El que pruebe una vez la dulzura de mi amor, desdeñará para siempre todos los deleites del mundo: Pero el que beba del agua que yo le daré, no tendrá sed para siempre (Jn. iv. 13). Y completamente contento estará cuando entre en el reino de los bienaventurados, porque el agua de Mi gracia lo elevará de la tierra al Cielo. Se convertirá en él en una fuente de agua que brota para la vida eterna (Ibid. 14). La paz que Dios da a las almas que le aman no es la paz que el mundo promete de los placeres sensuales, que dejan tras de sí más amargura que paz: la paz que Dios concede supera todos los deleites de los sentidos: La paz que sobrepasa todo entendimiento. Bienaventurados los que anhelan esta fuente divina. Bienaventurados los que tienen hambre y sed de justicia (Mateo. v. 6).

Oh mi dulce y amadísimo Salvador, ¿cuánto no te debo? Cuánto no me has obligado a amarte, puesto que has hecho por mí lo que ningún siervo hubiera hecho por su señor, ningún hijo por su padre. Si Tú, por tanto, me has amado más que ningún otro, es justo que yo te ame a Ti sobre todos los demás. Desearía morir de dolor al pensar que has sufrido tanto por mí, y que incluso aceptaste por mí la muerte más dolorosa e ignominiosa que un hombre pueda soportar, y sin embargo he despreciado tantas veces tu amistad. Pero Tus méritos son mi esperanza.

La tercera Fuente es la de la Devoción. Oh, ¡cuán devoto y dispuesto a seguir la inspiración divina y a aumentar siempre en virtud no se vuelve aquel que medita a menudo en todo lo que Jesucristo ha hecho por nosotros! Será como el árbol plantado junto a una corriente de agua. Será como un árbol plantado junto a las aguas corrientes (Sal. i. 3).

La cuarta Fuente es la de la Caridad. En mi meditación arderá un fuego (Salmo xxxviii. 4). Es imposible meditar sobre los sufrimientos y la ignominia soportados por Jesucristo por amor a nosotros y no sentirse inflamado por ese fuego bendito que Él vino a encender a la tierra. Cuán cierto es, entonces, que quien se entrega a estas benditas Fuentes de Jesucristo, siempre sacará de ellas aguas de gozo y salvación. Sacarás aguas con alegría de las Fuentes del Salvador.

Ah, mi querido Jesús, yo también deseo contarme entre el número de tus amantes. Ahora estimo Tu gracia por encima de todos los reinos de la tierra. Te amo, y por Tu amor acepto todo sufrimiento, incluso la muerte misma. Y si no soy digno de morir por Tu gloria a manos de los verdugos, acepto de buen grado, al menos, la muerte que Tú has determinado para mí; la acepto del modo y en el momento que Tú elijas. Madre mía María, obtén para mí la gracia de vivir y morir siempre, amando a Jesús.

# Martes - Tercera semana de Adviento

**Meditación matinal**

CONSIDERACIONES SOBRE EL ESTADO RELIGIOSO. VII.
Considera el daño que hace a los religiosos la tibieza.
Las almas negligentes son comúnmente abandonadas por Dios. Santa Teresa vio el lugar que le estaba preparado en el infierno si no se hubiera desprendido de cierto afecto mundano que, sin embargo, no era sino ligeramente culpable. El que desprecia las cosas pequeñas caerá poco a poco (Eclesiástico. xix. 1).

I. Considera la miseria del Religioso que, después de haber dejado su casa, sus padres y el mundo con todos sus placeres, y después de haberse entregado a Jesucristo, consagrándole su voluntad y su libertad, se expone al peligro de condenarse llevando una vida tibia y negligente. No está lejos de la perdición el Religioso que, llamado a la Casa de Dios para ser Santo, lleva una vida tibia. Dios amenaza con rechazar y abandonar a tales Religiosos si no se enmiendan: Pero porque eres tibio comenzaré a vomitarte de mi boca (Apocalipsis. iii. 16).

San Ignacio de Loyola, viendo que un hermano Seglar de la Compañía se había vuelto tibio en el servicio de Dios, le llamó un día y le dijo: "Dime, hermano mío, ¿por qué entraste en Religión?". Respondió: "Para servir a Dios". "¡Oh hermano mío!" replicó el Santo, "¿qué has dicho? Si hubieras respondido que habías venido a servir a un Cardenal, o a un príncipe de esta tierra, serías más excusable; pero dices que has venido a servir a Dios, ¿y es así como le sirves?". El padre Nieremberg dice que algunos son llamados por Dios para salvarse como santos, y que si no se cuidan de vivir como santos, sino pensando salvarse como cristianos imperfectos, no se salvarán en absoluto. Y San Agustín dice que los tales son, en la mayoría de los casos, abandonados por Dios: "Dios acostumbra a abandonar a las almas negligentes". ¿Y cómo las abandona? Permitiéndoles que de faltas leves, que ven y no enmiendan, caigan en otras graves, pierdan la gracia divina y su Vocación. Santa Teresa de Jesús vio el lugar que le estaba preparado en el infierno, si no se hubiera desprendido de un afecto terreno, aunque no gravemente pecaminoso. El que desprecia las cosas pequeñas, poco a poco caerá.

Muchos desean seguir a Jesucristo como San Pedro, quien, cuando su Maestro fue arrestado en el huerto, dice San Mateo, lo siguió de lejos (Mateo. xxvi. 58). Pero haciéndolo así les sucederá fácilmente lo que le sucedió a San Pedro, a saber, que, llegada la ocasión, negó a Jesucristo. Un religioso tibio se contentará con lo poco que haga por Dios; pero Dios, que le llamó a una vida perfecta, no se contentará, y, en castigo de su ingratitud, no sólo le privará de favores especiales, sino que a veces permitirá su caída. "Cuando dices: 'Basta', estás perdido", dice Agustín. La higuera del Evangelio fue arrojada al fuego porque no dio fruto.

Dios mío, no me rechaces como merezco, porque enmendaré mi vida. Sé muy bien que una vida negligente como la mía no puede satisfacerte. Sé que con mi tibieza he cerrado la puerta de mi corazón a las gracias que Tú querías concederme. Oh Señor, no me abandones todavía por un tiempo; me levantaré de mi miserable estado. En lo sucesivo pondré más cuidado en vencer mis pasiones, en seguir tus inspiraciones, y nunca por pereza omitiré mis deberes; los cumpliré con mayor diligencia. En resumen, de ahora en adelante haré todo lo que pueda para agradarte, y no descuidaré nada de lo que sé que te agrada.

## II.

El Padre Luis de Ponte dijo: "He cometido muchas faltas, pero nunca he hecho las paces con ellas". Miserable es el Religioso que, llamado a la perfección, hace las paces con sus defectos. Si detestamos nuestras imperfecciones, hay esperanza de que lleguemos a ser Santos; pero cuando cometemos faltas y hacemos poco con ellas, entonces, dice San Bernardo, se pierde la esperanza de llegar a ser Santos. El que siembra escasamente, también cosechará escasamente (2 Corintios. ix. 6). Para ser santo no bastan las gracias ordinarias, sino que son necesarias las extraordinarias. Pero, ¿cómo va a ser Dios generoso con quien actúa con parsimonia y reserva en su amor por Él?

Además, para llegar a ser Santo, hay que tener valor y fuerza para vencer todas las repugnancias; y que nadie crea nunca, dice San Bernardo, que podrá llegar a la perfección si no se distingue en la práctica de la virtud: "Lo que es perfecto, no puede dejar de ser singular." Reflexiona, hermano mío, ¿para qué has dejado el mundo y todo lo que puede dar? Fue para convertirte en Santo. Pero esa vida tibia e imperfecta que llevas, ¿es ése el camino para llegar a ser Santo? Santa Teresa animaba a sus hijas diciéndoles: "Hermanas mías, habéis hecho lo principal necesario para llegar a ser Santas; lo menor queda aún por hacer". Lo mismo os digo a vosotras; ya habéis hecho, tal vez, la parte principal; habéis dejado vuestra patria, vuestros padres y vuestro hogar, vuestros bienes y vuestras diversiones, ahora queda por hacer la parte menor para llegar a ser santas. Hazlo.

Puesto que Tú, Jesús mío, has sido tan generoso conmigo con tus gracias y te has dignado dar tu sangre y tu vida por mí, ¿por qué debería actuar con tanta reserva hacia Ti? Tú eres digno de todo honor y amor, y para complacerte hay que pasar con gusto por todos los trabajos y sufrir todos los dolores. Pero, oh Redentor mío, que conoces mi debilidad, ayúdame con tu poderosa gracia; en Ti confío. Oh Virgen Inmaculada, tú que me ayudaste a salir del mundo, ayúdame a vencerme a mí mismo y a convertirme en santo.

## Lectura espiritual

### CONSEJOS SOBRE LA VOCACIÓN RELIGIOSA
#### VIII. EL DESPEGO (continuación)
##### III. Del amor propio

El que entra en Religión debe estar enteramente desprendido de todo amor propio. Hay muchos que dejan su casa, sus comodidades, sus relaciones, pero llegan trayendo consigo cierta estima de sí mismos: tal apego sería el peor de todos. He aquí el mayor sacrificio que tenemos que ofrecer a Dios, a saber, la entrega, no sólo de nuestros bienes, nuestros placeres, nuestro hogar, sino de nuestro propio yo a Él. Esta es la negación de sí mismo que Jesús recomendó más que cualquier otra cosa a sus seguidores. Y para negarse a sí mismo, un hombre debe pisotear todo amor propio, deseando y abrazando todo desprecio imaginable que pueda encontrar en la Religión; como, por ejemplo, ver a otros, a quienes tal vez considera menos merecedores, preferidos a sí mismo, o a sí mismo considerado no apto para ser empleado, o sólo empleado en ocupaciones inferiores o más laboriosas. Debe entenderse que en la Casa de Dios son los cargos más elevados y honrosos los que impone la obediencia. Dios no permita que nadie busque o aspire a ningún cargo o puesto de preeminencia. Esto sería una cosa extraña en la Religión, y marcaría a un Religioso como orgulloso y ambicioso, y como tal debería recibir una penitencia, y ser mortificado especialmente en este mismo punto. Mejor sería, tal vez, que una Orden

Religiosa fuera destruida a que entrara esa maldita peste de la ambición que, cuando entra, desfigura las Comunidades más perfectas, y las obras más bellas de Dios.

Por el contrario, debe sentirse interiormente consolado quien se ve burlado y despreciado por sus compañeros. Digo interiormente consolado, porque en cuanto a la naturaleza, esto no es posible, ni es necesario que el Religioso se inquiete por el resentimiento de sus sentimientos, pues basta que el espíritu abrace tales cosas, y que se regocije en la parte superior del alma. Así también, cuando se ve continuamente reprendido y mortificado, no sólo por los Superiores, sino también por los iguales e inferiores, debe agradecer de corazón, y con ánimo tranquilo, a los que así le reprenden, y tienen la caridad de amonestarle, respondiendo que tendrá más cuidado de no volver a caer en esa falta.

Uno de los más ardientes deseos de los Santos en este mundo era ser despreciados por amor de Jesucristo. Esto fue lo que pidió San Juan de la Cruz, cuando Jesucristo se le apareció con una Cruz al hombro, y le dijo: "Juan, pídeme lo que quieras", y San Juan respondió: "Oh Señor, sufrir y ser despreciado por Ti". Los Doctores de la Iglesia enseñan, con San Francisco de Sales, que el más alto grado de humildad es complacerse en las objeciones y humillaciones. Y en esto consiste también nuestro mayor mérito ante Dios. Algún insulto sufrido en paz por amor de Dios es de mayor valor a sus ojos que mil disciplinas y mil ayunos.

Hemos de saber que ocasiones de sufrir algún desaire, sea de los Superiores, sea de los compañeros, las hay hasta en las más santas Comunidades. Leed las Vidas de los Santos, y veréis cuántas mortificaciones cayeron en suerte de un San Francisco Regis, San Francisco de Jerónimo, el Padre Torres y otros. El Señor permite a veces que aun entre los Santos existan, sin culpa suya, ciertas antipatías naturales, o por lo menos, cierta diversidad de caracteres entre sujetos de la mayor piedad, que les harán sufrir muchas contradicciones. Otras veces se creerán cosas que no son verdad. Dios mismo lo permitirá para que los súbditos tengan ocasión de ejercitarse en la paciencia y en la humildad.

En resumen, ganará poco en la Religión y perderá mucho quien no sepa soportar tranquilamente el desprecio y las contradicciones; y, por eso, el que entra en la Religión para entregarse enteramente a Dios debe avergonzarse de no saber soportar el desprecio cuando comparezca ante Jesucristo, que se llenó de oprobio por amor a nosotros. Que cada uno esté atento a esto, y resuelva complacerse en las abyecciones, y disponerse a sufrir muchas en la Religión, pues sin la menor duda tendrá muchas que soportar. De lo contrario, el desasosiego causado por las contradicciones y los desprecios mal soportados le perturbaría hasta el punto de llevarle a perder su Vocación y hacerle abandonar la vida Religiosa. ¡Oh, cuántos han perdido su Vocación a causa de la impaciencia en las humillaciones! Pero ¿qué servicio puede prestar a un Instituto, o a Dios, quien no sabe soportar el desprecio del amor de Dios? ¿Y cómo puede decirse que uno está muerto a sí mismo, según aquella promesa que hizo a Jesucristo al entrar en la Religión, si permanece todavía vivo al resentimiento y a la inquietud, cuando se ve humillado? ¡Lejos, pues, esos sujetos tan llenos de amor propio! Sí, ¡lejos! Conviene que se vayan cuanto antes, no sea que contagien a los demás con su orgullo. En la Religión cada uno debe estar, por así decirlo, muerto, y especialmente al amor propio, pues de lo contrario es mejor que no entre, o que salga si ya ha entrado.

## Meditación vespertina

### JESÚS, MÉDICO CARITATIVO DE NUESTRAS ALMAS

#### I.

Pero a vosotros saldrá el sol de justicia, y la salud en sus alas (Malaquías. iv. 2).

Vuestro Médico vendrá, dice el Profeta, a curar a los enfermos; y vendrá velozmente como el ave que vuela, y como el sol, que, al salir por encima del horizonte, envía al instante su luz al otro polo. Pero he aquí que Él ya ha venido. Consolémonos y démosle gracias.

San Agustín dice: "Desciende hasta el lecho del enfermo"; es decir, hasta tomar nuestra carne, pues nuestros cuerpos son los lechos de nuestras almas enfermas.

Los médicos, si aman a sus pacientes, hacen ciertamente todos los esfuerzos posibles para curarlos; pero ¿qué médico, para curar al enfermo, tomó alguna vez sobre sí su enfermedad? Jesucristo es verdaderamente ese Médico, que tomó sobre sí nuestras enfermedades para curarlas. Tampoco quiso contentarse con enviar a otro en su lugar, sino que prefirió venir Él mismo a cumplir este oficio caritativo para ganarse todo nuestro amor.

Alabada y bendita sea por siempre tu caridad, Redentor mío. ¿Y qué sería de mi alma, tan enferma y afligida por las muchas heridas de mis pecados, si no te tuviera a Ti, Jesús mío, que puedes y quieres sanarme? ¡Oh Sangre de mi Salvador, en Ti confío! Lávame y sáname.

#### II.

Él llevó nuestras enfermedades y sufrió nuestros dolores (Isaías. liii. 4). Se complació en curar nuestras heridas con su propia sangre y, con su muerte, librarnos de la muerte eterna que habíamos merecido. En resumen, Él eligió tomar la amarga medicina de una vida de continuos sufrimientos y una muerte dolorosa para obtener la vida para nosotros, y para librarnos de nuestros muchos males.

El cáliz que mi Padre me ha dado, ¿no lo beberé? (Juan. xviii. 11), dijo a Pedro. Era necesario, pues, que Jesucristo abrazara tantas ignominias para curar nuestro orgullo; que abrazara tal vida de pobreza para curar nuestra codicia; que sufriera un mar de tormentos, para morir de pura agonía para curar nuestro afán de placeres sensuales.

Oh Amor mío, me arrepiento de haberte ofendido. Has llevado una vida de tantas tribulaciones y has muerto una muerte tan amarga para demostrarme el amor que me profesas. Yo también quisiera demostrarte cuánto Te amo, pero ¿qué puedo hacer, siendo tan enfermo, tan miserable y tan débil? Oh Dios de mi alma, Tú eres Omnipotente; Tú puedes curarme y santificarme. Oh, enciende en mí un gran deseo de agradarte. Renuncio a todas mis satisfacciones para complacerte a Ti, mi Redentor, que mereces ser complacido a toda costa. Oh Soberano Bien, Te estimo y Te amo por encima de todo bien; haz que Te ame con todo mi corazón, e implore siempre Tu amor. Hasta ahora Te he ofendido y no Te he amado, porque no he buscado Tu amor. Ahora te pido este amor y la gracia de pedírtelo siempre. Escúchame, por los méritos de Tu Pasión.

Oh María, Madre mía, tú estás siempre dispuesta a escuchar al que te ruega. Tú amas al que te ama. Te amo, Reina mía. Alcánzame la gracia de amar a Dios, y no te pido nada más. Amén.

# Miércoles - Tercera semana de Adviento

## Meditación matutina

CONSIDERACIONES SOBRE EL ESTADO RELIGIOSO. VIII.

Considera cuán querida es para Dios un alma que se entrega enteramente a Él. El Hijo de Dios ya se ha entregado enteramente a nosotros. Nos ha nacido un Niño y se nos ha dado un Hijo. Se nos ha dado por el amor que nos tiene. Cuando Santa Teresa se entregó a Jesús, el Señor le dijo: "Ahora porque tú eres toda mía, yo soy todo tuyo".

### I.

Una es mi paloma, mi perfecta (Cánticos. vi. 8). Dios ama a todos los que le aman. Yo amo a los que me aman (Proverbios. viii. 17). Muchos, en efecto, se entregan a Dios, pero guardan en su corazón algún apego a las criaturas que les impide pertenecer enteramente a Él. ¿Cómo, pues, va a entregarse Dios a un alma que divide su amor entre Él y las criaturas? Es justo que Él actúe con reserva hacia aquellos que actúan con reserva hacia Él. En cambio, se da enteramente a las almas que expulsan de su corazón todo lo que no es para Dios, y que pueden decir verdaderamente: ¡Mi Dios y mi Todo!

Santa Teresa, si tuvo un afecto desmedido, aunque no impuro, hacia cierta persona, no pudo oír de Jesucristo lo que oyó después, cuando, liberándose de todo apego, se entregó enteramente al Amor Divino, y Dios le dijo: "Puesto que ahora eres toda Mía, ¡yo soy todo tuyo!".

¡Mi amado para mí y yo para él! (Cánticos. ii. 16). Puesto que entonces, oh Dios mío, te has dado enteramente a mí, sería ingrato, en verdad, si no me diera enteramente a Ti; puesto que quieres que te pertenezca enteramente, he aquí, oh Señor mío, que me doy enteramente a Ti. Acéptame por tu misericordia y no me desprecies. Haz, Señor, que mi corazón, que antes amaba a las criaturas, se vuelva ahora enteramente a tu infinita bondad. "Déjame al fin morir", decía Santa Teresa, "y deja que otro viva en mí. Que Dios viva en mí y me dé vida. Que Él reine, y que yo sea su esclava, pues mi alma no desea otra libertad". Mi corazón es demasiado pequeño, oh Dios más digno de amor, y es demasiado poco capaz de amarte a Ti, que eres merecedor de un amor infinito. Sería, pues, culpable de una injusticia demasiado grande si lo dividiera amando otra cosa que a Ti. Te amo a Ti, Dios mío, por encima de todo. Te amo sólo a Ti; renuncio a todas las criaturas y me entrego enteramente a Ti, mi Jesús, mi Salvador, mi Amor, mi Todo.

II.

Considera que el Hijo de Dios no ha dudado en darse todo a nosotros. Un Niño nos ha nacido, y un Hijo se nos ha dado (Isaías. ix. 6). Se ha entregado a nosotros por el amor que nos tiene. Nos ha amado y se ha entregado por nosotros (Efesios. v. 2). Es, pues, justo, dice San Crisóstomo, que así como Dios se te ha dado sin reservas - "Todo te lo ha dado, nada ha dejado para sí"-, tú te entregues a Dios sin reservas, y ardiendo en amor divino le cantes en adelante:

Todo tuyo seré siempre;

Tú te has entregado a mí;

A Ti me entrego enteramente.

Santa Teresa, apareciéndose después de su muerte, reveló a una de sus monjas que Dios ama más a un alma que, como esposa, se le entrega enteramente, que a mil tibias e imperfectas. El coro de los Serafines se completa con estas almas generosas que se entregan enteramente a Dios. El Señor mismo dice que ama tanto a un alma que tiende a la perfección, que parece no amar a ninguna otra: Una es mi paloma, mi perfecta no es más que una (Cant. vi. 8). De ahí que el Beato Giles nos exhorte: "Uno por uno -- una uni", con lo que quiere decir que esta única alma nuestra debemos entregarla entera, indivisa, a Aquel que es el único que merece todo amor, de Quien depende todo nuestro bien, y Quien nos ama más de lo que nos aman todos los demás. "Déjalo todo y lo encontrarás todo", dice Tomás de Kempis. Déjalo todo por Dios y en Dios lo encontrarás todo". "¡Oh alma!", concluye San Bernardo, "quédate sola, para que te guardes sólo para Él". Guárdate sola, no des parte alguna de tu afecto a las criaturas, para que pertenezcas sólo a Aquel que sólo merece un amor infinito, y a Quien sólo debes amar.

¿Qué tengo yo en el cielo, y además de Ti, qué deseo en la tierra?... Tú eres el Dios de mi corazón, y el Dios que es mi porción para siempre (Salmo. lxxii. 25). Nada deseo, ni en esta vida ni en la otra, sino poseer el tesoro de tu amor. No quiero que las criaturas tengan ya un lugar en mi corazón; sólo Tú debes ser su Dueño. Sólo a Ti pertenecerá en el futuro. Sólo Tú serás mi Dios, mi reposo, mi deseo, todo mi amor. "Dame sólo Tu amor y Tu gracia, y seré suficientemente rico". Oh Santísima Virgen María, obtén para mí que sea fiel a Dios, y nunca recuerde el don que le he hecho de mí mismo. Amén.

## Lectura espiritual

CONSEJOS SOBRE LA VOCACIÓN RELIGIOSA
IX. EL DESPEGO (continuación).
IV. De la voluntad propia.

El que entra en Religión debe renunciar absolutamente a su propia voluntad y consagrarla sin reservas a la santa obediencia. Esta condición es la más necesaria de todas. ¿De qué sirve dejar las comodidades, las relaciones y los honores, para luego traer a la Religión la propia voluntad? La renuncia a sí mismo consiste especialmente en esto: en morir espiritualmente y entregarse por entero a Jesucristo.

La entrega del corazón -es decir, de la voluntad- es lo que más le agrada a Él, y lo que busca de sus hijos e hijas en la Religión. De poco servirán todas nuestras mortificaciones, todas nuestras meditaciones y oraciones, y todos los demás sacrificios, si no hay un completo desprendimiento y renuncia de la voluntad propia.

Es, pues, evidente que en esto está el mayor mérito ante Dios. Es el único modo seguro de agradar a Dios en todas las cosas, porque entonces cada uno puede decir lo que dijo Jesús, nuestro Salvador: Yo hago siempre las cosas que le agradan (Juan. viii. 29). El que en la Religión vive sin voluntad propia, puede decir y esperar que en todo lo que hace agrada a Dios; ya estudie, ya ore, ya se confiese; ya vaya al refectorio, o al recreo, o al descanso; porque en la Religión apenas se da un paso, ni se respira, sino en obediencia a la Regla, o a los Superiores.

El mundo no comprende, y aun ciertas personas piadosas tienen poca idea del gran valor de la vida comunitaria bajo la obediencia. Es verdad que fuera de las Comunidades Religiosas se encuentran muchas personas que hacen mucho, y puede ser, más que los que viven bajo obediencia -- predican, hacen penitencia, oran y ayunan, pero en todo esto siguen más o menos su propia voluntad. Quiera Dios que en el Día del Juicio no tengan que lamentarse como los mencionados en la Escritura: ¿Por qué hemos ayunado y no nos has mirado, hemos humillado nuestras almas y no nos has hecho caso? He aquí que en el día de vuestro ayuno se encuentra vuestra propia voluntad (Isaías. lviii. 3). Sobre este pasaje comenta San Bernardo: "La voluntad propia es un gran mal, pues por ella lo que es bueno en sí mismo puede no ser para ti ningún bien". Esto debe entenderse cuando en todos nuestros ejercicios no buscamos a Dios, sino a nosotros mismos. Por el contrario, quien actúa por obediencia está seguro de que en todo lo que hace agrada a Dios. La Venerable Madre María de Jesús decía que valoraba mucho su Vocación Religiosa, principalmente por dos razones: la primera era que en el monasterio gozaba siempre de la presencia y compañía de Jesús Sacramentado, y la otra, que allí pertenecía enteramente a Dios, sacrificándole su propia voluntad por la obediencia.

Cuenta el Padre Rodríguez que después de la muerte de Dositeo, discípulo de San Doroteo, el Señor le reveló que durante los cinco años que había vivido bajo obediencia, aunque a causa de sus enfermedades no podía practicar las austeridades de los demás monjes, sin embargo había merecido en virtud de la obediencia la recompensa de San Pablo Ermitaño y de San Antonio Abad.

Quien, pues, quiera entrar en la Religión, debe resolverse a renunciar por completo a su propia voluntad, y a querer sólo lo que quiera la santa obediencia. Dios guarde al Religioso de dejar jamás escapar de sus labios las palabras "quiero" o "no quiero". Pero en todas las cosas, aun cuando los Superiores le pregunten qué desea, sólo debe responder: "Quiero lo que la santa obediencia quiere de mí". Y, siempre que no haya pecado evidente, en todo mandato que se le imponga debe obedecer ciegamente y sin examen, porque el deber de examinar y decidir no le corresponde a él, sino a sus Superiores. De lo contrario, aunque al obedecer no someta su propio juicio al del Superior, su obediencia será imperfecta. San Ignacio de Loyola decía que en materia de obediencia no se requiere prudencia en los súbditos, sino en los Superiores; y si la prudencia entra en la obediencia es obedecer sin prudencia. San Bernardo dice: "La obediencia perfecta es indiscreta". Y en otro lugar: "Que una novicia prudente permanezca en una Congregación es cosa imposible"; y da la razón, diciendo: "Juzgar pertenece al Superior, y obedecer al súbdito".

Pero para progresar en esta virtud de la obediencia, de la que todo depende, debe estar siempre dispuesto a hacer todo aquello por lo que siente la mayor repugnancia, y estar preparado para soportarlo pacíficamente cuando vea que se le niega todo lo que busca o desea. Sucederá que cuando desee la soledad, para aplicarse a la oración o al estudio, será el más empleado en las labores externas. Porque si bien es cierto que en Religión se lleva en lo posible una vida solitaria cuando se está en casa, y que para ello hay muchas horas de silencio --el Retiro cada año de diez días, en perfecto silencio, y de un día cada mes, además de los quince días antes de recibir el hábito, Sin embargo, si se trata de un Instituto de sacerdotes llamados a trabajar y a emplearse en la salvación de las almas, el sujeto, si se emplea continuamente en ello por obediencia, debe contentarse con las oraciones y los ejercicios de la comunidad; Debe estar dispuesto a prescindir a veces de ellos cuando la obediencia así lo quiera, sin excusarse ni inquietarse, estando bien persuadido de aquello de lo que habla Santa María Magdalena de Pazzi. María Magdalena de Pazzi estaba tan segura cuando decía que "todas las cosas que se hacen por obediencia son otras tantas oraciones".

## Meditación vespertina

### DIOS HA DADO A SU HIJO UNIGÉNITO PARA SALVARNOS

I.

Te he dado para que seas la luz de los gentiles, para que seas mi salvación hasta lo último de la tierra (Isaías. xlix. 6).

Considera cómo el Padre Eterno dirigió estas palabras al Niño Jesús en el instante de su Concepción: Te he dado para que seas la luz de los gentiles, para que seas mi salvación. Hijo mío, Te he dado al mundo por Luz y Vida de todos los hombres, para que les procures su salvación, que tengo tan en cuenta como si fuera la Mía. Debes, pues, emplearte enteramente en el bienestar de los hombres. "Entregado por entero al hombre debes emplearte por entero en su servicio". (San Bernardo). Por eso, al nacer, debes sufrir extrema pobreza para que los hombres se enriquezcan: "para que Tú los enriquezcas con tu pobreza". Debes ser vendido como un esclavo para adquirir la libertad para el hombre; y debes ser azotado y crucificado como un esclavo para satisfacer Mi justicia por el castigo debido al hombre. Debes dar Tu Sangre y Tu Vida para librar al hombre de la muerte eterna. En una palabra, Tú ya no eres Tuyo, sino que perteneces al hombre: Un niño nos ha nacido, un hijo se nos ha dado (Isaías. ix. 6). Así, amadísimo Hijo mío, el hombre se verá obligado a amarme y a ser mío, cuando vea que Yo te doy a Ti, mi Unigénito, enteramente a él, y que no me queda nada que darle.

Mi amadísimo Jesús, si es verdad (como dice la Ley) que el dominio se adquiere por el don, puesto que Tu Padre Te ha dado a Mí, Tú eres mío; para Mí naciste, a Mí me has sido dado: Un niño nos ha nacido, un Hijo nos ha sido dado. Por tanto, bien puedo decir: "Mi Jesús y mi todo". Puesto que Tú eres mío, todo lo que Te pertenece es también mío. De esto me asegura Tu Apóstol: Cómo no nos ha dado también con Él todas las cosas (Romanos. viii. 32). Tu Sangre es mía, tus méritos son míos, tu gracia es mía, tu Paraíso es mío; y si Tú eres mío ¿quién podrá apartarte de mí? "Nadie puede arrebatarme a Dios", exclamaba gozoso el abad San Antonio, y así también, desde hoy, diré yo continuamente.

Sólo por mi culpa puedo perderte y separarme de Ti; pero si en tiempos pasados te abandoné y te perdí, oh Jesús mío, ahora me arrepiento de ello con toda mi alma, y estoy resuelto a perder mi vida y todo antes que perderte a Ti, oh Bien infinito y único Amor de mi alma.

II.

¡Tanto amó Dios al mundo! ¡Oh amor infinito, sólo digno de un Dios infinito! Tanto amó Dios al mundo, que dio a su Hijo unigénito. (Juan. iii. 16). El Niño Jesús, lejos de entristecerse por esta propuesta, se complace en ella, la acepta con amor y se regocija en ella: Se alegra como un gigante de recorrer el camino (Sal. lviii. 6), y desde el primer momento de su Encarnación se entrega enteramente al hombre y abraza con placer todas las penas e ignominias que debe sufrir en la tierra por amor al hombre. Estas fueron, dice San Bernardo, las montañas y colinas que Jesucristo tuvo que pasar con tantos trabajos para salvar al hombre: He aquí que viene saltando sobre los montes, brincando sobre las colinas (Cánticos. ii. 8).

Considera aquí que el Padre Divino, al enviar a Su Hijo para ser nuestro Redentor y Mediador entre Él y el hombre, se ha obligado en cierto sentido a perdonarnos y amarnos, a causa del Pacto que hizo para recibirnos en Su favor, siempre que Su Hijo satisficiera Su Divina justicia por nosotros. Por otra parte, el Verbo Divino, habiendo aceptado el decreto de Su Padre, Quien, al enviarlo para redimirnos, nos lo ha dado, se ha obligado también a amarnos; no, ciertamente, por nuestros propios méritos, sino para cumplir la misericordiosa voluntad de Su Padre.

Te doy gracias, Padre eterno, por haberme dado a tu Hijo; y puesto que Tú me lo has dado enteramente, yo, miserable pecador, me doy enteramente a Ti. Por este mismo Hijo, acógeme y átame con las cadenas del amor a mi querido Redentor; pero átame tan fuertemente que yo también pueda decir: ¿Quién me separará del amor de Cristo? (Romanos. viii. 35). ¿Qué bien habrá en el mundo que me separe de mi Jesús? Y Tú, Salvador mío, si eres todo mío, sabe que yo soy todo tuyo. Dispón de mí, y de todo lo que me pertenece, como mejor te plazca. ¿Y cómo puedo negar algo a un Dios que no me ha negado su Sangre y su vida? María, Madre mía, guárdame con tu protección. Ya no seré mío. Seré todo de mi Salvador. Ayúdame a ser fiel; confío en ti.

# Jueves - Tercera semana de Adviento

**Meditación matutina**

CONSIDERACIONES SOBRE EL ESTADO RELIGIOSO. IX.

Considera que para llegar a ser Santo es necesario tener un gran deseo de santidad. Ningún Santo ha llegado a serlo sin tener un gran deseo de santidad. Como las alas son necesarias para volar, los deseos de santidad son necesarios al alma para avanzar en el camino de la perfección. Mi corazón está dispuesto, oh Dios, mi corazón está dispuesto. Dime lo que deseas de mí. Te obedeceré en todo.

I.

Los santos deseos son necesarios al alma para avanzar en el camino de la perfección. Para llegar a ser Santo, es necesario desprenderse de las criaturas, vencer las pasiones, superarse a sí mismo y amar las cruces. Pero para hacer todo esto se requiere mucha fuerza, y debemos sufrir mucho.

Pero, ¿cuál es el efecto de este santo deseo? San Lorenzo Justiniano responde: "Da fuerzas y hace más llevadero el dolor". De ahí que el mismo Santo añada que ya ha vencido quien tiene un gran deseo de vencer. "Gran parte de la victoria es el deseo de vencer". Quien desea alcanzar la cima de una alta montaña, nunca la alcanzará si no tiene el deseo de hacerlo. Esto le dará valor y fuerza para soportar la fatiga de la ascensión; de lo contrario, se detendrá al pie, cansado y desanimado.

San Bernardo afirma que adquirimos la perfección en proporción al deseo de ella que conservamos en el corazón. Santa Teresa decía que Dios ama a las almas generosas que tienen grandes deseos; por lo que la Santa exhortaba a todos, diciendo: "Que nuestros pensamientos sean altos, pues de ahí vendrá nuestro bien. No debemos tener deseos débiles, sino tener confianza en Dios, por la cual, poco a poco, alcanzaremos aquella perfección a que, por la gracia de Dios, llegaron los Santos." Fue así como los Santos alcanzaron, en poco tiempo, un gran grado de perfección, y pudieron hacer grandes cosas por Dios: Siendo hecho perfecto en un corto espacio, cumplió un largo tiempo (Sab. iv. 13). San Luis Gonzaga alcanzó en pocos años (sólo tenía veintitrés cuando murió) tal grado de santidad que Santa María Magdalena de Pazzi, contemplándolo en espíritu en el Cielo, dijo que le parecía, en cierto modo, que no había santo en el Cielo que gozara de mayor gloria que Luis. Ella comprendió que había llegado a tan alto grado por el gran deseo que tenía de amar a Dios tanto como El merecía, y que, viendo esto fuera de su poder, el santo joven había sufrido en la tierra un martirio de amor.

He aquí, oh Dios mío, aquí estoy. Mi corazón está dispuesto, oh Dios, mi corazón está dispuesto (Sal. lvi. 8). Mira, estoy dispuesto a hacer todo lo que Tú me pidas. Señor, ¿qué quieres que haga? (Hechos ix. 6). Dime lo que deseas de mí. Te obedeceré en todo. Siento haber perdido tanto tiempo en el que podría haberte complacido y no lo he hecho. Te agradezco que aún me des tiempo para hacerlo. Oh, no, no perderé más tiempo. Quiero y deseo hacerme santo, no para obtener de Ti mayor gloria y más delicias. Lo deseo para amarte más y para agradarte en esta vida y en la otra.

II.

San Bernardo, cuando era religioso, solía decirse a sí mismo para excitar su fervor: Bernarde, ad quid venisti? -- "Bernardo, ¿para qué has venido aquí?". Lo mismo te digo a ti: ¿Qué has venido a hacer a la Casa de Dios? ¿Por qué has dejado el mundo? ¿Para hacerte santo? ¿Y qué haces? ¿Por qué pierdes el tiempo? Dime, ¿deseas convertirte en Santo? Si no lo deseas, ciertamente nunca serás santo. Si no tienes este deseo, pídelo a Jesucristo: pídelo a María. Y si lo tienes, sé valiente, dice san Bernardo, porque hay muchos que no se hacen santos sólo porque no son valientes. Por eso, repito, tengamos valor y mucho valor. ¿Por qué temer? ¿Por qué abatirnos? Nuestro Bendito Señor, que nos dio la fuerza para dejar el mundo, nos dará también la gracia de abrazar la vida de un santo. Todo llega a su fin. Nuestra vida, satisfecha o descontenta, también se acaba, pero la eternidad no se acaba nunca. Sólo lo poco que hayamos hecho por Dios nos consolará en la muerte y por toda la eternidad. El trabajo será corto, la corona, que ya está a la vista, será inmortal. ¡Cuán contentos están ahora los santos de todo lo que han sufrido por Dios! Si la tristeza pudiera entrar en el Paraíso, los bienaventurados sólo lamentarían haber descuidado hacer por Dios más de lo que habían hecho, y ahora no pueden hacerlo. Ánimo, pues, daos prisa, que no hay tiempo que perder; lo que hoy se puede hacer, tal vez mañana no podamos hacerlo. San Bernardino de Siena decía que un momento de tiempo tiene tanto valor como Dios mismo, pues en cada momento podemos ganar a Dios, su divina gracia y mayores grados de mérito.

Haz, Señor, que te ame y te complazca tanto como Tú quieras. Esto es todo lo que te pido, Dios mío. Te amaré, Te amaré; y, para amarte, me ofrezco a soportar todas las fatigas y a sufrir todos los dolores. Oh Señor mío, aumenta siempre en mí este deseo y dame la gracia de cumplirlo. Por mí mismo nada puedo, pero ayudado por Ti todo lo puedo. Padre eterno, por el amor de Jesucristo escúchame benignamente. Jesús mío, por los méritos de tu Pasión, ven en mi socorro. Oh María, esperanza mía, por el amor de Jesucristo, protégeme.

## Lectura espiritual

CONSEJOS SOBRE LA VOCACIÓN RELIGIOSA
X. LAS PRUEBAS QUE DEBEMOS ESPERAR EN LA VIDA RELIGIOSA

Cuando una persona ha entrado realmente en la Religión, por genuina que sea su Vocación, y aunque haya vencido todas sus pasiones y sus afectos terrenales, no se imagine que estará exenta de otras tentaciones y pruebas, que Dios mismo le enviará, como tedio, tinieblas, diversos temores, para establecerla más firmemente en su Vocación. Recordemos que también los Santos, que más amaron su Vocación, han sufrido a veces grandes tinieblas sobre ella, y que les parecía que estaban engañados, y que no podrían salvarse en aquel estado. Así sucedió con Santa Teresa, San Juan de la Cruz, Santa Juana Francisca de Chantal. Pero encomendándose a Dios, esa oscuridad se disipó, y recuperaron la paz de espíritu. Así prueba el Señor a sus hijos más amados, como se dijo a Tobías: Porque eras acepto a Dios, era necesario que la tentación te probase (Tobías. xii. 13). Y en el libro del Deuteronomio: El Señor, tu Dios, te prueba, para que se vea si le amas o no (Deuteronomio. xiii. 3). Que cada uno, por tanto, se prepare para sufrir en Religión esta oscuridad. A veces le parecerá que no puede soportar la observancia de la Orden, que ya no tendrá paz de espíritu, o que ni siquiera podrá salvarse. Pero, sobre todo, debe estar en guardia cuando la tentación le presente escrúpulos engañosos o pretextos de mayor bien espiritual, para hacerle abandonar su Vocación.

Hay dos remedios principales para tales tentaciones:

Primer Remedio: Recurrir a Dios.

La oración es el primer remedio: Venid a él y sed iluminados (Salmo xxxiii. 6). Porque, así como no es posible que la tentación venza a quien recurre a Dios por medio de la oración, así quien no se encomienda a Dios seguramente será vencido. Y obsérvese que a veces no bastará recurrir a Dios una vez, o durante algunos días, para salir victorioso. Tal vez el Señor permita que la tentación continúe, incluso después de que hayamos orado durante varias semanas, meses y hasta años; pero estemos seguros de que el que no cesa de encomendarse a Dios será ciertamente iluminado y obtendrá la victoria, y a partir de entonces tendrá más paz y estará más firme en su Vocación.

Hasta que no hayamos pasado esta tormenta, que en su mayor parte llega a todos, que ninguno de nosotros se crea seguro. Persuadámonos, sin embargo, de que en este tiempo de tentación es vano esperar sentir fervor, o una claridad de razón suficiente para tranquilizarnos; porque durante las tinieblas no vemos más que confusión. En tales momentos sólo podemos gritar: ¡Señor, ayúdame! ¡Señor, ayúdame! También debemos recurrir con frecuencia a María Santísima, que es la Madre de la perseverancia. Confiemos en aquella promesa divina: Pedid y recibiréis. Es cierto que quien, con la ayuda de la gracia divina, sale victorioso de tal combate, encuentra después una doble calma y paz en su Vocación.

Segundo Remedio: Recurrir a los Superiores.

El segundo remedio, y principal y necesario en tales tentaciones, es comunicar a los Superiores, o al Padre Espiritual, la tentación que os aflige, y esto en seguida, antes que la tentación se haga fuerte. San Felipe Neri dice que una tentación así manifestada está medio vencida. Por el contrario, no hay mayor error que ocultar la tentación; porque entonces, por una parte, Dios retira su luz a causa de la poca fidelidad mostrada por el sujeto al no revelarla a los que ocupan su lugar, y, por otra, mientras la mina no brota, la tentación cobra fuerza. De aquí que pueda tenerse por cierto que el que es así infiel cuando es tentado contra su Vocación, la perderá seguramente.

Y entiéndase que en Religión estas tentaciones contra la Vocación son las más perniciosas que el infierno puede levantar contra un sujeto, pues, si cediese, el demonio, de un solo golpe, habrá ganado muchas victorias; porque cuando un sujeto ha perdido su Vocación y abandonado la Religión, ¿qué bien podrá hacer en el servicio de Dios? El enemigo, es verdad, le hará creer que fuera de la Religión gozará de mayor paz y podrá obrar mejor; sin embargo, tenga por cierto que tan pronto como haya abandonado la Casa de Dios, sentirá tal remordimiento que nunca más gozará de paz de conciencia. Y quiera Dios que tal remordimiento no le atormente por toda la eternidad en el infierno, en el que, como ya se ha dicho, tan fácilmente puede caer quien por su propia culpa pierde su Vocación. Será tan tibio y desalentado en hacer el bien, que ni siquiera tendrá fuerzas para levantar los ojos al Cielo. En tal estado abandonará fácilmente por completo la oración, porque tan a menudo como la comience, sentirá un infierno de remordimientos, oyendo que su conciencia le reprocha y le dice: "¿Qué has hecho? Has abandonado a Dios; has perdido tu Vocación; ¿y para qué? Por seguir tu propio capricho; por complacer a tus padres". Que esté seguro de que tendrá que sentir este remordimiento durante toda su vida, y más aún en la hora de su muerte, cuando, a la vista de la eternidad, en vez de morir en la Casa de Dios, y en medio de sus Hermanos de Religión, morirá fuera de la Religión, tal vez en su propia casa, en medio de sus parientes, por complacer a quien ha desagradado a Dios. El Religioso debe siempre suplicar a Dios que le deje morir antes que permitir que le sobrevenga una desgracia tan grande, cuyos tormentos comprenderá mejor en el momento de la muerte, porque entonces no habrá remedio para el error. Para aquel, pues, que es tentado contra su Vocación, la mejor Meditación que puede hacer mientras dure, es reflexionar qué tormento le causará a la hora de su muerte el remordimiento de haber perdido su Vocación, y de tener que morir por Religión, por su propio capricho, por su propia culpa.

## Meditación Vespertina

DIOS SE HA HECHO NIÑO PARA GANARSE NUESTRA CONFIANZA Y NUESTRO AMOR.

### I.

Un niño nos ha nacido y un hijo se nos ha dado (Isaías. ix. 6).

Considera cómo, después de tantos siglos, después de tantas oraciones y suspiros, ha venido el Mesías a quien los santos Patriarcas y Profetas no fueron dignos de ver, por quien suspiraban las naciones, el deseo de las colinas eternas, nuestro Salvador. Ya ha nacido y se ha entregado enteramente a nosotros. Un niño nos ha nacido y un hijo se nos ha dado (Isaías. ix. 6).

El Hijo de Dios se ha hecho pequeño para hacernos grandes; se ha entregado a nosotros para que nos entreguemos a Él; ha venido a mostrarnos su amor para que respondamos a él dándole el nuestro. Recibámosle, pues, con afecto; amémosle y recurramos a Él en todas nuestras necesidades.

"Un niño da fácilmente", dice San Bernardo; los niños dan fácilmente todo lo que se les pide. Jesús vino al mundo como un Niño, para mostrarse listo y dispuesto a darnos todos los buenos dones: En quien están escondidos todos los tesoros (Colosenses. ii. 3). El Padre ha puesto todas las cosas en sus manos (Juan. iii. 35). Si deseamos luz, Él viene a propósito para iluminarnos. Si deseamos fuerza para resistir a nuestros enemigos, Él viene a darnos consuelo. Si deseamos el perdón y la salvación, Él ha venido para perdonarnos y salvarnos. Si, en fin, deseamos el don soberano del amor divino, Él ha venido a inflamar con él nuestros corazones; y, sobre todo, con este mismo fin, se ha hecho Niño, y ha querido mostrarse a nosotros digno de nuestro amor, en la medida en que era pobre y humilde, para quitarnos todo temor y ganarse nuestro afecto. "Así", dice San Pedro Crisólogo "debía venir Aquel que quiso alejar el temor y buscar el amor".

Oh mi amable Jesús, a quien he tratado con tanto desprecio, que has descendido del Cielo para rescatarnos del infierno y entregarte enteramente a nosotros, ¿cómo es posible, entonces, que tantas veces te hayamos despreciado y te hayamos dado la espalda? Oh Dios! los hombres son tan agradecidos a sus semejantes, que si alguien les hace un regalo, si alguien viene de lejos a hacerles una visita, si alguien les muestra una muestra de afecto, no pueden olvidarlo, y se sienten obligados a corresponderle. Y, sin embargo, son tan ingratos contigo, que eres su Dios, y tan amable, y que por su amor no rehusaste Tu Sangre y Tu vida. Pero, ¡ay! yo me he portado peor que los demás contigo, porque soy más amado por Ti, y sin embargo he sido más ingrato contigo. ¡Ah, si Tú hubieras concedido las gracias que me fueron dadas a un hereje, a un idólatra, se habría convertido en Santo! Sin embargo, sólo te he ofendido a Ti. ¡Oh Jesús, ten piedad!

## II.

Jesús, además, ha elegido hacerse Niño pequeño para hacernos amarle, no sólo con un amor apreciativo, sino con un amor tierno. Todos los niños atraen el tierno afecto de quienes los contemplan; pero, ¿quién no amará con toda ternura a un Dios a quien contempla como a un Niño pequeño, necesitado de leche, temblando de frío, pobre, abatido y abandonado, llorando y gimiendo, y acostado sobre paja en un pesebre? Esto fue lo que hizo exclamar al enamorado San Francisco: "¡Amemos al Niño de Belén! Amemos al Niño de Belén". Venid, almas, y amad a un Dios que se ha hecho Niño y pobre, que es tan amable, y que ha bajado del Cielo para darse enteramente a vosotros.

Olvida, Señor, te ruego, las injurias que te he hecho. Pero Tú ya has dicho que cuando un pecador se arrepiente, olvidas todos los ultrajes que de él has recibido: De todas sus iniquidades no me acordaré (Ezechiel. xviii. 22). Si en tiempos pasados no te he amado, en el futuro no haré otra cosa que amarte, tú te has dado todo a mí, yo te daré toda mi voluntad. Con esta voluntad te amo, te amo, te amo; y lo repito, te amo, te amo, te amo. Mientras viva, diré esto constantemente; y así, moriré, diciendo con mi último aliento esas dulces palabras: "Dios mío, te amo". Y mientras tanto, oh Señor mío, mi único Bien, mi único Amor, me propongo preferir Tu Voluntad a todo placer mío. Que el mundo entero se me ofrezca, lo rechazaré, porque nunca dejaré de amar a Aquel Que tanto me ha amado. Nunca más ofenderé a Aquel que merece de mí un amor infinito. Tú, Jesús mío, fortalece este deseo con tu gracia. María, Reina mía, reconozco que todas las gracias que he recibido de Dios se deben a tu intercesión. No dejes de interceder por mí. Obtén para mí la perseverancia, tú que eres la Madre de la perseverancia.

# Viernes - Tercera semana de Adviento

## Meditación matutina

CONSIDERACIONES SOBRE EL ESTADO RELIGIOSO. X.

Considera el amor que debemos a Jesucristo en recompensa del amor que nos ha demostrado.

Para comprender el amor que el Hijo de Dios nos ha profesado basta considerar lo que San Pablo dice de Jesucristo: Se despojó de sí mismo, tomando forma de siervo... se humilló a sí mismo, haciéndose obediente hasta la muerte, y muerte de cruz. Oh Jesús mío, demasiado me has obligado a amarte.

### I.

Se despojó de sí mismo, tomando forma de siervo. Se despojó de sí mismo. Oh Dios! qué asombro para los ángeles, a través de toda la eternidad, ver a un Dios hacerse Hombre por amor al hombre y someterse a todas las debilidades y sufrimientos del hombre. ¡Y el Verbo se hizo carne! ¡Qué maravilla no sería ver a un rey hacerse gusano por amor de los gusanos! Pero es una maravilla infinitamente mayor ver a un Dios hecho Hombre, y luego humillado hasta una muerte tan dolorosa e ignominiosa en la Cruz en la que terminó Su vida más sagrada.

Moisés y Elías, en el monte Tabor, hablando de su muerte, como se relata en el Evangelio, la llamaron un "exceso": Hablaron de su muerte (la palabra latina es "excesos", que también significa "exceso") que debía cumplir en Jerusalén (Lucas ix. 31). Sí, dice san Buenaventura, con razón la muerte de Jesucristo fue llamada un "exceso", porque fue un exceso de sufrimiento y de amor -- Excessus doloris, excesses amoris. Tanto que sería imposible creerlo, si no hubiera sucedido ya. Fue verdaderamente un exceso de amor, añade San Agustín, pues con este fin quiso el Hijo de Dios venir a la tierra, vivir una vida tan laboriosa y morir una muerte tan amarga, a saber, para dar a conocer al hombre cuánto lo amaba. "Por eso vino Cristo, para que el hombre conozca cuánto lo amó Dios".

El Señor reveló a su siervo Armella Nicolás que el amor que sentía por el hombre fue la causa de todos sus sufrimientos y de su muerte. Si Jesucristo no hubiera sido Dios, sino sólo hombre y Amigo nuestro, ¿qué mayor amor podría habernos mostrado que morir por nosotros? Nadie tiene amor más grande que el que da la vida por sus amigos (Juan xv. 13). Al pensar en el amor que nos mostró Jesucristo, ¡qué poco estimaban los santos dar su vida y todo por un Dios tan amoroso! ¡Cuántos jóvenes, cuántos nobles, han dejado su casa, su patria, sus riquezas, sus padres y todas las cosas para retirarse a los claustros, para vivir sólo por amor de Jesucristo! Cuántas jóvenes vírgenes, renunciando a las nupcias con los príncipes y los grandes del mundo, han ido alegremente a la muerte, para rendir así alguna retribución al amor de un Dios que había sido ejecutado en una infame horca y había muerto por ellas.

En verdad, oh Jesús mío, Señor mío y Redentor mío, demasiado me has obligado a amarte; demasiado te ha costado mi amor. Sería demasiado ingrato si me contentara con amar con reservas a un Dios que me ha dado su sangre, su vida y todo su ser. Oh, Tú que has muerto por mí, tu pobre siervo, es justo que yo muera por Ti, mi Dios y mi Todo. Sí, Jesús mío. Me desprendo de todo, para entregarme a Ti. Aparto de mí el amor de todas las criaturas para consagrarme enteramente a Tu amor.

## II.

Que Jesucristo muriera en la Cruz por nosotros le parecía a Santa María Magdalena de Pazzi una "necedad". De ahí que dijera que Jesús era tonto de amor: "¡Oh Jesús mío, tú eres tonto de amor!" Así, también, los gentiles, como atestigua San Pablo, al oír que se les predicaba la muerte de Jesucristo, lo consideraban una necedad que nadie podía creer. Nosotros predicamos a Cristo crucificado, para los judíos ciertamente escándalo, y para los gentiles locura (1 Corintios. i. 23). ¿Cómo es posible, decían, que un Dios que es en sí mismo muy feliz y no depende de nadie, muera por amor al hombre, su propio siervo?

Esto sería tanto como creer que Dios se hizo tonto por amor a los hombres. Sin embargo, es de Fe que Jesucristo, el verdadero Hijo de Dios, por amor a nosotros, se entregó a la muerte. Él nos amó y se entregó por nosotros (Efesios. v. 2). La misma Santa María Magdalena tuvo razón de exclamar, lamentando la ingratitud de los hombres hacia un Dios tan amoroso: "¡Oh Amor no conocido! ¡Oh Amor no amado! En efecto, Jesucristo no es amado por los hombres, porque viven en el olvido de su amor.

Y, en efecto, un alma que considera a un Dios que murió por ella, no puede vivir sin amarle. La caridad de Cristo nos apremia (2 Corintios. v. 14). El alma se sentirá inflamada, y como constreñida a amar a un Dios Que la ha amado tanto. Jesucristo podría habernos salvado, dice el Padre Nieremberg, con una sola gota de Su Sangre; pero fue Su voluntad derramar toda Su Sangre, y dar Su Vida Divina, para que a la vista de tantos sufrimientos y de Su muerte, no nos contentáramos con un amor ordinario, sino que nos viéramos dulcemente constreñidos a amar con todas nuestras fuerzas a un Dios tan lleno de amor hacia nosotros. Para que también los que viven, no vivan ahora para sí, sino para aquel que murió por ellos (Ib. v. 15).

Oh Jesús mío, te escojo a Ti solo entre todas las cosas como mi Bien, mi Tesoro y mi único Amor. Te amo, ¡oh Amor mío! Te amo. No te conformas con que te ame poco. No quieres que ame nada más que a Ti. Te complaceré en todo y Te amaré mucho. Tú serás mi único Amor. Dios mío, Dios mío, ayúdame a complacerte plenamente. María, mi Reina, ayúdame también para que tenga un gran amor por mi Dios. Amén. Así lo espero; que así sea.

## Lectura espiritual

### CONSEJOS SOBRE LA VOCACIÓN RELIGIOSA
### XI. CONCLUSIÓN

Por último, el que quiera entrar en Religión, resuélvase a hacerse Santo, y a sufrir todas las penas exteriores e interiores para ser fiel a Dios, y no perder su Vocación. Y si no estuviere así resuelto, le exhorto a que no engañe a los Superiores ni a sí mismo, y no entre en absoluto, porque esto es señal de que no está llamado, o lo que es un mal aún mayor, de que no tiene voluntad para corresponder como debe, a la gracia de su Vocación. Por lo tanto, con tan mala disposición, es mejor permanecer en el mundo, allí para disponerse mejor, entregarse enteramente a Dios, y sufrir todo por Él. De lo contrario, se hará un daño tanto a sí mismo como a la Religión, pues se marchará por la menor causa, y entonces, además de quedar desacreditado ante el mundo, será culpable ante Dios de una infidelidad aún mayor a su Vocación y perderá toda esperanza de poder dar un solo paso en el camino de Dios. Sólo Dios sabe en qué otras desgracias y pecados puede caer.

Resumiendo. Qué bello espectáculo es ver en la Religión almas enteramente entregadas a Dios, que viven en el mundo como fuera del mundo, sin otro pensamiento que el de agradar a Dios.

En la Religión cada uno debe vivir sólo para la eternidad. ¡Qué felicidad para nosotros si empleamos estos pocos días de nuestra vida para Dios! Y a esto está obligado muy especialmente el que tal vez ha gastado ya gran parte de su vida en el servicio del mundo. Pongamos la eternidad ante nuestros ojos, y entonces sufriremos todo en paz y alegría.

Demos gracias a Dios, que nos da tanta luz y tantos medios para servirle perfectamente, ya que nos ha elegido, entre tantos, para servirle en la Religión, habiéndonos concedido el don de su santo amor. Apresurémonos a avanzar en la virtud para agradarle, reflexionando que, tal vez, como decía Santa Teresa a sus hijas, "ya hemos vencido por su gracia la principal dificultad para llegar a ser Santos, cuando volvimos la espalda al mundo y a todos sus bienes; nos queda por hacer lo que es menos difícil, y entonces seremos Santos." Tengo por cierto que para los que mueren en Religión, Jesucristo ha preparado un hermoso lugar en el Paraíso. En este mundo seremos pobres, despreciados y mirados como tontos e imprudentes, pero en el otro nuestra suerte será muy diferente.

Encomendémonos siempre a nuestro amantísimo Redentor, oculto en el Santísimo Sacramento, y a la Santísima Virgen, pues los religiosos deben profesar un amor especialísimo a Jesús Sacramentado y a su Inmaculada Madre María. Tengamos gran confianza. Jesucristo nos ha elegido para ser príncipes de su corte, y todas las Órdenes Religiosas, y cada uno de sus miembros, son en verdad objeto de su especial cuidado. El Señor es mi luz y mi salvación, ¿a quién temeré? (Salmo xxvi. 1).

Oh Señor, perfecciona Tu obra y, para Tu gloria, haznos a todos Tuyos, para que todos los miembros de Tus Órdenes puedan, hasta el Día del Juicio, serte agradables y ganar para Ti un número incontable de almas. Amén, Amén.

### Meditación vespertina

JESÚS SE OFRECIÓ POR NUESTRA SALVACIÓN DESDE EL PRINCIPIO.

I.

Se ofreció porque era su propia voluntad (Isaías. liii. 7).

El Verbo divino, desde el primer instante en que se hizo hombre y niño en el seno de María, se ofreció a sí mismo por su propia voluntad para sufrir y morir por el rescate del mundo: se ofreció porque era su propia voluntad (Is. liii. 7). Sabía que todos los sacrificios de machos cabríos y toros ofrecidos a Dios en tiempos pasados no habían podido satisfacer por los pecados de los hombres, sino que se requería una Persona divina para pagar el precio de su redención; por eso dijo, como nos dice el Apóstol: Cuando vino al mundo dijo: Sacrificio y oblación no quisiste, sino un cuerpo me has proporcionado... Entonces dije: He aquí que vengo (Hebreos. x. 5). "Padre mío", dijo Jesús, "todas las víctimas que hasta ahora te han sido ofrecidas no han bastado, ni podían bastar, para satisfacer tu justicia; Tú me has dado este cuerpo pasible, para que derramando mi Sangre pueda apaciguarte y salvar a los hombres: He aquí que vengo -- aquí estoy dispuesto, lo acepto todo, y me someto en todo a Tu voluntad".

Señor mío, desde que empecé a tener uso de razón, empecé a despreciar Tu gracia y Tu amor. Sin embargo, me has soportado, porque todavía me amas. Huí de Ti, y Tú me sigues y me llamas. El mismo amor que te hizo bajar del cielo en busca de la oveja perdida, te ha hecho soportarme y no abandonarme. Jesús mío, tú me buscas y yo te busco. Siento que tu gracia me asiste: me asiste dándome dolor de mis pecados, que aborrezco por encima de cualquier otro mal; me asiste haciéndome sentir un gran deseo de amarte y de agradarte. Sí, mi Señor, te amaré y te complaceré tanto como pueda. Por una parte siento miedo, es verdad, al pensar en mi fragilidad y en la debilidad que he contraído por mis pecados; pero mayor es la confianza que me da tu gracia, haciéndome esperar en tus méritos; de modo que digo, con gran valor: Todo lo puedo en aquel que me fortaleció (Filipenses. iv. 13). Si soy débil, me darás fuerza contra mis enemigos; si estoy enfermo, espero que tu Sangre será mi medicina; si soy pecador, espero que me harás santo. Sé que hasta ahora he contribuido a mi propia ruina, porque he descuidado, en tiempos de peligro, recurrir a Ti. Pero desde hoy, Jesús mío y Esperanza mía, recurriré siempre a Ti, y de Ti espero toda ayuda y todo bien.

II.

En Jesús la parte inferior sintió repugnancia hacia una vida de sufrimiento y una muerte tan llena de dolor y de vergüenza; pero la parte racional, que estaba enteramente subordinada a la voluntad de su Padre, venció y lo aceptó todo; y Jesús comenzó desde la Encarnación a sufrir todas las angustias y dolores que habría de padecer todos los años de su vida. Así actuó nuestro Redentor desde el primer momento de su entrada en el mundo. Pero, oh Dios, ¿cómo nos hemos comportado con Jesús desde que comenzamos de adultos a conocer a la luz de la Fe los Sagrados Misterios de la Redención? ¿Qué pensamientos, qué designios, qué bienes hemos amado? Los placeres, las diversiones, las vanidades, los resentimientos, la sensualidad: éstas son las cosas que han absorbido los afectos de nuestro corazón. Pero si tenemos Fe, ahora debemos por fin cambiar nuestras vidas y cambiar nuestros afectos. Amemos a un Dios que ha sufrido tanto por nosotros. Pongamos ante nosotros los sufrimientos que el Corazón de Jesús soportó por nosotros, incluso desde su Infancia; porque entonces no podremos amar otra cosa que a este Corazón que tanto nos ha amado.

Oh Jesús mío, ahora Te amo sobre todas las cosas, y no amaré a nadie más que a Ti. Ayúdame con piedad, por el mérito de todos esos sufrimientos que desde Tu infancia has soportado por mí. Padre eterno, por Jesucristo acepta mi amor. Si te he provocado, que las lágrimas del Niño Jesús, que ora por mí, apacigüen tu ira: Mira el rostro de tu Cristo (Sal. lxxxiii. 10). Yo no merezco favores, pero este Tu Hijo inocente los merece, y Te ofrece una vida de sufrimientos, para que Tú seas misericordioso conmigo. Y tú, oh Madre de misericordia, María, no dejes de interceder por mí. Tú sabes cuánto confío en ti, y bien sé que no abandonas a quien recurre a ti.

# Sábado - Tercera semana de Adviento

## Meditación matinal

CONSIDERACIONES SOBRE EL ESTADO RELIGIOSO. XI.
Considera cuánto deben confiar los religiosos en el patrocinio de María.

I.

La divina Madre ama a todos los hombres. ¿Cuánto, pues, no ama esta gran Reina a los Religiosos que han consagrado su libertad, su vida y su todo al amor de Jesucristo, su Hijo? Mi felicidad en esta tierra, oh María, será servirte, bendecirte y amarte.

Si es verdad, y muy verdad, por cierto, que, como enseña San Pedro Damián, la divina Madre, María Santísima, ama a todos los hombres con tal afecto que, después de Dios, no hay ni puede haber nadie que la supere o iguale en su amor: "Nos ama con un amor invencible": ¿cuánto debemos pensar que ama esta gran Reina a los Religiosos, que han consagrado su libertad, su vida y su todo al amor de Jesucristo? Ella ve bien que la vida de las Religiosas es más conforme a su propia vida, y a la de su divino Hijo; las ve a menudo ocupadas en alabarla, y continuamente atentas a honrarla con sus Novenas, Visitas, Rosarios, Ayunos, etc. Los ve a menudo a sus pies, atentos a invocar su ayuda, pidiéndole gracias, y gracias todas conformes a sus santos deseos; es decir, la gracia de la perseverancia en el servicio divino, de la fortaleza en sus tentaciones, del desprendimiento de este mundo y del amor de Dios. ¡Ah, cómo dudar de que Ella emplea todo su poder y misericordia en beneficio de los Religiosos, y especialmente de los que pertenecen a esta santa Congregación del Santísimo Redentor, en la que, como es bien sabido, hacemos especial profesión de honrar a la Virgen Madre con las Visitas, con las mortificaciones de los sábados y durante sus Novenas, etc. y promoviendo en todas partes la devoción a Ella con sermones y Novenas!

Te doy gracias, oh María, abogada mía, porque a ti debo esta gran misericordia de estar consagrado a Jesucristo en la Religión. Ayúdame a no ser ingrato a ese Dios que tanto me ha amado. Muera yo antes que ser infiel a su santa gracia. Oh María, a ti encomiendo mi alma; tú has de salvarla. Te amo, oh Reina mía, y espero amarte siempre. He aquí que pongo toda mi confianza en tu clemencia; no dejes de socorrerme en todas mis necesidades. Tú eres mi esperanza, oh María; todo lo espero por tu poderosa intercesión.

## II.

Ella, la gran Señora es agradecida: Amo a los que me aman (Proverbios. viii. 17). Sí, es tan agradecida que, como dice San Andrés de Creta: "A quien le hace el menor servicio acostumbra a devolverle grandes favores". A quienes la aman y promueven su honor entre los demás, les promete bondadosamente salvarlos del pecado: Los que trabajan por mí no pecarán. También les promete el Paraíso: Los que me explican tendrán vida eterna (Oficio de la Santísima Virgen María).

Por lo cual debemos dar gracias especialmente a Dios por habernos llamado a esta Congregación, donde, por los usos de la Comunidad y el ejemplo de nuestros compañeros, se nos recuerda a menudo, y de alguna manera se nos obliga, a recurrir a María, y a honrar continuamente a ésta, nuestra benditísima Madre, que es llamada y es la alegría, la esperanza, la vida y la salvación de los que la invocan y honran.

Mi amadísima, encantadora, amable y amorosísima Reina, doy gracias a mi Señor y a ti, y te las daré siempre, que no sólo me has sacado del mundo, sino que también me has llamado a vivir en esta Congregación, en la que se practica una especial devoción a ti. Acéptame, pues, Madre mía, para servirte. Entre tantos hijos tuyos amados, no desdeñes que yo también te sirva, por miserable que sea. Tú, después de Dios, serás siempre mi esperanza y mi amor. En todas mis necesidades, en todas mis tribulaciones y tentaciones recurriré a ti; tú serás mi refugio y mi consuelo. No quiero que nadie, excepto Dios y tú, me consuele en mis combates, en la tristeza y el tedio de esta vida. Por tu servicio renuncio a los reinos del mundo entero. Mi reino en la tierra será servirte, bendecirte y amarte, oh mi amantísima Señora, "a quien servir es reinar", como dice San Anselmo. Tú eres la Madre de la perseverancia; consígueme ser fiel hasta la muerte. Con ello espero, y con firmeza, llegar un día a donde Tú reinas, para alabarte y bendecirte eternamente, y no apartarme nunca más de tus pies. "Jesús y María", diré con tu amoroso siervo Alfonso Rodríguez, "mis dulcísimos Amores, dejadme sufrir por Vos, dejadme morir por Vos, dejadme ser todo vuestro, y en nada mío."

## Lectura espiritual

### SOBRE LA DEVOCIÓN A LA SANTÍSIMA VIRGEN

Mi amado lector y hermano en María: Puesto que la devoción que me ha llevado a escribir, y te mueve a leer lo que escribo, nos hace felices hijos de la misma buena Madre, si oyes comentar que podría haberme ahorrado el trabajo, ya que hay tantos libros célebres y eruditos sobre el mismo tema, te ruego que respondas que "la alabanza de María es una fuente inagotable. Cuanto más se agranda más se llena, y cuanto más se llena tanto más se agranda". En resumen, la Santísima Virgen es tan grande y tan sublime, que cuanto más se la alaba más queda por alabar; tanto es así, dice un antiguo escritor, "que si se juntaran todas las lenguas de los hombres, y aunque cada uno de sus miembros se transformara en una lengua, no bastarían para alabarla tanto como se merece."

Los amantes mundanos suelen hablar de aquellos a quienes aman y alabarlos para que el objeto de sus afectos sea alabado y ensalzado por los demás. Hay algunos que pretenden ser amantes de María y, sin embargo, rara vez hablan de ella o se esfuerzan por incitar a otros a amarla; su amor no puede ser grande. No es así como actúan los verdaderos amantes de esta amable Señora; ellos desean alabarla en todas las ocasiones, y verla amada por todo el mundo, y nunca pierden una oportunidad, ya sea en público o en privado, de encender en los corazones de los demás esas benditas llamas de amor con las que ellos mismos arden hacia su amada Reina.

Para que todos se persuadan de lo importante que es, tanto para su propio bien como para el de los demás, promover la devoción a María, es útil conocer lo que dicen los teólogos sobre el tema.

San Buenaventura dice que los que se empeñan en anunciar a los demás las glorias de María, están seguros del Cielo; y confirma esta opinión Ricardo de San Lorenzo, que declara "que honrar a esta Reina de los Ángeles es ganar la vida eterna"; y añade: "que esta graciosísima Señora honrará en el otro mundo a los que la honren en éste". Y quién ignora la promesa hecha por la misma María, en las palabras del Eclesiástico, a los que se esfuerzan por hacerla conocer y amar aquí abajo: los que me explican tendrán la vida eterna; pues este pasaje le es aplicado por la Iglesia, en el Oficio de la Inmaculada Concepción. "Alégrate, pues", exclama San Buenaventura (que tanto hizo por dar a conocer las glorias de María), "alégrate, alma mía, y regocíjate en ella; porque muchos bienes están preparados para los que la alaban". Y dice que toda la Sagrada Escritura habla en alabanza de María: honremos, pues, siempre con el corazón y con la lengua a esta divina Madre, para que seamos conducidos por ella al reino de los bienaventurados.

Sabemos por las Revelaciones de Santa Brígida, que el Beato Obispo Emingo tenía la costumbre de comenzar siempre sus sermones con alabanzas a María. Un día se le apareció la misma Santísima Virgen, y le pidió que le dijera que, como consecuencia de su piadosa práctica, "ella sería su Madre, que él moriría santamente, y que ella misma presentaría su alma a Dios". Murió como un santo en acto de oración y en la más celestial paz. María también se apareció a un fraile domínico, que siempre concluía sus sermones hablando de ella; cuando en su lecho de muerte, la Santísima Virgen lo defendió de los demonios, lo consoló, y luego ella misma se llevó su alma feliz. El devoto Tomás de Kempis, nos representa a María encomendando a su Hijo un alma que la había honrado, diciendo: "Hijo mío amantísimo, ten piedad del alma de este siervo tuyo, que me amó y ensalzó".

Luego, en cuanto a la ventaja de esta devoción para todos, dice San Anselmo, que como el vientre sacratísimo de María fue medio de salvación para los pecadores, el oír sus alabanzas debe necesariamente convertirlos, y así ser también medio de su salvación. "¿Cómo puede ser de otro modo que la salvación de los pecadores provenga del recuerdo de sus alabanzas, cuyo vientre fue hecho el camino por el que el Salvador vino a salvar a los pecadores?". Y si es cierta la opinión, y yo la considero indudablemente así, de que todas las gracias son dispensadas por María, y que todos los que se salvan lo son sólo por medio de esta divina Madre, es consecuencia necesaria que la salvación de todos dependa de la predicación de María, y de excitar a todos a la confianza en su intercesión.

Me parece que el Padre Pablo Segneri, el Joven, que fue un misionero muy célebre, en cada Misión predicaba un sermón sobre la devoción a María, y siempre lo llamaba su sermón amado. Y en nuestras propias Misiones, en las que es norma inviolable hacer lo mismo, podemos atestiguar, con toda verdad, que en la mayoría de los casos ningún sermón es más provechoso, ni produce tanta compunción en el corazón de la gente, como el de la Misericordia de María. Digo, sobre su Misericordia, porque, en palabras de San Bernardo: "alabamos su Virginidad, admiramos su Humildad; pero porque somos pobres pecadores, la Misericordia nos atrae más y nos sabe más dulce; la abrazamos con más amor; la recordamos más a menudo y la invocamos con más fervor". Devoto lector, si lo que escribo sobre la Santísima Virgen te resulta aceptable, como confío que lo será, te ruego que me recomiendes a María, para que me dé gran confianza en su protección. Pedid esta gracia para mí; y os prometo, quienquiera que seáis, que yo pediré lo mismo para vosotros que me hacéis esta caridad. Dichosos los que se unen con amor y confianza a esas dos anclas de salvación, Jesús y María. Ciertamente, no se perderán. Digamos, pues, con el piadoso Alfonso Rodríguez: "Jesús y María, mis dulcísimos Amores, por Vos puedo sufrir, por Vos puedo morir; haced que en todo sea Vuestro y en nada mío." Amemos a Jesús y a María y hagámonos Santos; no podemos esperar ni deseamos nada mejor.

## Meditación vespertina

### JESÚS PRISIONERO EN EL SENO DE MARÍA

I.

He llegado a ser como un hombre sin ayuda, libre entre los muertos (Sal. lxxxvii. 5, 6).

Considera la dolorosa vida que Jesús llevó en el vientre de su Madre, y el largo, estrecho y oscuro encarcelamiento que sufrió allí durante nueve meses. Otros infantes se encuentran, ciertamente, en el mismo estado, pero no sienten las miserias del mismo porque no las conocen. Pero Jesús las conoció bien, porque desde el primer momento de su vida tuvo el uso perfecto de su razón, tenía sus sentidos, pero no podía usarlos; ojos, pero no podía ver; lengua, pero no podía hablar; manos, pero no podía extenderlas; pies, pero no podía caminar -- de modo que durante nueve meses tuvo que permanecer en el vientre de María como un muerto encerrado en el sepulcro: He llegado a ser como un hombre sin ayuda, libre entre los muertos (Salmo. lxxxvii. 5, 6). Era libre, porque por su propia voluntad se había hecho Prisionero del amor en esta prisión; pero el amor le privó de la libertad y le ató allí tan fuertemente con cadenas que no podía moverse: ¡Libre entre los muertos! "¡Oh, gran paciencia de nuestro Salvador!", dice San Ambrosio, al considerar los sufrimientos de Jesús en el seno de María.

No olvides la bondad de tu fiador (Eclesiástico. xxix. 19). Sí, Jesús mío, el Profeta tiene razón para advertirme que no olvide el inmenso favor en que Tú, el inocente, Tú, ¡oh Dios mío! has elegido satisfacer por mis pecados con Tus sufrimientos y Tu muerte. Pero después de toda esta bondad he olvidado Tus favores y Tu amor, y he tenido la osadía de volverte la espalda, como si Tú no hubieras sido mi Señor, y el Señor que tanto me ha amado. Pero si en tiempos pasados he olvidado Tus misericordias, ¡oh mi querido Redentor! en el futuro no volveré a olvidarlas. Tus sufrimientos y tu muerte serán los temas constantes de mis pensamientos, porque siempre recordarán a mi mente el amor que Tú me has tenido. Malditos sean los días en que, olvidando lo que has sufrido por mí, he hecho tan mal uso de mi libertad. Tú me la diste para amarte, y yo la he usado para despreciarte. Pero ahora te consagro enteramente esta libertad que me has dado.

II.

El seno de María era, pues, para nuestro Redentor, una prisión voluntaria, porque era una prisión de amor. Pero tampoco fue una prisión injusta: Él mismo era inocente, pero se había ofrecido para pagar nuestras deudas y satisfacer por nuestros crímenes. Por lo tanto, era razonable que la justicia divina lo mantuviera encarcelado de esta manera, y así comenzar a exigir de Él la satisfacción debida.

Contemplad el estado al que se reduce el Hijo de Dios por amor a los hombres. Se priva de su libertad y se encadena para librarnos de las cadenas del infierno. ¡Qué gratitud y amor no hemos de mostrar en recompensa por el amor y la bondad de nuestro libertador y fiador, que, no por coacción, sino sólo por amor, se ofreció a pagar, y ha pagado por nosotros, nuestras deudas y nuestras penas entregando su vida divina! No olvides la bondad de tu fiador, que ha dado su vida por ti (Eclesiástico. xxix. 19).

Te suplico, mi Salvador, que me libres de la miseria de verme de nuevo separado de Ti, y de nuevo hecho esclavo de Lucifer. Te imploro que ates mi pobre alma a Tus pies por Tu santo amor, para que nunca más pueda ser separada de Ti. Padre Eterno, por el aprisionamiento del Niño Jesús en el seno de María, líbrame de las cadenas del pecado y del infierno. Y tú, Madre de Dios, ayúdame. Tú tienes en tu seno al Hijo de Dios preso y confinado; como, por tanto, Jesús es tu Prisionero, Él hará todo lo que tú le digas. Dile que me perdone; dile que me santifique. Ayúdame, Madre mía, por el favor y el honor que Jesucristo te confirió al habitar en ti durante nueve meses.

# Cuarto domingo de Adviento

## Meditación matutina

### LA SALVACIÓN DEL SEÑOR

Y toda carne verá la salvación de Dios (Evangelio del domingo. Lucas iii. 1-6).
El Salvador del mundo, a quien, según el profeta Isaías, los hombres iban a ver un día en la tierra -y toda carne verá la salvación de Dios-, ha venido. Y ha venido a la tierra, dice San Agustín, para que los hombres sepan cuánto los ama Dios. ¿Y cómo es, oh mi querido Jesús, que encuentras tanta ingratitud en la mayoría de los hombres?

I.

Adán, nuestro primer padre, peca y es condenado a la muerte eterna junto con toda su posteridad. Viendo a todo el género humano condenado a la perdición, Dios resolvió enviar un Redentor para salvar a la humanidad. ¿Quién vendrá a ser la salvación del hombre? ¿Acaso un ángel o un serafín? No, el Hijo de Dios, el Dios supremo y verdadero, igual al Padre, se ofrece para venir a la tierra, y allí tomar carne humana y morir por la salvación de los hombres. ¡Oh prodigio del amor divino! El hombre, dice San Fulgencio, desprecia a Dios y se separa de Dios, y por amor a él viene Dios a la tierra a buscar al hombre rebelde. Ya que no quisimos ir a nuestro Médico, Él se dignó venir a nosotros, dice San Agustín. ¿Y por qué se dignó Jesús venir a nosotros? Cristo vino, dice el mismo santo Doctor, para que el hombre conozca cuánto lo ama Dios.

Por eso escribe el Apóstol: Apareció la bondad y la benignidad de Dios, nuestro Salvador (Tito. iii. 4). Apareció el singular amor de Dios hacia los hombres, como dice el texto griego. ¿Y qué mayor amor y bondad podría mostrarnos el Hijo de Dios que hacerse Hombre y gusano como nosotros, para salvarnos de la perdición? ¡Qué asombro no sentiríamos si viéramos a un príncipe hacerse gusano para salvar a los gusanos de su reino! ¡Y qué diremos al ver a un Dios hecho Hombre como nosotros para librarnos de la muerte eterna! El Verbo se hizo carne (Jn. i. 14). ¡Un Dios hecho carne! Si la fe no nos lo asegurara, ¿quién podría creerlo?

Oh mi dulce, amable y santa Niña, no sabes qué más hacer para hacerte amar de los hombres. Basta decir que, de Hijo de Dios, Te hiciste Hijo del hombre, y que elegiste nacer entre los hombres como los demás niños, sólo que más pobre y más miserablemente alojado que los demás, eligiendo un establo por morada, un pesebre por cuna, un poco de paja por lecho. Y, sin embargo, ¡son pocos los que Te conocen! Pocos son los que Te aman.

## II.

Dime, oh cristiano, ¿qué más podía haber hecho Jesucristo para ganarse tu amor? Si el Hijo de Dios se había comprometido a rescatar de la muerte a Su propio Padre, ¿a qué humillación más baja podría haberse rebajado que a asumir carne humana y entregar Su vida en sacrificio por Su salvación? Es más, si Jesucristo hubiera sido un simple hombre en lugar de una de las Personas Divinas, y hubiera querido ganarse por alguna muestra de afecto el amor de su Dios, ¿qué más podría haber hecho que lo que ha hecho por ti? Si un siervo tuyo hubiera dado por tu amor su propia sangre vital, ¿no habría remachado tu corazón hacia él, y te habría obligado a amarle por mera gratitud? ¿Y cómo es que Jesucristo, a pesar de haber dado su vida por ti, no ha logrado ganarse tu amor?

Los hombres aprecian las gracias de un príncipe, de un prelado, de un noble, de un hombre de letras, e incluso de un vil animal, y sin embargo estas mismas personas no dan importancia a la gracia de Dios, sino que renuncian a ella por mero humo, por una gratificación brutal, por un puñado de tierra, por un capricho, por nada. ¿Qué dices, mi querido hermano? ¿Quieres seguir figurando entre los ingratos? Ve, búscate uno que sea más capaz que Dios para hacerte feliz en la vida presente y en la venidera. Ve, búscate un príncipe más cortés, un maestro, un hermano, un amigo más amable y que te haya mostrado un amor más profundo. Oh Señor, ¿quién como tú? (Salmo xxxiv. 10). Oh Señor, ¿qué grandeza habrá como la Tuya?

Amad, pues, amad, oh almas, amad a este pequeño Niño, exclama San Bernardo, porque Él es sumamente amado. Grande es el Señor y muy digno de alabanza. El Señor es pequeño y muy amado.

Oh mi querido Jesús, ¿cómo es que encuentras tanta ingratitud por parte de la mayoría de los hombres? En el pasado, yo tampoco Te he conocido; pero sin prestar atención a Tu amor, he buscado mi propia gratificación, sin tenerte en cuenta ni a Ti ni a Tu amistad. Pero ahora lo lamento. Lo lamento de todo corazón. Oh mi dulce Niño, y mi Dios, perdóname por el bien de Tu Infancia. Tú conoces mis traiciones pasadas; por piedad no me abandones o caeré aún peor que antes. Oh María, gran Madre del Verbo Encarnado, ¡no me abandones! Tú eres la Madre de la perseverancia y la administradora de la gracia divina. Con tu ayuda, oh esperanza mía, confío ser fiel a mi Dios hasta la muerte.

## Lectura espiritual

### JOSÉ Y MARÍA EN BELÉN

Octavio Augusto, emperador de Roma, deseoso de conocer la fuerza de su imperio, decretó que se hiciera un censo general de todos sus súbditos; y para ello ordenó a los gobernadores de todas las provincias -y, entre los demás, a Cirino, gobernador de Judea- que hicieran venir a cada uno a empadronarse, pagando al mismo tiempo un cierto tributo en señal de vasallaje: Salió un decreto... para que todo el mundo se inscribiera (Lucas ii. 1). Tan pronto como este decreto fue promulgado, José obedeció inmediatamente; ni siquiera esperó a que su santa esposa fuera entregada, aunque el momento estaba cerca. Digo que obedeció inmediatamente, y se puso en camino con María, entonces encinta del Verbo Divino, para ir a empadronarse en la ciudad de Belén: para empadronarse con María, su esposa desposada, que estaba encinta (Lucas ii. 5). El viaje fue largo -pues, según algunos autores, fue de noventa leguas; es decir, cuatro días de viaje-, largo y difícil, pues tuvieron que atravesar montañas y caminos escarpados, a través del viento, la lluvia y el frío.

Cuando un rey hace su primera entrada en una ciudad de su reino, ¡qué honores no se le preparan! ¡Qué preparativos no se hacen y qué arcos de triunfo no se erigen! Prepárate, pues, feliz Belén, para recibir con honores a tu Rey, porque el profeta Micaías te ha dicho que viene a ti y que es Señor no sólo de toda Judea, sino del mundo entero. Y sabe, dice el Profeta, que tú, de todas las ciudades de la tierra, eres la afortunada que ha sido elegida por el Rey del Cielo para ser su lugar de nacimiento, para que después Él pueda reinar, no ciertamente en Judea, sino en los corazones de los hombres que viven en Judea y en todo el resto del mundo: Y tú, Belén Efrata, eres pequeña entre los millares de Judá; de ti saldrá el que ha de reinar en Israel (Michas. v. 2). Pero he aquí que estos dos ilustres peregrinos, José y María, que lleva en su seno al Salvador del mundo, están a punto de entrar en Belén. Entran y se dirigen a la casa del ministro imperial para pagar el tributo e inscribirse en el libro como súbditos del César, donde también inscribieron al vástago de María, a saber, Jesucristo, que era el Señor del César y de todos los príncipes de la tierra. Pero, ¿quién los reconoce? ¿Quién va delante de ellos para mostrarles honor? ¿Quién los saluda y quién los recibe? Vino a los suyos, y los suyos no le recibieron (Juan i. 11). Viajan como pobres, y como tales son despreciados; se les trata aún peor que a los demás pobres y se les expulsa. Sí, pues cuando ellos estaban allí, se cumplió el tiempo de su alumbramiento (Lucas ii. 6). María sabía que había llegado el momento de dar a luz, y que era aquí, y en esta noche, donde el Verbo Encarnado quería nacer y manifestarse al mundo. Se lo comunicó, pues, a José, y éste se apresuró a buscar alojamiento en las casas de la gente del pueblo, para no llevar a su esposa a dar a luz a la posada, pues no era un lugar apropiado para ella, además de que entonces estaba llena de gente. Pero José no encontró a nadie que lo escuchara; y muy probablemente fue insultado, y tal vez llamado tonto por algunos de ellos, por llevar a su esposa a esa hora de la noche, y entre tal multitud de gente, cuando ella estaba a punto de dar a luz; por lo que finalmente se vio obligado, a menos que permaneciera toda la noche en la calle, a llevarla a la posada pública, donde había muchas otras personas alojadas esa noche. Fue allí, pero incluso allí les negaron la entrada y les dijeron que no había sitio para ellos: No había sitio para ellos en la posada (Lucas ii. 7). Había sitio para todos, incluso para los más humildes, pero no para Jesucristo.

Aquella posada era una figura de esos corazones ingratos donde muchos encuentran sitio para criaturas miserables, pero no para Dios. ¡Cuántos aman a sus parientes, a sus amigos, incluso a los animales, pero no aman a Jesucristo, y no se preocupan ni de su gracia ni de su amor! Pero la siempre bendita María dijo una vez a un alma devota: "Fue dispensación de Dios que ni yo ni mi Hijo encontrásemos posada entre los hombres, para que aquellas almas que aman a Jesús se ofreciesen como posada y le invitasen afectuosamente a entrar en sus corazones."

Estos pobres viajeros, pues, viéndose rechazados por todas partes, abandonan la ciudad para tratar de encontrar algún lugar de refugio fuera de sus murallas. Caminan en la oscuridad; dan vueltas y examinan, hasta que por fin ven una gruta excavada en piedra en la montaña, bajo la ciudad. Barradas, Bede y Brocardus dicen que el lugar donde nació Jesucristo era una roca excavada bajo los muros de Belén, separada de la ciudad y a modo de caverna, que servía de establo para el ganado. Cuando llegaron a ella, María dijo a José: "No hay ocasión de ir más lejos; entremos en esta cueva y quedémonos aquí." "José replicó: "Esposa mía, ¿no ves que esta cueva está muy expuesta, que es fría y húmeda, y que el agua corre por todas partes? ¿No ves que no es alojamiento de hombres, sino cobertizo de bestias? ¿Cómo puedes detenerte aquí toda la noche y ser librado aquí?". Entonces María dijo: "Sin embargo, es cierto que este establo es el palacio real en el que el Hijo Eterno de Dios desea nacer en la tierra".

¡Oh, qué habrán dicho los Ángeles al ver a la Madre divina entrar en esta cueva para traer al mundo a su Hijo! Los hijos de los príncipes nacen en habitaciones adornadas con oro; tienen cunas enriquecidas con piedras preciosas, vestidos finos, un séquito de los primeros señores del reino; ¿y el Rey del Cielo no tiene más que un frío establo, sin fuego, para nacer, unos pobres pañales para cubrirle, un poco de paja para su lecho y un vil pesebre en el que yacer? "¿Dónde está el palacio?", pregunta San Bernardo, "¿dónde está el trono?". ¿Dónde, dice el Santo, está la corte, dónde está el palacio real para este Rey del Cielo? pues no veo más que dos animales para hacerle compañía, y un pesebre para el ganado, donde debe ser acostado. ¡Oh gruta feliz, que presenciaste el nacimiento del Verbo Divino! ¡Feliz pesebre que tuvo el honor de recibir al Señor del Cielo! ¡Feliz paja que sirvió de lecho a Aquel Que se sienta sobre los hombros de los Serafines! Ah, cuando pensamos en el nacimiento de Jesucristo, y en la manera en que tuvo lugar, todos deberíamos encendernos de amor; y cuando oímos los nombres de gruta, pesebre, paja, leche, lágrimas, en referencia al nacimiento de nuestro Redentor, estos nombres deberían ser otras tantas incitaciones a nuestro amor, y flechas para herir nuestros corazones. Sí, feliz fue aquella gruta, aquel pesebre, aquella paja; pero más felices aún son aquellas almas que aman con fervor y ternura a este amable Señor, y que le reciben en la Sagrada Comunión en corazones ardientes de amor. ¡Oh, con qué deseo y placer no entra y reposa Jesucristo en un corazón que le ama!

## Meditación vespertina

### LA PALABRA ETERNA SE HACE PEQUEÑA
### I.

Se despojó de sí mismo, tomando forma de siervo (Filipenses ii. 7).

San Pablo dice que Jesucristo, viniendo a la tierra, se despojó de sí mismo. Se aniquiló a sí mismo, por así decirlo. ¿Por qué? Para salvar al hombre y ser amado por el hombre. "Donde Tú Te vaciaste", dice San Bernardo, "allí aparecieron más brillantemente la Misericordia y la Caridad". Sí, mi querido Redentor, en la medida en que fue grande tu abajamiento al hacerte Hombre y al nacer Niño, así fueron mayores tu misericordia y tu amor para con nosotros, y esto con el fin de ganarte nuestros corazones.

Aunque los judíos, por tantos signos y prodigios, tenían cierto conocimiento del verdadero Dios, no estaban, sin embargo, satisfechos; deseaban contemplarle cara a cara. Dios encontró el medio de satisfacer también este deseo de los hombres; se hizo Hombre, para hacerse visible a ellos. "Sabiendo", dice San Pedro Crisólogo, "que los mortales sentían un angustioso deseo de verle, Dios eligió este método para hacerse visible a ellos." Y para hacerse aún más atractivo a nuestros ojos, quiso hacer su primera aparición como un Niño pequeño, para ser así más encantador e irresistible; se mostró como un Infante, para hacerse más aceptable a nuestros ojos. "Sí", añade San Cirilo de Alejandría, "se rebajó a la humilde condición de Niño pequeño para hacerse más agradable a nuestros corazones". "Para nuestro provecho se hizo este vaciamiento". Porque ésta, en efecto, era la forma más adecuada para ganarse nuestro amor.

El profeta Ezechiel exclamó con razón que el tiempo de tu venida a la tierra, oh Verbo encarnado, debía ser un tiempo de amor, la estación de los enamorados: He aquí que tu tiempo fue tiempo de amantes (Ezech. xvi. 8). ¿Y qué objeto tenía Dios al amarnos tan ardientemente, y al darnos tan claras pruebas de su amor, sino que le amásemos? "Dios no ama sino para ser amado", dice San Bernardo. Dios mismo ya lo había dicho: Y ahora, Israel, ¿qué pide de ti el Señor, tu Dios, sino que le temas y le ames?

Oh mi dulce, amable y santo Niño, Tu primera aparición ante nosotros es como un pobre Infante, que incluso desde tu nacimiento no pierdes tiempo en atraer nuestros corazones hacia Ti. Y así continuaste durante el resto de tu vida, mostrándonos siempre nuevas y más sorprendentes muestras de tu amor, hasta que finalmente derramaste la última gota de tu sangre y moriste abrumado por la vergüenza en el infame madero de la cruz. ¿Y cómo es posible, oh Jesús, que hayas encontrado tanta ingratitud por parte de la mayoría de la humanidad? Veo pocos, en verdad, que Te conozcan, y menos aún que Te amen. Ah, mi querido Jesús, yo también deseo estar entre este pequeño número. Oh, mi dulce Niño y mi Dios, perdóname. Te amo. ¡Te amo!

## II.

Para obligarnos a amarle, Dios no quiso encargar a otros, sino que eligió venir Él mismo en persona para hacerse Hombre y redimirnos. San Juan Crisóstomo hace una hermosa reflexión sobre estas palabras del Apóstol: Porque en ninguna parte se prende de los ángeles, sino de la descendencia de Abraham (Heb. ii. 16). ¿Por qué, se pregunta el Santo, no ha dicho recibido, sino asido? ¿Por qué San Pablo no dijo simplemente que Dios asumió carne humana? ¿Por qué afirmó con marcado énfasis que la tomó, por así decirlo, a la fuerza, según el sentido estricto del latín apprehendit? Responde que habló así, valiéndose de la metáfora de los que dan caza a los que huyen. Con ello quería transmitir la idea de que Dios siempre anheló ser amado por el hombre, pero éste le dio la espalda y ni siquiera quiso saber de su amor; por eso Dios vino del Cielo y tomó carne humana, para darse a conocer de este modo y hacerse amar, por así decirlo, a la fuerza por el hombre ingrato que huía de Él.

Por esto, pues, el Verbo Eterno se hizo Hombre; por esto, además, se hizo Niño. Podía, en efecto, haber aparecido en esta tierra como un Hombre adulto, como apareció el primer hombre, Adán. No, el Hijo de Dios quiso presentarse bajo la forma de un dulce niño, para atraer más fácilmente y con más fuerza el amor de los hombres. Los niñitos de por sí se aman enseguida; verlos y amarlos es la misma cosa. Ah, mi querido Jesús, es verdad que en otro tiempo no te conocí. Sin prestar atención a tu amor, sólo buscaba mi propia satisfacción, sin tenerte en cuenta a Ti ni a tu amistad. Pero ahora soy consciente del mal que he hecho. Lo lamento y me aflijo por ello con todo mi corazón. Te amo tanto, Jesús, que aunque supiera que toda la humanidad está a punto de rebelarse contra Ti y de abandonarte, no te dejaría aunque me costara mil vidas. Acepta, oh Jesús, que mi pobre corazón Te ame. Hubo un tiempo en que no se preocupaba por Ti, pero ahora está enamorado de tu bondad, oh Divino Infante. Oh María, oh gran Madre del Verbo Encarnado, tampoco tú me abandones. Tú eres la Madre de la perseverancia y la administradora de la gracia divina. Ayúdame, pues, y ayúdame siempre. Con tu ayuda, oh esperanza mía, confío ser fiel a mi Dios para siempre. Amén.

# Lunes - Cuarta semana de Adviento

## Meditación matutina

CONSIDERACIONES SOBRE EL ESTADO RELIGIOSO. XII.
Considera la gran felicidad de que gozan los Religiosos al morar en la misma casa con Jesús Sacramentado.

### I.

Si a los mundanos les parece tan gran favor ser invitados por los reyes a morar en sus palacios, ¿cuánto más favorecidos debemos estimarnos los que somos admitidos a morar continuamente con el Rey del Cielo en su propia casa? ¡Oh Señor, te doy gracias! ¿Cómo he merecido esta feliz suerte?

La Venerable Madre María de Jesús, Fundadora de un convento en Toulouse, decía que estimaba mucho su suerte de Religiosa, y principalmente por dos razones. La primera, que las Religiosas, por el Voto de Obediencia, pertenecen enteramente a Dios; y la segunda, que tienen el privilegio de morar siempre con Jesucristo Sacramentado.

En las casas de los Religiosos, Jesucristo habita por ellos en la iglesia, de modo que pueden encontrarlo a todas horas. Las personas del mundo apenas pueden ir a visitarle durante el día, y en muchos lugares, sólo por la mañana. Pero los religiosos lo encuentran en el Sagrario todas las veces que quieren, por la mañana, por la tarde y por la noche. Allí pueden entretenerse continuamente con Nuestro Señor, y allí Jesucristo se complace en conversar familiarmente con sus amados siervos, a quienes, con este fin, ha llamado de Egipto, para que sea su Compañero durante esta vida, oculto bajo el velo del Santísimo Sacramento, y en la otra, descubierto en el Paraíso. "¡Oh soledad!", puede decirse de toda casa religiosa, "en la que Dios familiarmente habla y conversa con sus amigos".

Contémplame en tu presencia, Jesús mío. -- Escondido en el Sacramento, Tú eres el mismo Jesús que por mí se sacrificó en la Cruz. Tú eres Aquel que tanto me ama, y que por eso te has encerrado en esta prisión de amor. Entre tantos que te han ofendido menos que yo, y que te han amado mejor que yo, me has elegido, en tu bondad, para hacerte compañía en esta casa, donde, habiéndome sacado de en medio del mundo, me has destinado a vivir siempre unido a Ti, y después a tenerme cerca de Ti para alabarte y amarte en tu reino eterno. Te doy gracias, Señor. ¿Cómo he merecido esta feliz suerte? He escogido ser un abyecto en la casa de mi Dios, para luego morar en los tabernáculos de los pecadores (Salmo. lxxxiii. 11). Feliz soy, en verdad, oh Jesús mío, de haber dejado el mundo; y es mi gran deseo desempeñar el oficio más vil en Tu casa antes que morar en los más orgullosos palacios reales de los hombres.

## II.

Las almas que aman mucho a Jesucristo no saben desear otro paraíso en esta tierra que estar en la presencia de su Señor, que mora en este Sacramento por amor de los que le buscan y visitan.

Su conversación no tiene amargura, ni su compañía tedio (Sab. viii. 16). Quien no ama a Jesucristo encuentra tedio en su compañía. Pero los que en esta tierra han dado todo su amor a Jesucristo encuentran en el Santísimo Sacramento su tesoro, su descanso, su paraíso, y por eso el gran deseo de su corazón es, cuantas veces pueden, visitar a su Dios en este Sacramento, rendirle su corte, ofreciéndole sus afectos y poniendo al pie del altar sus penas, su deseo de amarle, de verle cara a cara, y, entretanto, de agradarle en todo.

Recíbeme, pues, Señor, para que permanezca contigo toda la vida; no me alejes, como merezco. Ten a bien permitir que, entre los muchos buenos religiosos que te sirven en esta casa, yo, aunque sea un miserable pecador, pueda servirte también. Muchos años he vivido lejos de Ti. Pero ahora que me has iluminado para que conozca la vanidad del mundo y mi propia necedad, no me apartaré más de tus pies, ¡oh Jesús mío! Tu presencia me animará a luchar cuando sea tentado. La cercanía de Tu morada me recordará la obligación que tengo de amarte y de recurrir siempre a Ti en mis combates contra el infierno. Me mantendré siempre cerca de Ti, para unirme a Ti y apegarme más a Ti. Te amo, oh Dios mío, escondido en este Sacramento. Tú, por amor a mí, permanece siempre en este altar. Yo, por amor a Ti, permaneceré en Tu presencia cuanto me sea posible. Allí encerrado Tú siempre me amas, y aquí encerrado yo siempre te amaré. Siempre entonces, Oh Jesús mío, mi Amor, mi Todo, permaneceremos juntos -- en el tiempo en esta Casa, y durante la eternidad, en el Paraíso. Esta es mi esperanza; que así sea. María Santísima, alcánzame un mayor amor al Santísimo Sacramento.

## Lectura espiritual

ALIENTO A LOS NOVICIOS PARA QUE PERSEVEREN EN SU VOCACIÓN

Hay dos gracias claramente diferenciadas: la gracia de la Vocación y la gracia de la Perseverancia en la Vocación. Muchos que han recibido de Dios la vocación se han hecho indignos, por su culpa, de recibir la gracia de la perseverancia. No es coronado el que no se esfuerza legítimamente (2 Timoteo ii. 5). Nadie recibirá la gracia de la Perseverancia y la corona que Dios ha preparado para él, si no hace lo que está en él para luchar y vencer a sus enemigos: Retén lo que tienes, para que nadie tome tu corona (Apocalipsis. iii. 11). Mi querido y joven amigo, tú que, por un favor tan especial, has sido llamado por Nuestro Señor a seguirle, escucha cómo te exhorta y anima: "Cuida, hijo mío, de conservar la gracia que de Mí has recibido, y tiembla, no sea que la pierdas y otro gane la corona que te está preparada".

El que entra en un Noviciado entra al servicio del Rey del Cielo, que prueba la fidelidad de los que acepta por suyos, con cruces y tentaciones, y permite que el demonio los asalte. Porque eras acepto al Señor, era necesario que la tentación te probase (Tobías xii. 13). Y el Espíritu Santo dice a todos los que dejan el mundo para entregarse a Dios: Hijo mío, cuando llegues al servicio de Dios... prepara tu alma para la tentación (Eclesiástico. ii. 1). De modo que el novicio, al entrar en la Casa de Dios, debe prepararse, no para los consuelos, sino para las tentaciones, y para la guerra que el demonio libra contra los que se entregan enteramente a Dios. Y persuadíos bien de que el demonio tienta antes a un novicio para que abandone su Vocación, que a mil seculares, sobre todo si entra en una Orden activa. Sí, porque el demonio sabe que si este novicio persevera y es fiel a Dios, el infierno perderá miles de almas que obtendrán la salvación gracias a su celo. De ahí que el enemigo se sirva de todos los medios para ganárselo y de todas las artimañas para embaucarlo.

Las tentaciones con que el demonio más frecuentemente se esfuerza en inducir a los novicios a abandonar su Vocación son las siguientes.

### I. LA TERNURA HACIA LOS PADRES Y AMIGOS

En primer lugar, les tienta con la ternura hacia sus padres. Para resistir a esto, es necesario reflexionar sobre la declaración de Jesucristo: El que ama al padre o a la madre más que a mí, no es digno de mí (Mateo. x. 37). Y declara que no vino a enviar paz, sino división. No he venido a enviar la paz, sino la espada; porque he venido a enemistar al hombre con su padre, y a la hija con su madre (Mateo x. 34, 35). ¿Y por qué este gran deseo de separar las relaciones entre sí? Porque Nuestro Señor sabía muy bien el daño que proviene de tales relaciones, y que en los asuntos de la salvación eterna, especialmente cuando se trata de una vocación religiosa, no hay mayores enemigos que las relaciones; y esto lo declaró Nuestro Señor, diciendo: Los enemigos de un hombre serán los de su propia casa (Mateo. x. 36). Cuántos infelices jóvenes, por afecto a sus parientes, han perdido primero la vocación, y después, como sucede tan fácilmente, su propia alma. La historia está llena de estos tristes casos. Os contaré algunos. El Padre Jerónimo Piatti cuenta de un novicio que fue visitado por un pariente que le dijo: "Escúchame; sólo hablo porque te quiero, y te ruego que reflexiones que tu constitución no está preparada para soportar los trabajos y estudios de la vida religiosa; permaneciendo en el mundo puedes agradar mejor a Dios, especialmente dando a los pobres una gran parte de las riquezas con las que te ha bendecido. Si persistes en tu empresa te arrepentirás de ella, pues, al final, con vergüenza, te verás obligado a dejar la Comunidad, viéndote hecho portero o cocinero a causa de tu poco talento y de tu mala salud. Por lo tanto, es más prudente que hagas de una vez lo que al final te verás obligado a hacer". El pobre joven, así pervertido, abandonó el monasterio, pero no habían transcurrido muchos días antes de que cayera en toda clase de vicios; y en una disputa con algunos de sus rivales, él, junto con el pariente que lo había pervertido, fue herido tan gravemente que en poco tiempo ambos murieron el mismo día; y, lo que es aún peor, el desafortunado novicio expiró sin confesión, de la que debía estar tan necesitado. Leemos en la Vida de San Camilo de Lellis que un joven, que fue recibido en su Comunidad en Nápoles, fue perseguido por su padre. Al principio, resistió con valentía. Tuvo que ir a Roma por negocios, y allí, en una entrevista con su padre, cedió a la tentación. Al despedirle, el Santo le predijo que tendría un mal final y que moriría a manos de la justicia. Esto se cumplió. El joven se casó y más tarde, en un ataque de celos, asesinó a su mujer y a dos criados. Fue apresado y llevado ante la justicia, y aunque su padre gastó toda su fortuna para salvar la vida de su infeliz hijo, fue decapitado en la plaza del mercado de Nápoles, nueve años después de su salida del monasterio.

Sé, por lo tanto, muy vigilante, mi querido hermano, si el diablo busca por este medio hacerte perder tu Vocación. El Señor, que, por una gracia especial, te ha llamado a dejar el mundo, desea no sólo que te vayas, sino también que olvides a tu patria y a tus amigos.

Escucha, hija, y mira e inclina tu oído, y olvida a tu pueblo y la casa de tu padre (Sal. xliv. 11). Escucha, pues, lo que Dios te dice y sabe que si le abandonas por amor a tus parientes, grande será tu pena y tu remordimiento a la hora de la muerte. Te acordarás entonces de la Casa de Dios que abandonaste, y verás alrededor de tu lecho de muerte a hermanos y sobrinos llorosos, que, en un momento en que necesitas ayuda espiritual, te presionarán para que les dejes tus bienes, y ni uno solo te hablará de Dios; incluso tratarán de engañarte, para no aumentar tu dolor con el pensamiento de la muerte; te darán vanas esperanzas de recuperación, y así morirás sin preparación. Contrasta con esto la alegría y la paz que sentirás al morir en Religión, donde tendrás la dicha de ver a tu alrededor a tus hermanos, cuyas oraciones te ayudarán a fijar tus esperanzas en el Cielo, y que, en vez de engañarte, te ayudarán a expirar en paz y alegría. Reflexionad también, que si bien es cierto que vuestros padres os han amado durante muchos años con cierta ternura, Dios os amó mucho antes, y con mucho mayor amor. Tus padres te han amado durante veinte o treinta años o más, pero Dios te ha amado desde toda la eternidad. Con amor eterno te he amado (Jeremías xxxi. 3). Tus padres, es cierto, han hecho algún gasto por tu bienestar y han sufrido por tu causa, pero Jesucristo derramó toda Su Sangre y dio Su vida por ti. Por tanto, cuando tu ternura por tus padres te impulse a serles agradecido y a no desagradarles, recuerda que mucha mayor gratitud se debe a Dios, que ha hecho más por ti y te ha amado más que todos los demás. Di, pues, a ti mismo: "Relaciones, si os dejo, es por Dios, que merece más mi amor y me ama mejor que vosotros". Y con palabras como éstas vencerás esta terrible tentación de tus parientes, que ha causado la ruina de tantos en este mundo y en el otro.

## Meditación vespertina

EL AMOR QUE DIOS NOS HA MANIFESTADO AL HACERSE HOMBRE
I.
El Verbo se hizo carne... y se entregó por nosotros (Jn. i. 14. Ef. v. 2).
Consideremos el inmenso amor que Dios nos muestra al hacerse Hombre para procurarnos la vida eterna.

Nuestro primer padre, Adán, habiendo pecado y rebelado contra Dios, fue expulsado del Paraíso y condenado a la muerte eterna con todos sus descendientes. Pero he aquí al Hijo de Dios, que, viendo al hombre así perdido, para librarlo de la muerte se ofrece a tomar sobre sí carne humana y morir condenado como malhechor en la Cruz. Pero, Hijo mío, podemos suponer que el Padre le dice: considera qué vida de humillación y sufrimiento tendrás que llevar en la tierra. Tendrás que nacer en una cueva fría y ser acostado en un pesebre para bestias. Tendrás que volar de niño a Egipto para escapar de las manos de Herodes. A Tu regreso de Egipto, tendrás que vivir en una tienda como humilde siervo, pobre y despreciado. Y, finalmente, agotado por los sufrimientos, tendrás que entregar Tu vida en una Cruz, insultado y abandonado por todos. -- Padre, todo esto no importa, responde el Hijo; me contento con soportarlo todo, con tal de que el hombre se salve.

Oh gran Hijo de Dios, te has hecho Hombre para hacerte amar de los hombres; pero ¿dónde está el amor que los hombres Te tienen? Has dado Tu Sangre y Tu vida para salvar nuestras almas; ¿por qué, pues, somos tan desagradecidos contigo, que, en vez de amarte, te tratamos con tanta ingratitud y desprecio? Y he aquí, Señor, que yo he sido uno de los que más te han maltratado. Pero tu Pasión es mi esperanza. Oh, por ese amor que Te indujo a asumir carne humana y morir por mí en la Cruz, perdóname todas las ofensas que he cometido contra Ti.

Te amo, Verbo encarnado, Te amo, Dios mío.

II.

¿Qué se diría si un príncipe se compadeciera de un gusano muerto y decidiera convertirse él mismo en gusano, y se bañara, por así decirlo, con su propia sangre, para morir y devolver la vida al gusano? Pero el Verbo Eterno ha hecho aún más que esto por nosotros; pues, siendo Dios, ha elegido hacerse un gusano como nosotros, y morir por nosotros, para comprarnos la vida de la gracia divina que habíamos perdido. Cuando vio que todos los dones que nos había concedido no podían asegurarle nuestro amor, ¿qué hizo? Se hizo Hombre y se entregó enteramente a nosotros: El Verbo se hizo carne... y se entregó por nosotros (Juan. i. 14. Efesios. v. 2).

El hombre, al despreciar a Dios, dice San Fulgencio, se separó de Dios; pero Dios, por su amor al hombre, vino del Cielo a buscarlo. ¿Y para qué vino? Vino para que el hombre conociera cuánto lo amaba Dios y para que así, al menos por gratitud, lo amara a su vez. Incluso las bestias, cuando nos muestran afecto, nos hacen amarlas; y entonces, ¿por qué somos tan ingratos con un Dios que desciende del Cielo a la tierra para hacernos amarle?

Un día, cuando un sacerdote decía en misa estas palabras Et verbum caro factum est -- Y el Verbo se hizo carne -- un hombre que estaba presente descuidó hacer un acto de reverencia; ante lo cual el diablo le dio un golpe, diciendo: "¡Ah, ingrato! si Dios hubiera hecho por mí tanto como ha hecho por ti, permanecería continuamente postrado con el rostro en tierra devolviéndole las gracias".

Oh Bondad Infinita, yo Te amo, y me arrepiento de todas las injurias que Te he hecho. Ojalá pudiera morir de dolor por ellas. Oh Jesús mío, dame amor. No me dejes vivir más tiempo ingrato por el afecto que me has dispensado. Estoy decidido a amarte siempre. Dame santa perseverancia.

Oh María, Madre de Dios y Madre mía, alcánzame de tu Hijo la gracia de amarle siempre, hasta la muerte. Amén.

# Martes - Cuarta semana de Adviento

## Meditación matinal

CONSIDERACIONES SOBRE EL ESTADO RELIGIOSO. XIII.

Considera que la vida de un Religioso se parece mucho a la vida de Jesucristo. Jesús quiso vivir pobre en esta tierra como Hijo y Ayudante de un mecánico, en una pobre morada, con pobres vestidos y pobre comida, para dar así a entender a sus siervos lo que debe ser la vida de los que quieren ser sus seguidores. Oh Señor mío, lo dejaré todo y Te seguiré.

### I.

El Apóstol dice que el Padre Eterno predestina al reino de los cielos sólo a los que viven conforme a la vida del Verbo encarnado. A los que conoció de antemano, también los predestinó a ser conformes a la imagen de su Hijo (Romanos. viii. 29). Cuán felices, pues, y seguros del Paraíso no deben estar los religiosos, viendo que Dios los ha llamado a un estado de vida que, de todos los demás estados, es el más semejante a la vida de Jesucristo.

Jesús, en esta tierra, quiso vivir pobre, Hijo y Ayudante de un mecánico, en una pobre morada, con pobre vestido y pobre comida: Siendo rico se hizo pobre por vosotros, para que por su pobreza os enriquecierais (2 Corintios. viii. 9). Además, eligió una vida muy mortificada, alejada de los deleites del mundo y siempre llena de dolor y tristeza, comenzando con su nacimiento y terminando con su muerte: El hombre de dolores (Isaías. liii. 3). Con esto quiso dar a entender a sus siervos cuál debía ser la vida de los que querían seguirle: Si alguno quiere venir en pos de mí, niéguese a sí mismo, tome su cruz y sígame (Mateo xvi. 24). Siguiendo este ejemplo, y aceptando esta invitación de Jesucristo, los Santos se han esforzado por despojarse de todos los bienes terrenales, y tomar sobre sí penas y cruces, para ser como su amado Señor.

Así, vemos que San Benito, que siendo hijo del señor de Norcia, pariente del emperador Justiniano, y nacido en medio de las riquezas y placeres del mundo, siendo todavía un joven de sólo catorce años, se fue a vivir a una caverna en Subiaco, donde sólo recibía como limosna un pedazo de pan que le traía cada día el ermitaño Romanus.

Jesús, mi Maestro y Redentor, soy, pues, del número de aquellos afortunados a quienes Tú has llamado a seguirte. ¡Oh Señor mío! Te doy gracias por ello. Lo dejo todo; ojalá tuviera más que dejar, para acercarme a Ti, mi Rey y mi Dios, que, por amor a mí, y para darme valor con tu ejemplo, elegiste para Ti una vida tan pobre y tan dolorosa. Camina, Señor, yo te seguiré. Elige para mí la cruz que quieras y ayúdame. La llevaré siempre con constancia y amor. Lamento haberte abandonado en el pasado, para seguir mis concupiscencias y las vanidades del mundo; pero ahora estoy resuelto a no dejarte más. Átame a Tu Cruz, y si por debilidad a veces me resisto, atráeme con los dulces lazos de Tu amor. No permitas que vuelva a dejarte.

## II.

San Francisco de Asís renunció en favor de su padre a toda su herencia, y hasta a sus vestidos, y, así pobre y mortificado, se consagró a Jesucristo. Tampoco fue diferente con San Francisco de Borja y San Luis Gonzaga, siendo uno duque de Gandía y el otro de Castiglione. Ambos dejaron todas sus riquezas, sus haciendas, sus vasallos, su patria, su hogar, sus padres, y se fueron a vivir una vida pobre en la Religión.

Lo mismo han hecho muchos otros nobles y príncipes incluso de sangre real. La beata Zedmerra, hija del rey de Etiopía, renunció al reino para hacerse monja dominica. La beata Johanna de Portugal renunció al reino de Francia e Inglaterra para entrar en la Religión. Sólo en la Orden Benedictina se encuentran veinticinco emperadores y setenta y cinco reyes y reinas que dejaron el mundo para vivir pobres, mortificados y olvidados del mundo, en un pobre claustro. Estos, y no los grandes del mundo, son los verdaderos afortunados.

Ahora los mundanos los tienen por locos, pero en el valle de Josafat sabrán que ellos mismos han sido los locos; y cuando vean a los santos en sus tronos coronados por Dios dirán, lamentándose y desesperados: Estos son aquellos de quienes nos burlábamos... nosotros los necios considerábamos su vida una locura, y su fin sin honor. He aquí cómo han sido contados entre los hijos de Dios, y su suerte es entre los santos. (Sabiduría v. 3, 4, 5).

Sí, Jesús mío, renuncio a todas las satisfacciones del mundo; la única satisfacción que busco es amarte a Ti y sufrir como a Ti te plazca. Espero así llegar un día a unirme a Ti en tu reino con el vínculo del amor eterno, para verte y amarte sin temor de separarme jamás de Ti. Te amo, oh Dios mío, mi Todo, y siempre Te amaré. Tú eres mi esperanza, oh María Santísima, tú, la más conformada con Jesús, eres ahora la más poderosa para obtener esta gracia. Sé mi protectora.

### Lectura espiritual

ALIENTO A LAS NOVICIAS
II. LA ANSIEDAD POR LA SALUD

Otra tentación con la que el demonio suele atacar al novicio es la excesiva ansiedad por su salud. El engañador se insinúa así en la mente del novicio: "¿No te das cuenta de que llevando una vida así arruinarás tu salud, y entonces no serás útil ni al mundo ni a Dios?". El novicio debe repeler esta tentación confiando en Nuestro Señor, pues Quien le ha dado una Vocación le dará también salud para seguirla. Si ha entrado en la Casa de Dios únicamente para agradarle, como suponemos, que se consuele diciendo: "Nada oculté a mis Superiores sobre el estado de mi salud, y ellos me recibieron y aún no me han despedido; es, pues, voluntad de Dios que yo permanezca aquí, y si es su voluntad que yo sufra y aun muera en su Casa ¿qué significa? ¡Cuántos anacoretas han ido a sufrir por Él en bosques y cavernas! ¡Cuántos mártires han corrido con alegría a dar su vida por Él! Si, pues, es Su voluntad que yo pierda mi salud o mi vida por Su amor, estoy contento; no deseo otra cosa, no puedo desear nada mejor." Así hablará el Religioso ferviente que desea hacerse Santo. Si un novicio no es ferviente durante su noviciado, es seguro que no lo será nunca en la otra vida.

III. LOS INCONVENIENTES DE LA VIDA COMUNITARIA.

Una tercera tentación es el temor de no poder soportar las incomodidades de la vida común, como la comida escasa y mal preparada, el lecho duro, el dormir poco, la prohibición de salir de casa, la observancia del silencio y, sobre todo, el no poder seguir la propia voluntad. Cuando el novicio es asaltado por esta tentación, debe repetir lo que San Bernardo solía decirse a sí mismo: "Bernardo, ¿a qué has venido aquí?".

Debe recordar que no ha venido a la Casa de Dios para acomodarse, sino para hacerse santo; y ¿cómo puede hacerse santo? ¿Por la comodidad y el placer? No, sino con sufrimientos y muriendo a sus afectos y apetitos desordenados. Santa Teresa dice que "esperar que Dios admitirá en su amor a los que son aficionados a su propia comodidad, es un gran error". Y en otro lugar: "Las almas que verdaderamente aman a Dios no pueden pedir reposo". Por tanto, quien no esté firmemente resuelto a sufrir y a soportarlo todo por amor a Dios, nunca llegará a ser santo. No; nunca llegará a ser santo, ni siquiera gozará de verdadera paz. ¿Por qué? ¿Acaso te imaginas que la verdadera paz se encuentra en el goce de los bienes terrenales o en los placeres sensuales, o acaso crees que los ricos de alta alcurnia, que abundan en estas cosas, han llegado a ella? Son los más miserables; se alimentan de hiel. Todo es vanidad y aflicción de espíritu (Eclesiastés. i. 14). Así describía Salomón los bienes terrenales, de los que había disfrutado plenamente. Cuando un hombre pone sus afectos en estas cosas, cuanto más tiene más desea, y nunca está tranquilo; pero cuando pone toda su felicidad en Dios, en Él encuentra la paz perfecta. Deléitate en el Señor, dice David, y él te concederá las peticiones de tu corazón (Sal. xxxiv. 4). El padre Carlos de Lorena, hermano del duque de Lorena, se hizo religioso, y cuando estaba solo en su pobre celda sentía una paz interior tan grande que bailaba de alegría. El Beato Serafín, capuchino, decía que no daría un palmo de su cuerda por todas las riquezas y dignidades de la tierra; y Santa Teresa solía animar a otros en dificultades diciendo: "Cuando un alma está resuelta a sufrir, el sufrimiento cesa".

### IV. EL DESALIENTO EN LAS ARIDECES

Pero aquí debemos reparar en un error con que el demonio tienta al novicio cuando siente esta aflicción de espíritu. "¿No ves -le dice- que aquí no has encontrado la paz? Has perdido la devoción, todo te cansa: la oración, la lectura espiritual, la comunión, incluso el recreo. Estos son signos de que Dios no quiere que permanezcas en la Religión". ¡Oh, qué terrible y peligrosa es esta tentación para un novicio nuevo e inexperto! Para vencerla debe considerar primero la verdadera naturaleza de la paz del alma mientras está en la tierra, que es un lugar de prueba, y por lo tanto debe ser de dolor. Esta paz no consiste, como ya hemos visto, en el disfrute de las cosas buenas de este mundo. Ni siquiera consiste en los deleites espirituales, porque éstos no aumentan nuestro mérito ni nos hacen más queridos a Dios. La verdadera paz sólo se encuentra en la conformidad de nuestra voluntad con la voluntad de Dios, y la paz que debemos desear es la de tener nuestra voluntad perfectamente unida a la voluntad divina, incluso en nuestra oscuridad y desolación. ¡Oh, cuán querida es a Dios el alma que persevera fielmente en la lectura espiritual, en la meditación, en las comuniones y en otros ejercicios piadosos únicamente para agradarle, sin sentir ningún consuelo sensible! ¡Oh, el gran mérito de las buenas obras cuando se hacen puramente por amor de Dios, sin buscar recompensa aquí abajo! El Venerable Padre Antonio Torres escribió a una persona en desolación espiritual: "Cuando llevamos la Cruz de Jesús sin consuelo, nuestra alma corre, más aún, vuela hacia la perfección".

Cuando un novicio se encuentra en un estado de aridez debe decir a Dios: "Oh Señor, si es Tu voluntad que yo permanezca en la desolación y privado de todo consuelo, deseo estar en ese estado todo el tiempo que Te plazca; nunca te dejaré; mírame dispuesto a soportar estas molestias durante toda mi vida, y aun por toda la eternidad, si Tú lo quieres. Me basta saber que es Tu voluntad". Así hablará un novicio que desee realmente amar a Dios; pero que esté seguro de que tales sufrimientos no durarán para siempre. Con tales insinuaciones trata el demonio de destruir su confianza, haciéndole creer que su desolación durará para siempre, que le llevará a la desesperación y que al fin no podrá soportarla. Sin embargo, estas terribles tormentas que el enemigo puede levantar en el alma cuando está en tinieblas y desolada, no durarán para siempre. Al que venciere, le daré un maná escondido, dice Nuestro Señor. (Apocalipsis. ii. 17). Sí, los que atraviesen con paciencia tales tempestades de aridez y desolación, y venzan tales tentaciones, serán consolados por el Señor mismo, que les dará a gustar un maná escondido -- esa paz interior que, según San Pablo, sobrepasa todo entendimiento (Filipenses. iv. 7). Este único pensamiento -estoy haciendo la voluntad de Dios, estoy agradando a Dios- da una paz muy superior a todas las alegrías, pasatiempos, fiestas, honores y dignidades del mundo. Dios no puede faltar a la promesa que ha hecho a los que han dejado todas las cosas por su amor. Y todo el que haya dejado casa, o hermanos, o hermanas, o padre, o madre, o mujer, o hijos, o tierras, por mi nombre, recibirá aquí cien veces más, y poseerá la vida eterna (Mateo. xix. 29). Les promete el Paraíso en el otro mundo y el céntuplo en éste. ¿Y qué es este céntuplo? Es el testimonio de una buena conciencia, que supera inconmensurablemente todos los placeres de esta vida.

## Meditación vespertina

JESÚS LO HA HECHO Y SUFRIDO TODO PARA SALVARNOS.

I.

Me amó y se entregó a sí mismo por mí (Gálatas. ii. 20).

El Hijo de Dios, siendo Dios verdadero, es infinitamente feliz; y, sin embargo, como dice Santo Tomás, ha hecho y sufrido tanto por el hombre como si no pudiera ser feliz sin él. Si Jesucristo se hubiera visto obligado a ganarse en esta tierra su Bienaventuranza Eterna, ¿qué más habría podido hacer que cargar con todas nuestras debilidades y asumir todas nuestras flaquezas, para luego terminar su vida con una muerte tan severa e ignominiosa? Pero no, Él era inocente, era santo y era en sí mismo bienaventurado; todo lo que hizo y sufrió fue para ganarnos la gracia divina y el Paraíso, que habíamos perdido.

Miserable es quien no te ama, Jesús mío, y no pasa su vida enamorado de tanta bondad.

Si, pues, Jesús mío, has abrazado por amor a mí una vida trabajosa y una muerte amarga, puedo, en verdad, decir que tu muerte es mía, tus sufrimientos son míos, tus méritos son míos, tú mismo eres mío; ya que por mí te has entregado a tan grandes sufrimientos. Ah, Jesús mío, no hay nada que me aflija más que el pensamiento de que una vez fuiste mío, y que tantas veces te he perdido voluntariamente. Perdóname y úneme a Ti; no permitas que en el futuro vuelva a ofenderte. Te amo con todo mi corazón. Tú quieres ser todo mío, y yo seré toda Tuya.

## II.

Si Jesucristo nos hubiera permitido pedirle la mayor prueba de su amor, ¿quién se hubiera atrevido a proponerle que se hiciera Niño entre nosotros, que abrazara todas nuestras miserias, que se hiciera, entre todos los hombres, el más pobre, el más despreciado, el más maltratado, hasta morir entre tormentos la infame muerte de Cruz, maldecido y abandonado por todos, hasta por su propio Padre? Pero lo que nosotros no nos hubiéramos atrevido ni siquiera a pensar, Él lo ha pensado y lo ha hecho.

Mi amado Redentor, te suplico que me concedas las gracias que me has merecido con tu muerte. Te amo y siento haberte ofendido. Oh, toma mi alma en tus manos; no dejaré que el demonio la domine más; deseo que sea enteramente tuya, ya que Tú la has comprado con tu Sangre. Sólo Tú me amas y sólo a Ti amaré. Líbrame de la miseria de vivir sin Tu amor, y después castígame como Tú quieras. Oh María, mi refugio, la muerte de Jesús y tu intercesión son mi esperanza.

# Miércoles-cuarta semana de Adviento

## Meditación matinal

CONSIDERACIONES SOBRE EL ESTADO RELIGIOSO. XIV.

Considera el celo que deben tener los Religiosos por la salvación de las almas. Nuestro Redentor no impuso a San Pedro penitencias, ni oraciones, ni otras cosas, sino sólo que procurase salvar a sus ovejas. Simón, hijo de Juan, ¿me amas? ... Apacienta mis ovejas (Juan. xxi. 17).

Sí, Señor mío, te serviré con todas mis fuerzas en esta gran obra.

### I.

El que es llamado a la Congregación del Santísimo Redentor nunca será un verdadero seguidor de Jesucristo, y nunca llegará a ser Santo, si no cumple el fin de su Vocación, y no tiene el espíritu del Instituto, que es la salvación de las almas, especialmente de las almas más destituidas de socorro espiritual, como son los pobres del campo.

Este fue verdaderamente el fin para el que nuestro Redentor bajó del Cielo: El espíritu del Señor, dice nuestro divino Maestro, me ha ungido para predicar el Evangelio a los pobres (Lucas iv. 18). No buscó otra prueba del amor que Pedro le tenía, sino que procurase la salvación de las almas: Simón, hijo de Juan, ¿me amas? ... Apacienta mis ovejas (Juan. xxi. 17). No le impuso, dice San Juan Crisóstomo, penitencia, oraciones ni ninguna otra cosa, sólo le pidió que se esforzara por salvar a sus ovejas: "Cristo no le dijo: regala tu dinero, ayuna, debilita tu cuerpo con duros trabajos, sino que le dijo: Apacienta mis ovejas". Y Él declara que consideraría todo beneficio conferido al más pequeño de nuestros prójimos como conferido a Él mismo. De cierto os digo que cuantas veces lo hicisteis a uno de estos mis hermanos más pequeños, a mí lo hicisteis (Mateo. xxv. 40).

Todo religioso debe, pues, con el mayor cuidado, alimentar este celo y este espíritu de ayuda a las almas. A este fin deben dirigirse sus estudios, y su pensamiento constante y toda su atención deben dedicarse al trabajo por las almas que le encomienden sus superiores. Faltaría a este espíritu quien, por el deseo de ocuparse sólo de sí mismo y de llevar una vida retirada y solitaria, no aceptase de todo corazón el trabajo que le impone la obediencia.

Oh Señor mío Jesucristo, ¿cómo podré agradecerte bastante que me hayas llamado a la misma obra que Tú mismo realizaste en la tierra, a saber, ayudar a la salvación de las almas con mis pobres trabajos? ¿En qué he merecido este honor y esta recompensa, después de haberte ofendido tan gravemente yo mismo, y de haber hecho que otros también te ofendieran? Sí, Señor mío. Tú me llamas para ayudarte en esta gran empresa. Te serviré con todas mis fuerzas.

## II.

¿Qué mayor gloria puede tener un hombre que ser, como dice San Pablo, cooperador de Dios en esta gran obra de la salvación de las almas? El que ama ardientemente al Señor no se contenta con amarle solo, sino que quiere atraer a todos a su amor, diciendo con David: Engrandeced conmigo al Señor, y ensalcemos juntos su nombre (Sal. xxxiii. 4). De ahí que San Agustín exhorte a todos los que aman a Dios a "atraer a todos los hombres a su amor".

Un buen motivo de esperanza para su propia salvación tiene quien, con verdadero celo, trabaja por la salvación de las almas. "¿Has salvado un alma?", dice San Agustín, "entonces has predestinado a la tuya". El Espíritu Santo promete: Cuando derrames tu alma al hambriento, y sacies al alma afligida… el Señor llenará tu alma de resplandor… y serás como un jardín regado, y como una fuente de agua cuyas aguas nunca faltarán (Is. lviii. 10, 11). En esto, es decir, en procurar la salvación de los demás, cifró San Pablo su esperanza de salvación eterna, cuando dijo a sus discípulos de Tesalónica: Pues ¿cuál es nuestra esperanza, gozo o corona de gloria? ¿No lo sois vosotros, en la presencia de nuestro Señor Jesucristo en su venida? (1 Tesalonicenses. ii. 19).

He aquí, oh Jesús, que te ofrezco todos mis trabajos y mi sangre, y aun mi vida para obedecerte. No busco con esto satisfacer mi propia inclinación, ni ganar el aplauso y la estima de los hombres; no deseo otra cosa que verte amado por todos como Tú mereces. Aprecio mi feliz suerte y me considero afortunado de que me hayas elegido para esta gran obra, en la cual, ahora protesto que renuncio a toda alabanza de los hombres y a toda autosatisfacción y sólo busco Tu gloria. Para Ti sea todo el honor y la satisfacción, y para mí sólo la incomodidad, la culpa y el reproche. Acepta, Señor, esta ofrenda que yo, miserable pecador, que deseo amarte y verte amado por los demás, te hago de mí mismo, y dame fuerza para hacer lo que deseo.

María Santísima, abogada mía, que tanto amas a las almas, ayúdame.

## Lectura espiritual

### ALIENTO A LAS NOVICIAS
### V. DUDAS SOBRE LA PROPIA VOCACIÓN

Pero aún no he terminado. Queda una tentación aún más peligrosa. Las que he descrito hasta ahora son mundanas y carnales, y por eso es más fácil reconocerlas como provenientes del demonio y vencerlas. No sucede lo mismo con las tentaciones que se ocultan bajo la apariencia de devoción y de un bien mayor; éstas son más terribles y más fáciles de engañar.

La primera de estas tentaciones, ordinariamente, es poner en duda la propia Vocación. "¿Quién puede decir", sugiere el diablo, "si la tuya es una verdadera vocación o sólo una fantasía? Si no has sido realmente llamado por Dios, no recibirás la gracia de la perseverancia, y después de haber hecho los votos, te arrepentirás y apostatarás; podrías haber salvado tu alma en el mundo, y aquí puede perderse." Para vencer esta tentación, debes considerar cómo puede uno saber que su Vocación es cierta. La vocación es cierta cuando concurren tres cosas: en primer lugar, una buena intención, es decir, el deseo de escapar de los peligros del mundo, de asegurar mejor la salvación eterna o de unirse más estrechamente a Dios; en segundo lugar, cuando no hay ningún impedimento positivo en cuanto a salud o talento, o necesidad de padres, y sobre todo esto el novicio debe estar perfectamente tranquilo después de haberlos sometido al juicio de sus superiores sincera y verazmente; en tercer lugar, cuando es aceptado por los superiores. Ahora bien, cuando concurren estas tres cosas, el novicio no debe dudar de que tiene verdadera vocación.

### VI. EL PENSAMIENTO DE QUE SE PODRÍA VIVIR MÁS DEVOTAMENTE SI SE FUERA LIBRE

Otra tentación que el mal espíritu emplea con los que, antes de entrar en Religión, llevaban vida espiritual, es: "Cuando estabais en el mundo -dice- rezabais más que ahora, practicabais más mortificaciones, observabais mejor el silencio, erais más recogidos, dabais más limosnas, etc. No sois capaces de hacer todo esto si estuvierais libres. Ahora no podéis hacer todas estas cosas buenas, y menos aún las podréis hacer cuando hayáis terminado el noviciado, porque entonces vuestros superiores os pondrán a estudiar o os emplearán en algún oficio de la Comunidad, o en otras cosas de obediencia que os distraerán de estas obras piadosas." ¡Oh, qué ilusión! Si un novicio hace caso de semejante tentación, es señal de que no comprende el gran mérito de la obediencia. Quien ofrece a Dios todas sus oraciones (y Santa María Magdalena de Pazzi dice que todo lo que se hace en una comunidad religiosa es oración), sus limosnas, sus ayunos y penitencias, le da una parte de lo que le pertenece, pero no todo; o, para hablar con más propiedad, le da lo que posee, pero no se da a sí mismo; mientras que quien renuncia a su propia voluntad por un voto de obediencia, se entrega enteramente a Dios, y puede decir: "Señor, habiendo consagrado toda mi voluntad a Ti, no tengo nada más que dar". Su propia voluntad es la cosa de la cual es más difícil para un hombre despojarse, pero es el don que es más aceptable a Dios, y que Él requiere de nosotros. Mi hijo me da tu corazón (Proverbios xiii. 26), es decir, tu voluntad; y por eso, Nuestro Señor declara que la obediencia le es más grata que todos los demás sacrificios. La obediencia es mejor que los sacrificios (1 Reyes, xv. 22). Así, el que se entrega a Dios por la obediencia obtiene, no sólo una vez, sino para siempre, una victoria sobre las riquezas, los honores y los placeres del mundo, y sobre cualquier otra cosa que se interponga en el camino de su perfección. Un hombre obediente hablará de victoria (Prov. xxi. 28). Un hombre que vive en el mundo, sin duda, gana mérito por sus ayunos, disciplinas, oraciones y cosas semejantes, pero siguiendo en éstas su propia voluntad, gana menos que un Religioso, que todo lo hace por obediencia. El Religioso gana más mérito, y lo gana continuamente, porque todo en la Comunidad se hace bajo la obediencia. Aquí se hace mérito no sólo cuando se reza, o se ayuna, o se toma la disciplina, sino también cuando se estudia, o se toma el aire fresco, o se está sentado a la mesa, o se hace recreación, o se toma reposo. San Luis Gonzaga decía que en el barco de la religión siempre avanzamos, aunque no rememos. De ahí que comprendamos cómo personas que han llevado una vida espiritual en el mundo han procurado someterse a la obediencia ingresando en alguna Orden religiosa, bien sabedoras del mayor mérito de las buenas obras que se realizan mediante la obediencia.

## Meditación vespertina

### JESÚS VIENE PARA LLEVAR UNA VIDA AFLIGIDA
### I.

Teniendo ante sí el gozo, soportó la cruz (Heb. xii. 2).

Al crear al hombre en el principio, Dios no lo puso en la tierra para que sufriera, sino que lo colocó en el paraíso del placer (Génesis. ii. 15). Puso al hombre en un lugar de delicias para que de allí pasara al cielo, donde gozaría por toda la eternidad de la gloria de los bienaventurados. Pero, por el pecado, el hombre se hizo desgraciadamente indigno de su Paraíso terrestre y cerró contra sí las puertas del Paraíso celestial, condenándose voluntariamente a la muerte y a la miseria eterna. Pero, ¿qué hizo el Hijo de Dios para rescatar al hombre de tal estado de miseria? De ser bienaventurado y felicísimo como era, eligió ser afligido y atormentado. Nuestro Redentor podría, en efecto, habernos rescatado de las manos de nuestros enemigos sin sufrir. Podía haber venido a la tierra y continuar en su felicidad, llevando una vida llena de alegrías y recibiendo el honor que le correspondía como Rey y Señor de todo. Una sola gota de Su Sangre, una sola lágrima Suya ofrecida a Dios habría redimido al mundo, y a un número incontable de mundos, a causa de la Infinita dignidad de Su Persona. Pero no, teniendo el gozo por delante, soportó la Cruz. Renunció a todos los placeres y honores y eligió en la tierra una vida llena de trabajo e ignominia. "Lo que fue suficiente para la Redención", dice San Juan Crisóstomo, "no fue suficiente para el amor".

Sí, porque este Hombre nació a propósito para sufrir, por eso tomó para Sí un cuerpo particularmente adaptado al sufrimiento. Como nos dice el Apóstol, dijo a su Padre Eterno al venir a este mundo: Sacrificio y oblación no quisiste, pero un cuerpo me has adaptado (Hebreos. x. 5). Me has dado un cuerpo como Te pedí, delicado, sensible y hecho para el sufrimiento. Acepto gustoso este cuerpo y Te lo ofrezco, porque sufriendo en él todos los dolores que me acompañarán en la vida y causarán finalmente mi muerte en la Cruz, Te propiciaré en favor del género humano y ganaré para Mí el amor de los hombres.

Gloria a Dios en las alturas (Lucas ii. 14). Te doy gracias, oh Jesús, en nombre de toda la humanidad, pero te doy gracias especialmente por mí, miserable pecador. ¿Qué habría sido de mí, qué esperanza habría tenido de perdón y salvación, si Tú, mi Salvador, no hubieras bajado del cielo para salvarme? Por eso te alabo, te doy gracias y te amo.

## II.

He aquí, pues, que Jesús apenas ha entrado en este mundo cuando comienza Su sacrificio empezando a sufrir. Siendo un Infante en el vientre de Su Madre, Jesús soporta durante nueve meses la oscuridad de esa prisión; soporta todo el dolor y está plenamente vivo para todo lo que soporta. Jesús era en sabiduría, no en edad, un Hombre, mientras aún no había nacido, dice San Bernardo. Sale del vientre de su Madre, pero sale para un nuevo sufrimiento. Eligió nacer en pleno invierno, en una caverna donde las bestias encuentran establo, y a medianoche. Nace en tal pobreza que no tiene fuego para calentarse ni ropas que lo protejan del frío invernal. "Noble púlpito es ese pesebre", dice Santo Tomás de Villanueva. ¡Oh, qué bien nos enseña Jesús el amor al sufrimiento en la gruta de Belén!

Si quieres amar a Jesucristo, aprende de Él cómo debes amarle. "Aprende de Cristo cómo debes amar a Cristo", dice San Bernardo. Alégrate de sufrir algo por el Dios que tanto sufrió por ti. El deseo de agradar a Jesucristo y de demostrarle el amor que le profesaban era lo que hacía que los Santos tuvieran hambre y sed, no de honores y placeres, sino de sufrimientos y desprecios. Esto hizo decir al Apóstol: Dios me libre de gloriarme sino en la cruz de nuestro Señor Jesucristo (Gálatas. vi. 14). Y Santa Teresa: "¡O sufrir o morir!". Y Santa María Magdalena de Pazzi: "¡Padecer y no morir!". Y San Juan de la Cruz: "¡Oh Señor, que yo sufra y sea despreciado por Ti!".

¡Oh mi querido Redentor, alabo tu infinita misericordia! Alabo tu infinita caridad. Te amo sobre todas las cosas, Te amo más que a mí mismo. Te amo con toda mi alma y me entrego todo a Ti. Recibe, oh Sagrado Infante, estos actos de amor. Si son fríos porque vienen de un corazón helado, inflama Tú este pobre corazón mío, un corazón que te ha ofendido, pero que ahora está arrepentido. Oh santísima María, alcánzame la gracia de vivir siempre unido a tu Hijo por las benditas cadenas del amor. Ruégale por mí. Esta es mi esperanza.

# Jueves - Cuarta semana de Adviento

**Meditación matinal**

CONSIDERACIONES SOBRE EL ESTADO RELIGIOSO. XV.
Considerad cuán necesarias son para los Religiosos las virtudes de mansedumbre y humildad.

Nuestro Santísimo Redentor quiso ser llamado Cordero para mostrarnos cuán manso y humilde era Él mismo, y para que sus discípulos aprendiesen de Él a ser igualmente mansos y humildes de corazón (Mt. xi. 29). El Espíritu Santo dice: Lo que le es agradable es la fe y la mansedumbre (Eclesiástico. i. 34, 35).

I.

Aprended de mí que soy manso y humilde de corazón. La mansedumbre y la humildad de corazón son virtudes que Jesús, el Cordero de Dios, exige principalmente a los religiosos que profesan imitar su santísima vida. El que vive solitario en un desierto no tiene tanta necesidad de estas virtudes; pero para el que vive en comunidad, es imposible no encontrarse, de vez en cuando, con una reprimenda de sus superiores, o con algo desagradable de sus compañeros. En tales casos, el religioso que no ama la mansedumbre cometerá mil faltas cada día y vivirá una vida inquieta. Debe ser todo dulzura con todos: con los extraños, con los compañeros y con los inferiores, si alguna vez llega a ser Superior; y si es inferior, debe considerar que un acto de mansedumbre soportando desprecios y reproches tiene más valor para él que mil ayunos y mil disciplinas.

San Francisco decía que muchos hacen consistir su perfección en mortificaciones exteriores, y, después de todo, no son capaces de soportar una sola palabra injuriosa. "Sin comprender", añadía, "cuánto más se gana soportando pacientemente las injurias". ¡Cuántas personas, como observa San Bernardo, son todo dulzura cuando nada se dice o hace contrario a su inclinación, pero muestran su falta de mansedumbre cuando algo se les atraviesa! Y si alguno llega a ser Superior, que crea que una sola reprimenda hecha con mansedumbre aprovechará más a sus súbditos que mil hechas con severidad. "Los mansos son útiles a sí mismos y a los demás", como enseña San Juan Crisóstomo. En resumen, como dijo el mismo Santo, la mayor señal de un alma virtuosa es verla conservarse en la mansedumbre en las ocasiones de contradicción. Un corazón manso es el deleite del Corazón de Dios. Lo que le es agradable es la fe y la mansedumbre.

Oh humildísimo Jesús, que por amor a mí te humillaste y te hiciste obediente hasta la muerte de cruz, ¿cómo tengo valor para presentarme ante Ti y llamarme tu discípulo? Yo que me veo tan pecador y tan orgulloso que no puedo soportar una sola injuria sin resentirla. ¿De dónde viene tanto orgullo en mí, que por mis pecados he merecido tantas veces ser arrojado para siempre al infierno con los demonios? Ah, mi despreciado Jesús, ayúdame y hazme conforme a Ti. Cambiaré de vida.

## II.

Conviene que el religioso se represente en sus meditaciones todas las contradicciones que pueden sucederle, y se arme contra ellas; y luego, cuando se presente la ocasión, debe hacerse violencia a sí mismo, para no excitarse ni estallar en impaciencia. Por lo tanto, debe abstenerse de hablar cuando su mente está perturbada, hasta que esté seguro de que se ha calmado de nuevo.

Pero para soportar las injurias con tranquilidad, es necesario ante todo tener un gran fondo de humildad. El que es verdaderamente humilde no sólo no se conmueve cuando se ve despreciado, sino que incluso se complace, y se alegra de ello en su espíritu, por mucho que se resienta la carne; porque se ve tratado como se merece, y hecho conforme a Jesucristo, que, digno como era de todo honor, eligió, por amor a nosotros, saciarse de desprecios e injurias.

El Hermano Junípero, discípulo de San Francisco, cuando le hicieron una injuria, levantó su capucha, como si esperara recibir perlas del Cielo. Los santos siempre han deseado más las injurias que los mundanos el aplauso y los honores. ¿Y de qué sirve un religioso que no sabe soportar el desprecio por amor de Dios? Es siempre orgulloso; humilde sólo de nombre, y un hipócrita a quien la gracia divina repugnará, como dice el Espíritu Santo: Dios resiste a los soberbios, pero a los humildes da gracia (1 Pedro v. 5).

Oh Jesús, por amor a mí has soportado tanto desprecio; yo, por amor a Ti, soportaré toda injuria. Tú, Redentor mío, has hecho honorable y deseable el desprecio, pues lo has abrazado con tanto amor durante tu propia vida. Dios me libre de gloriarme sino en la cruz de nuestro Señor Jesucristo (Gálatas. vi. 14). Oh mi humildísima Señora, María, Madre de

Dios, tú que fuiste en todo, y especialmente en el sufrimiento, la más conforme a tu Hijo, alcánzame la gracia de soportar en paz todas las injurias que en adelante se me ofrezcan. Amén.

## Lectura espiritual

### ALIENTO A LOS NOVICIOS
### VII. PENSAR QUE SE PUEDE SER MÁS ÚTIL AL PRÓJIMO EN EL MUNDO QUE EN LA RELIGIÓN

Hay una tentación todavía más peligrosa, a saber: el demonio representa a un novicio que puede ser más útil en el mundo que en la Religión. "Has venido", le dice, "a esta Comunidad, donde hay tantos otros que se esfuerzan por ayudar a las almas, pero podrías hacerlo mucho mejor permaneciendo en tu propio país, que tiene tanta necesidad de obreros apostólicos que ayuden a las almas." El hombre que siente esta tentación debe recordar que el mayor bien que podemos hacer es el que Dios desea de nosotros. Él no tiene necesidad de nadie, y si considera conveniente enviar más ayuda a tus compatriotas, puede hacerlo por medio de otros. Como Él os ha llamado a Su Casa, es allí donde encontraréis el bien que os ha destinado y es éste: ser perfectamente obedientes a vuestra Regla y a los mandatos de vuestros Superiores. Si por obediencia te mantienes inactivo en algún lugar o te empleas en barrer la casa o lavar los platos, éstas son las mejores obras para ti.

¿Y qué bien puede hacer un hombre en su propio país? El mismo Jesucristo, cuando le pidieron que predicara y hiciera el bien en su propio país, respondió: Ningún profeta es aceptado en su propio país (Lucas iv. 24). Esto es tan cierto que la gente tiene, en efecto, una gran repugnancia a confesar grandes faltas a un sacerdote que es su propio pariente y compatriota, y está constantemente entre ellos, y con frecuencia prefieren acudir a extraños. En cuanto a los sermones, se suele decir que los de un paisano son poco apreciados por sus oyentes, porque es uno de ellos y están acostumbrados a su voz. Si un predicador fuera un San Pablo sería escuchado, al principio, con gran efecto, pero cuando llevara seis meses o un año, agradaría menos y sería menos provechoso para sus oyentes. Por esta razón, los misioneros hacen mucho bien en los lugares que visitan, porque son extranjeros y su voz es nueva para la gente. Es cierto que un sacerdote perteneciente a una comunidad y, sobre todo, misionero, salvará más almas en un solo mes y en una sola misión, que si hubiera permanecido diez años trabajando en su lugar de origen. Además, permaneciendo en el mismo lugar, sólo puede ayudar a los que están a su alrededor, mientras que si se dedica a las misiones, salvará almas en cien, en mil lugares diferentes. Además, un seglar a veces duda y no está seguro de cuál, entre las diferentes buenas obras, es la más agradable a Dios; un religioso, al obedecer a su superior, está seguro de la voluntad de Dios. Religiosos son aquellos siervos que pueden decir con confianza: Somos felices, oh Israel, porque se nos han dado a conocer las cosas que son agradables a Dios (Baruc. iv. 4).

En fin, el diablo tienta a aquellos a quienes Dios, tal vez, ha favorecido con consuelos espirituales, tales como el don de las lágrimas, y las emociones sensibles de amor, diciendo: "¿No os dais cuenta de que no estáis llamados a una vida activa en la Religión, sino que estáis destinados a la contemplación, a la soledad y a la unión del alma con Dios? Deberías elegir otra Orden o un eremitorio". Si el diablo me tentara de esta manera, yo respondería: "Ya que has mencionado la Vocación, debo seguir mi Vocación antes que mi inclinación, o tus sugerencias; y, ya que Dios, en primer lugar, me ha llamado a una Orden activa, ¿quién me asegurará que el pensamiento de dejarla es una inspiración, y no una tentación?".

Yo te diría lo mismo, hermano mío. Sin duda, Dios llama a unos a la vida activa y a otros a la contemplativa. Pero, como Él te ha llamado a una Orden activa, debes creer que cualquier otro pensamiento viene del demonio, que así trata de hacerte perder tu verdadera Vocación. San Felipe Neri dice: "que no debemos dejar un buen estado por otro mejor, a menos que estemos seguros de que es la voluntad de Dios; y, por tanto, si quieres evitar el error, debes estar más que moralmente seguro de que Dios desea que cambies." Pero, ¿qué certeza puedes tener, sobre todo si tu superior y tu Padre espiritual te dicen que es una tentación? Considera, además, que Santo Tomás enseña que, aunque la vida contemplativa es más perfecta que la activa, la vida mixta -es decir, dividida entre la oración y la acción- es la más perfecta de todas; porque tal fue la vida del mismo Jesucristo. Y tal es la vida en todas las Comunidades activas bien ordenadas, en las que se dedican muchas horas cada día a la oración y al silencio; y podemos decir que los Religiosos llevan una vida activa cuando están fuera, pero son como otros tantos ermitaños en casa.

Por lo tanto, mi querido hermano, no permitas que el enemigo te aleje con pretextos engañosos, y ten la seguridad de que si dejas la Congregación que te ha aceptado, tú, como tantos otros, te arrepentirás cuando sea demasiado tarde para aplicar un remedio; porque quien ha abandonado una vez la vida religiosa encontrará muy difícil ser recibido de nuevo.

## Meditación vespertina

EL DOLOR QUE LA INGRATITUD DE LOS HOMBRES HA CAUSADO A JESÚS

I.

Vino a los suyos, y los suyos no le recibieron (San Juan i. 11).

Durante el santo tiempo de Navidad, San Francisco de Asís recorría los caminos y los bosques, llorando y suspirando con inconsolables lamentos. Cuando le preguntaron la razón respondió: "¿Cómo no llorar cuando veo que el Amor no es amado? Veo a un Dios que se ha vuelto como tonto por amor al hombre, y al hombre tan ingrato con este Dios". Ahora bien, si esta ingratitud de los hombres afligió tanto el corazón de San Francisco, consideremos cuánto más debió afligir el Corazón del mismo Jesucristo. Apenas concebido en el seno de María, vio la cruel ingratitud que iba a recibir de los hombres. Había descendido del Cielo para encender el fuego del amor divino, y sólo este deseo le había hecho descender a esta tierra, para sufrir aquí las mayores penas e ignominias: Fuego he venido a echar en la tierra; ¿y qué quiero, sino que se encienda? (Lucas xii. 49). Y entonces contempló los horribles pecados que los hombres cometerían después de haber visto tantas pruebas de su amor. Fue esto, dice San Bernardino de Siena, lo que le hizo sentir una pena infinita.

Es verdad, pues, oh Jesús mío, que descendiste del cielo para hacerme amarte; que bajaste para abrazar por mí una vida de sufrimiento y la muerte de cruz, a fin de que yo pudiera acogerte en mi corazón; y, sin embargo, tantas veces te he alejado de mí y he dicho: "Apártate de mí, Señor; aléjate de mí, Señor, porque no te quiero". Oh Dios, si no fueras infinita Bondad, y no hubieras dado tu vida para obtener mi perdón, no tendría valor para pedírtelo. Pero siento que Tú mismo me ofreces la paz: Volveos a mí, dice el Señor de los ejércitos, y yo me volveré a vosotros (Zacarías. i. 3). Tú, Tú mismo, a quien he ofendido, oh Jesús mío, hazte mi Intercesor: Él es la propiciación por nuestros pecados (1 Juan. ii. 2). No te haré, pues, esta nueva injuria de desconfiar de tu misericordia. Me arrepiento con toda mi alma de haberte despreciado, oh soberano Bien; recíbeme en tu favor, por la Sangre que derramaste por mí: Padre, no soy digno de ser llamado hijo tuyo (Lucas xv. 21).

II.

Incluso entre nosotros es una pena insufrible para un hombre verse tratado con ingratitud por otro; porque, como observa el Beato Simón de Casia, la ingratitud aflige a menudo el alma más que cualquier dolor aflige el cuerpo: "La ingratitud suele causar más amargo dolor en el alma que el dolor en el cuerpo". ¿Qué dolor, pues, debió causar nuestra ingratitud a Jesús, que era nuestro Dios, cuando vio que sus beneficios y su amor serían pagados con ofensas e injurias? Y me pagaron mal por bien, y odio por mi amor (Sal. cviii. 5). Pero incluso en la actualidad parece como si Jesucristo anduviera quejándose de que me he convertido en un extraño para mis hermanos (Salmo. lxviii. 9). Porque ve que muchos ni le aman ni le conocen, como si no les hubiera hecho ningún bien, ni hubiera sufrido nada por amor a ellos. Oh Dios, ¿qué valor dan aún ahora tantos cristianos al amor de Jesucristo? Nuestro Santísimo Redentor se apareció una vez al Beato Enrique Suso bajo la forma de un peregrino que iba mendigando de puerta en puerta por un alojamiento, pero todos le ahuyentaban con insultos e injurias. Cuántos, ¡ay! son como aquellos de quienes habla Job: Que dijeron a Dios: Apártate de nosotros... mientras había llenado sus casas de bienes (Job xxii. 17). Hasta ahora nos hemos unido a estos ingratos, pero ¿seremos siempre como ellos? No; porque no lo merece aquel amable Infante, que vino del Cielo a sufrir y morir por nosotros para que le amásemos.

No, Redentor mío y Padre mío, ya no soy digno de ser hijo tuyo, por haber renunciado tantas veces a tu amor; pero Tú, por tus méritos, me haces digno. Te doy gracias, Padre mío. Te doy gracias y Te amo. Ah, el solo pensamiento de la paciencia con que me has soportado durante tantos años, y de los favores que me has concedido después de las muchas injurias que te he hecho, debería hacerme vivir constantemente ardiendo en tu amor. Ven, pues, Jesús mío, porque no te alejaré más, ven y habita en mi pobre corazón. Te amo y te amaré siempre; pero inflama más y más mi corazón con el recuerdo del amor que me has dado. Oh María, mi Reina y mi Madre, ayúdame, ruega a Jesús por mí; hazme vivir durante el resto de mi vida, agradecido a ese Dios que tanto me ha amado, aunque yo le haya ofendido tanto.

# Viernes - Cuarta semana de Adviento

## Meditación matutina

### JESÚS DESEA SER AMADO

Un niño nos ha nacido y un hijo se nos ha dado (Isaías. ix. 6).
He aquí el fin por el que el Hijo de Dios quiso nacer niño, para entregarse a nosotros desde su infancia y atraer así nuestro amor. Así pues, quiso nacer porque quería ser amado.

### I.

Dios concedió tantas bendiciones a los hombres para atraerlos a amarlo; pero estos hombres ingratos no sólo no lo amaron, sino que ni siquiera lo reconocieron como su Señor. Sólo en un rincón de la tierra, en Judea, fue reconocido como Dios por su pueblo elegido; y por ellos era más temido que amado. Él, sin embargo, que deseaba ser más amado que temido por nosotros, se hizo Hombre como nosotros, eligió una vida pobre, sufriente y oscura, y una muerte dolorosa e ignominiosa. ¿Por qué? Para atraer hacia Sí nuestros corazones. Si Jesucristo no nos hubiera redimido, no habría sido menos grande ni menos feliz; pero determinó procurar nuestra salvación a costa de tantos trabajos y sufrimientos, como si su felicidad dependiera de la nuestra. Podía habernos redimido sin sufrimiento; pero no, quiso librarnos de la muerte eterna con su propia muerte; y aunque pudo salvarnos de mil maneras, eligió la más humillante y dolorosa de morir de puro sufrimiento en la Cruz, para comprar el amor de nosotros, ingratos gusanos de la tierra. ¿Y cuál fue, en efecto, la causa de su miserable Nacimiento y de su dolorosísima muerte, sino el amor que nos tenía?

Ah, Jesús mío, que tu amor por mí destruya en mí todos los afectos terrenales, y me consuma en el fuego que viniste a encender en la tierra. Maldigo mil veces esas pasiones vergonzosas que tanto dolor te han costado. Me arrepiento, mi querido Redentor, de todo corazón, de todas las ofensas que he cometido contra Ti. Para el futuro prefiero morir antes que ofenderte, y deseo hacer todo lo que pueda para complacerte. Te amo, mi único Bien, mi Amor, mi Todo.

### II.

Dejad caer rocío, oh cielos, desde lo alto, y que las nubes hagan llover lo justo (Is. xlv. 8). Enviad al Cordero, soberano de la tierra (Isaías. xvi. 1).

Así desearon los santos Profetas durante tantos años la venida del Salvador. El mismo profeta Isaías dijo: Oh, que rasgaras los cielos y descendieras: las montañas se derretirían ante tu presencia... las aguas arderían en fuego (Isaías. lxiv. 1, 2). Señor, dijo, cuando los hombres vean que Tú has venido a la tierra por amor a ellos, los montes se allanarán, es decir, los hombres al servirte vencerán todas las dificultades que al principio les parecían obstáculos insuperables. Las aguas arderán con fuego, y los corazones más fríos se sentirán arder con Tu amor, a la vista de Ti hecho Hombre; ¡y cuán bien se ha verificado esto en muchas almas felices! -- en Santa Teresa, en San Felipe Neri, San Francisco Javier, que aun en esta vida fueron consumidos por este santo fuego. Pero, ¿cuántas hay? Demasiado pocas.

Ah, Jesús mío, entre esos pocos quisiera estar yo también. ¡Cuántos años no debería estar ya ardiendo en el infierno, separado de Ti, odiándote y maldiciéndote para siempre! Pero no, Tú me has soportado con tanta paciencia, para verme arder, no con esa infeliz llama, sino con el fuego bendito de Tu amor; con este fin me has dado tantas iluminaciones, y has herido tantas veces mi corazón mientras estaba lejos de Ti; finalmente, has hecho tanto que me has obligado a amarte con Tus dulces atractivos. He aquí que ahora soy Tuyo. Seré Tuyo siempre y por completo. Tú me harás fiel, y esto lo espero confiadamente de tu bondad. Oh Dios mío, ¿quién podría tener corazón para dejarte de nuevo y vivir un solo instante sin tu amor? Te amo con todo mi corazón, pero esto es demasiado poco. Jesús mío, escúchame, dame más amor, más amor, más amor. Oh María, ruega a Dios por mí.

## Lectura espiritual

### ALIENTO A LOS NOVICIOS
### VIII. SOBRE LOS MEDIOS DE PERSEVERAR EN EL ESTADO RELIGIOSO

1. El primer medio para perseverar en el estado religioso es evitar las faltas voluntarias. Persuádase cada uno de que el demonio le tienta a cometer faltas, no tanto para que haga el mal, cuanto para que pierda su Vocación, pues por las faltas deliberadas comienza a perder

el fervor en la oración, en la Comunión y en todos los ejercicios espirituales. El Señor entonces justamente retiene Sus gracias especiales, de acuerdo con lo de San Pablo: El que siembra escasamente, cosechará escasamente (2 Corintios. ix. 6). Y esto con mayor certeza si su defecto es la soberbia, pues Dios resiste a los soberbios, y sobre éstos adquiere gran poder el demonio. De modo que mientras por una parte aumenta la tibieza del novicio, por otra disminuye la luz divina; y así, no le será difícil al enemigo conseguir que renuncie a su Vocación.

2. Otro medio es hacer explotar la mina; es decir, revelar la tentación al Superior. San Felipe Neri decía: "que una tentación dada a conocer, es una tentación a medio vencer". Como un absceso, si no se abre, se gangrena, así una tentación ocultada acarrea nuestra propia ruina. La experiencia demuestra que quienes ocultan tales tentaciones en su propio seno, se dejan llevar a una posición en la que no saben si deben tomar el camino de la derecha o el de la izquierda (es decir, dudan de qué camino deben tomar, el de la derecha o el de la izquierda), y generalmente pierden su Vocación. Es necesario, por tanto, hacer un gran esfuerzo, y descubrirlo todo al Superior. Dios se alegrará tanto de este acto de humildad, y de la violencia que el novicio hace a sus sentimientos, que al instante iluminará sus tinieblas y disipará sus dudas.

3. El tercer medio es la Oración, es decir, el recurso a Dios, para que te conceda la gracia de la Perseverancia, gracia que, según San Agustín, sólo puede obtenerse por la oración. Pero aquel novicio que ha recibido de Dios el don de la Vocación, y está tentado de abandonarla, tenga cuidado, cuando ore a Nuestro Señor, de no decir: "Señor, muéstrame lo que debo hacer; ilumíname" -- porque Dios ya le ha dado luz llamándole a su santa Casa, y si sólo pide esta gracia, el demonio, que fácilmente puede cambiarse en ángel de luz, puede engañarle y hacerle creer que el pensamiento de dejar la Religión es un efecto de la luz divina. Su oración debe ser más bien: "Oh Señor, que me has dado una Vocación, dame también fuerza para perseverar en ella". Cierto joven fue llamado por Dios al estado Religioso, y siendo aprobada su Vocación por su director, después de muchas pruebas ingresó en una Comunidad Religiosa. Sus padres hicieron todo lo que pudieron contra él y consiguieron convencerle de que se fuera a otro lugar, para que pudiera examinar más a fondo su vocación; desgraciadamente, en vez de volver a la Comunidad, se fue a su casa, satisfaciendo con este paso a sus padres, pero desagradando a Dios. Cuando le pregunté cómo fue que cometió tal error, me contestó que había rezado a Dios con estas palabras: Habla, Señor, que tu siervo oye (1 Reyes iii. 9). Y después adoptó la resolución de volver a su familia. Yo le dije: "Oh hijo mío, te equivocaste en tu oración. Tu

vocación era cierta, confirmada por tantos signos evidentes; no debiste decir: Loquere, Domine, pues Dios ya había hablado, sino: Confirma hoc, Deus, quad operatus es in me (Salmo. lxvii. 26). (Dame, Señor, fuerza para ejecutar tu voluntad, que me has dado a conocer). Omitiste hacer esto, y, por tanto, perdiste tu Vocación". Que la desgracia de este joven sirva de advertencia a los demás. Además, que el novicio no se esfuerce en tranquilizar su mente con la luz de su propia razón en tales momentos de tentación, pues son ciertamente temporadas de oscuridad y confusión; que simplemente se ofrezca de nuevo a Dios, diciendo: "Oh Dios mío, me entrego a Ti, nunca te dejaré, ayúdame para que no te sea infiel". Repitiendo estas palabras cada vez que vuelva la tentación, y, como ya he dicho, dando a conocer su estado a su Superior, saldrá ciertamente victorioso. Debe encomendarse especialmente en esos momentos a María, la Madre de la Perseverancia.

En cierta ocasión, un novicio cedió a una tentación de este género, y estaba a punto de abandonar el monasterio, pero, al pasar ante una imagen de la Madre de Dios, se detuvo y se arrodilló para repetir un Ave María, cuando de repente se encontró clavado en el sitio y sin poder levantarse; ante lo cual se arrepintió e hizo voto de perseverancia. Inmediatamente fue liberado, y levantándose, fue a pedir perdón al Maestro de novicios, y continuó firme en su Vocación.

Por último, te ruego, hermano mío, que siempre que te sientas tentado acerca de tu vocación, reflexiones sobre estos dos puntos. Primero, que la gracia de la Vocación que Dios te ha dado, no la ha dado a muchos de tus compañeros, algunos, tal vez, más merecedores que tú: No ha hecho lo mismo con todas las naciones (Sal. clvii. 19). Por lo tanto, debes temer ser tan ingrato como para darle la espalda, porque al hacerlo pondrías en gran peligro tu salvación eterna. Y ten por seguro que no tendrás paz, sino que serás atormentado, incluso hasta el día de tu muerte, con remordimientos a causa de tu infidelidad.

En segundo lugar, si se presentase en tu mente la tentación de que, si permaneces en la Religión, caerás en la desesperación y te arrepentirás de ella, y tendrás que rendir cuentas a Dios por ello, o cosas semejantes a las que ya hemos hablado; llama a tu pensamiento la hora de la muerte: no te arrepentirás entonces de haber seguido tu Vocación, sino que te llenarás de paz y contento, en lugar de la angustia y remordimiento que se habrían seguido de haberla abandonado. Ten presente este pensamiento, y no perderás tu Vocación; gozarás en la vida y en la muerte de aquella paz, y en lo sucesivo de aquella corona de gloria, que Dios tiene preparada para sus siervos fieles.

Acto de oblación y oración que el novicio debe hacer con frecuencia para obtener de Dios la gracia de la perseverancia en su vocación.

Dios mío, ¿cómo podré agradecerte suficientemente el haberme llamado con tanto amor a tu familia? ¿Cómo he merecido esta gracia después de haber cometido tantas ofensas contra Ti? ¡Cuántos de mis compañeros quedan en el mundo en medio de tantos peligros de perder sus almas, y en ocasiones de pecado! ¡Y yo soy admitido en Tu Casa, y en la compañía de tantos de Tus queridos siervos, y en tan gran abundancia de todas las cosas necesarias para mi santificación! Espero un día, oh Señor, testimoniarte mi gratitud en el Cielo, cantando eternamente tus misericordias para conmigo. Mientras tanto soy toda Tuya, y deseo serlo para siempre. Permaneceré fiel y nunca te dejaré, incluso si tuviera que dar mi vida, o mil vidas, por ti. Me entrego sin reservas a tu voluntad. Haz de mí lo que te plazca. Déjame vivir desolado, enfermo, despreciado, si así te place. Me basta con obedecerte y complacerte. Sólo deseo la gracia de amarte con todas mis fuerzas y de permanecerte fiel hasta la muerte. Santísima María, Madre mía querida, tú eres la que has obtenido de Dios las gracias tan grandes que yo he recibido, el perdón de mis pecados, mi Vocación Religiosa y la fuerza para seguirla; cumple tu obra y obtén para mí la Perseverancia hasta la muerte. Esta es mi esperanza: ¡que así sea!

## ALGUNOS CONSEJOS A UN NOVICIO SOBRE LOS MEDIOS DE CONSERVAR SU FERVOR

Cuando te reprendan o te acusen, nunca te excuses, y ama cordialmente en Dios a la persona que te acusa o te reprende. Ama que te hagan poco en cualquier forma que sea, ya sea en el empleo, o en el vestido, o en la celda, o en la comida, etc. No des tu opinión si no te la piden.

Mortifícate en todo, según la prudencia y la obediencia, en el comer, en el dormir, en el oír, en el ver, etc.

Observa la modestia cuando estés solo, así como en presencia de otros. No pongas la mano sobre ninguna persona, ni la mires fijamente a la cara; mantén los ojos continuamente bajos, especialmente en la iglesia, en la mesa, durante el recreo y cuando estés fuera. Guarda silencio, excepto cuando sea necesario hablar para la gloria de Dios, o para tu propio beneficio o el de tu prójimo. Procura, sobre todo en los recreos, no levantar demasiado la voz. Evita disputar o hablar sobre tu nacimiento, talentos o riquezas; sobre la comida, la caza, los deportes, la guerra, o sobre los medios de adquirir honores, riquezas y temas profanos semejantes, sino procura introducir una conversación piadosa sobre la vanidad de los honores, las riquezas y los placeres del mundo, sobre el amor que debemos a Jesús y a María, sobre la felicidad de los santos y sobre los medios de avanzar en la perfección.

Si cometes una falta, humíllate inmediatamente, haz un acto de contrición y luego descansa en paz.

No desees más que lo que Dios quiere.

No busques consuelos; y, en la aridez, di a Dios con entera humildad y resignación: "Oh Señor, no merezco consuelos; me contento con permanecer en este estado toda mi vida".

Eleva con frecuencia tu mente a Dios por medio de jaculatorias, como las siguientes:

Dios mío, no deseo otra cosa que a Ti,

Muéstrame Tu voluntad y la cumpliré.

Haz de mí lo que Tú quieras.

Deseo, oh Dios, lo que Tú quieras.

Jesús mío, Te amo, Te amo.

Renuncio a todo; sólo Tú me bastas.

Dios mío y todo mío.

Jesús nuestro amor, y María nuestra esperanza.

Oh buen Jesús, alabado seas siempre.

Mi vida fue tu muerte, tu muerte es mi vida.

## Meditación vespertina

EL AMOR DE DIOS MANIFESTADO A LOS HOMBRES POR EL NACIMIENTO DE JESÚS.

I.

La gracia de Dios nuestro Salvador se ha manifestado a todos los hombres instruyéndonos para que... vivamos... piadosamente en este mundo, mirando a la esperanza bienaventurada y a la venida de la gloria del gran Dios y Salvador nuestro Jesucristo (Tito ii. 11).

Considera que por la gracia que se dice que ha aparecido se entiende el tierno amor de Jesucristo hacia los hombres -- un amor que no hemos merecido, y que, por lo tanto, se llama una "gracia". Este amor, sin embargo, fue siempre el mismo en Dios, pero no siempre apareció. Al principio fue prometido en muchas profecías y prefigurado por muchas figuras; pero en el Nacimiento del Redentor apareció y se manifestó este amor divino, mostrándose el Verbo Eterno al hombre como un Infante, acostado sobre paja, llorando y temblando de frío; comenzando así a satisfacer por nosotros las penas que hemos merecido, y dándonos a conocer así el afecto que nos profesaba, entregando su vida por nosotros: En esto hemos conocido la caridad de Dios, porque ha dado su vida por nosotros (1 Jo. iii. 16). Así pues, el amor de nuestro Dios se manifestó a todos los hombres.

Pero ¿por qué, entonces, no lo han conocido todos los hombres, y hasta el día de hoy tantos lo ignoran? Esta es la razón: La luz vino al mundo, y los hombres amaron más las tinieblas que la luz (Juan. iii. 19). No le han conocido, y no le conocen, porque no quieren conocerle, amando más las tinieblas del pecado que la luz de la gracia.

Ahora te veo pobre, afligido y abandonado; pero sé que un día vendrás a juzgarme, sentado en un trono de esplendor y asistido por los ángeles. Perdóname, te lo suplico, antes de que tengas que juzgarme. Entonces tendrás que actuar como un Juez justo; pero ahora Tú eres mi Redentor, y el Padre de la misericordia. He sido de esos ingratos que no Te han conocido, porque no elegí conocerte, y por eso, en vez de inclinarme a amarte por la consideración del amor que Tú me has tenido, sólo pensaba en satisfacer mis propios deseos, despreciando Tu gracia y Tu amor. Pero en tus sagradas manos encomiendo mi alma, que tanto tiempo he descuidado; sálvala: En tus manos encomiendo mi espíritu; tú me has redimido, Señor, Dios de verdad (Sal. xxx. 6).

II.

Pero procuremos no ser del número de esas almas infelices que son ignorantes e ingratas. Si en tiempos pasados hemos cerrado los ojos a la luz, pensando poco en el amor de Jesucristo, procuremos, durante los días que nos quedan de vida, tener siempre ante los ojos los sufrimientos y la muerte de nuestro Redentor, para amar a Aquel que tanto nos ha amado: Aguardando la esperanza bienaventurada y la venida de la gloria del gran Dios y Salvador nuestro Jesucristo. Así, podemos esperar con justicia, según las promesas divinas, ese Paraíso que Jesucristo nos ha adquirido con su Sangre. En su primera venida Jesús apareció como un Niño, pobre y humilde, y se mostró en la tierra nacido en un establo, cubierto de miserables harapos y acostado sobre paja; pero en su segunda venida aparecerá como Juez en un trono de majestad: Veremos al Hijo del hombre venir en las nubes con gran poder y majestad (Mateo. xxiv. 30). Bienaventurados entonces los que le hayan amado, y miserables los que no le hayan amado.

En Ti pongo todas mis esperanzas, sabiendo que, para rescatarme del infierno, has dado Tu Sangre y Tu vida: Tú me has redimido, Señor, Dios de verdad. No me condenaste a muerte cuando vivía en pecado, sino que me esperaste con infinita paciencia, para que, volviendo en mí, me arrepintiera de haberte ofendido y comenzara a amarte, y así pudieras perdonarme y salvarme. Sí, Jesús mío, te complaceré. Me arrepiento, por encima de cualquier otro mal, de todas las ofensas que he cometido contra Ti; me arrepiento y Te amo por encima de todas las cosas. Sálvame en tu misericordia y que sea mi salvación amarte siempre en esta vida y en la eternidad. Mi queridísima Madre María, encomiéndame a tu Hijo. Represéntale que soy tu siervo y que he puesto toda mi esperanza en Ti. Él te escucha y nada te niega.

www.ingramcontent.com/pod-product-compliance
Lightning Source LLC
Chambersburg PA
CBHW050251010526
44107CB00003B/281